JN295980

企業・市民社会・国連のシナジー
# 社会的責任の時代

功刀 達朗・野村 彰男 ── 編著

The Age of Social Responsibility
Synergy of Business, Civil Society and
the United Nations

東信堂

# まえがき

　国際基督教大学COE（Center of Excellence Program）は、「平和・安全・共生」の実現可能性を探求する「広域平和研究」を推進し、この分野での世界拠点の形成を目指すものである。国際協力研究会と2003年8月以来行ってきた共同研究はこのプログラムの一部であり、「国連システムのリーダーシップと地球市民社会の黎明」をそのテーマとし、グローバル公共政策の新領域開拓を指向している。

　人々の安全への脅威と世界に格差をばら撒くグローバル化の挑戦に対抗し、持続的平和と開発を推進するためには、政府・国家に加え、市民社会組織、企業、マスメディア、議会、自治体など、グローバル・ガバナンスの新しいアクターによる社会的責任の分担と協働的パートナーシップが益々重要となってきた。この趨勢を背景に、政府間国際機構として1945年に創られた国連は、10年ほど前から市民社会と企業との協働を求め、多様なステークホルダーの参画にも開かれた機構に変容しようとしている。

　この共同研究プロジェクトの目的は、第1にステークホルダー（利害保持者）としての主要アクターの社会的責任とシナジー、すなわち相乗効果を持つ協働的パートナーシップを、理論と実践の両面から政策思考的に研究すること、そして第2に、様々なステークホルダーとの相互作用と協働を通じ、今後国連システムが果すリーダーシップにつき、グローバル公共政策の選択肢を模索することである。

　第1の目的については、2006年半ばまでの研究成果の一端を世に問うものとして、『国際NGOが世界を変える』、『国連と地球市民社会の新しい地平』の2冊を東信堂から上梓した。これに続く本書は、広がる社会的責任の

裾野と、企業・市民社会・国連が創出するシナジーの進展に焦点を当てている。

　本書では、これらの一見概念的な潮流を、平和・軍縮の担い手としての市民社会、平和構築への企業の貢献、格差と環境危機が求める経営革新、温暖化対策を求める市民組織や株主行動、様々なアクターの協働によるディーセント・ワークの推進、金融が仲介する官民パートナーシップの広がり、画期的な社会的責任規格（ISO26000）策定への努力や、腐敗防止の国際的潮流などの現実の進展の中に捉え、その公共性と方向性を論じている。又極めて小規模の活動から始め、いまや大きなインパクトと波及効果を及ぼしている国連グローバル・コンパクトと、その展開に寄与する重要な中間組織のポテンシャルにも注意を喚起している。お陰で地球市民社会の具体的形象は、混迷の霧の向うに見え始めている。

　この3月末に5年にわたる共同研究は完了することとなるが、公共政策の理論家と実践に携わる方々に加え民間セクターのリーダーの参加により、この間に培われたユニークな学習プロセスは、今後も国際協力研究会が継続することとなるであろう。この場をかりて関係諸氏と東信堂の多大なご協力に心からお礼を申し上げたい。

　　2008年2月

　　　　　　　　　　共同研究コーディネーター　　　功刀　達朗

目次／社会的責任の時代

まえがき……………………………………………………………編者 iii

## 序章　グローバル公共政策の戦略とリーダーシップ………功刀達朗 3

はじめに……………………………………………………………………3
1　社会的責任の時代 ……………………………………………………6
　　(1)　公的アクターの責任　　　　　　　6
　　(2)　アカウンタビリティ（説明責任と結果責任）　7
　　(3)　市民社会組織（CSO）の責任　　　8
　　(4)　企業の社会的責任（CSR）　　　　9
2　シナジー創出型パートナーシップ …………………………………9
3　現代世界のリーダーシップ …………………………………………12
おわりに……………………………………………………………………14

# 第1部　協働的人間の安全保障　　　　　　　　17

## 1章　平和構築への企業の貢献 …………… 佐藤安信／水田愼一 19
1　平和構築の主要アクターとしての企業 ……………………………19
2　「平和構築と企業」にかかる国際的関心の高まり …………………20
3　平和構築への企業の貢献 ……………………………………………25
4　日本発の平和構築への企業の取り組み推進へ向けて ……………29

## 2章　軍縮の担い手としての市民社会 ………………………川崎哲 33
1　市民から遠い軍縮 ……………………………………………………33
2　軍縮と非政府アクター ………………………………………………35
　　(1)　軍縮とNGO　　　　　　　　　　35
　　(2)　軍備と企業　　　　　　　　　　　35
　　(3)　不拡散・テロと非政府アクター　　37
　　(4)　ブリクス委員会　　　　　　　　　38
　　(5)　担い手としての非政府アクター　　40
3　将来への主体形成―NGO、教育、自治体、議員の課題 … 40

|       |     | (1) 日本の市民社会と核廃絶世論 | 40 |
|---|---|---|---|
|       |     | (2) 軍縮教育 | 41 |
|       |     | (3) 政策対話の深化 | 43 |
|       |     | (4) 地球規模の軍縮 | 44 |
|       | 4   | 軍縮の経済規範－企業の課題 …………………… | 45 |
|       |     | (1) ノルウェー・モデル | 45 |
|       |     | (2) 経済規範と法規範 | 46 |
|       |     | (3) 日本がとりうる道 | 47 |
|       | 5   | 「持続可能な平和」を求めて …………………………… | 49 |

3章　国連平和活動へのビジネスの参画 …………… 上杉 勇司　52
　　はじめに ……………………………………………………… 52
　　1　本章の焦点と分析枠組み ……………………………… 54
　　2　なぜ国連はビジネスとのパートナーシップが必要なのか　56
　　3　CSRとしてのDo-No-Harm ………………………………… 58
　　4　紛争の終結にビジネスが寄与する可能性 …………… 61
　　　　(1) 企業の本業を通じた貢献　62
　　　　(2) 平和産業の基盤整備のための先行投資　63
　　おわりに ……………………………………………………… 65

# 第2部　広がる社会的責任の裾野　　69

4章　格差と環境危機が求める経営革新 …… フレデリック・デュビー　71
　　はじめに ……………………………………………………… 71
　　1　ビジネス革新のための新たな意識 …………………… 73
　　2　支配的な論理を変容させるためのアプローチ ……… 74
　　3　企業文化をステークホルダーと共に変える努力 …… 80
　　4　社会的責任に関する中国の新公共政策 ……………… 83
　　5　インドにおける戦略的ビジョンと政策、実施への10原則の統合 … 85
　　おわりに ……………………………………………………… 86

5章　日本企業の伝統とGCの普遍的原則 …………… 有馬 利男　89

はじめに …………………………………………………… 89
私の論点 …………………………………………………… 89
1　日本のCSRの現状 …………………………………… 90
　　(1)　企業経営とCSR　　　　　　　　　　90
　　(2)　日本企業のCSRの問題点　　　　　　91
2　日本の伝統的な商いの倫理とグローバル・コンパクト(GC)の理念　92
　　(1)　伝統的な日本の商いの精神　　　　　92
　　(2)　国連グローバル・コンパクト(UNGC)の視点　93
3　日本のCSRの課題と、進化のためになすべきこと ……… 95
　　(1)　日本のCSRの課題　　　　　　　　　95
　　(2)　新しい「社会ビジネスモデル」の模索　96
　　(3)　CSRの社会性と経済性の統合　　　　97
　　(4)　経営理念の統合　　　　　　　　　　102
おわりに ……………………………………………………104

# 6章　金融が仲介する官民パートナーシップ ……… 末吉 竹二郎　107

はじめに ……………………………………………………107
1　国連環境計画・金融イニシアチブ ………………………108
2　広がるFIのテーマ ………………………………………109
3　世界の問題はどういうプロセスで提起されるのか ………110
4　世界の良心 ………………………………………………110
5　なぜ、官民パートナーシップが必要か …………………111
6　NGOの役割 ……………………………………………112
7　ビジネスの新しい責任とは ……………………………113
8　企業はなぜ特典を与えられているのか …………………114
9　金融の社会的責任 ………………………………………115
10　市民の役割は？ …………………………………………116
11　政治の役割 ………………………………………………117
12　地方自治体と金融の協力 ………………………………118
13　SEFIの動き ……………………………………………118
14　「責任投資原則(PRI)」の登場 …………………………119
おわりに ……………………………………………………119

7章　ISO26000（社会的責任規格）策定とその意義 …… 関　正雄　121
　　1　ISOとサステナビリティ………………………………………121
　　2　ISO26000開発の経緯…………………………………………122
　　3　策定プロセスの特徴 …………………………………………124
　　4　現段階での規格草案の概要 …………………………………125
　　5　ステークホルダー・エンゲージメントの議論へのひとつの視点…127
　　6　規格の意義をどうとらえるか？ ……………………………129
　　7　企業セクターのリーダーシップの重要性 …………………131
　　8　マルチ・ステークホルダー対話の課題と可能性 …………134
　　9　「CSRからSRへ」の先にあるもの …………………………136

# 第3部　官と民のシナジーを促進する国連システム　139

8章　ディーセント・ワークの実現を目指すILO … 長谷川　真一　141
　　1　仕事の世界の変化 ……………………………………………142
　　2　ディーセント・ワーク（働きがいのある人間らしい仕事）…144
　　　　(1)　ディーセント・ワークとは？　144
　　　　(2)　DWに向けての課題　144
　　　　(3)　社会的保護の分野の課題　145
　　　　(4)　社会対話とジェンダー平等　146
　　3　労働者と使用者 ………………………………………………147
　　　　(1)　三者構成主義　147
　　　　(2)　多国籍企業とCSR　148
　　　　(3)　グローバルユニオン　149
　　4　諸機関、団体との協働 ………………………………………150
　　　　(1)　グローバル・コンパクト等国連との協働　150
　　　　(2)　児童労働をめぐる様々なアクターとの協働　150
　　　　(3)　世界委員会とそのフォローアップ　151
　　　　(4)　最近のその他の協働　152
　　5　協働の特徴と今後の課題 ……………………………………152

9章　「ポスト京都」の情勢変化と企業の温暖化戦略…鈴木政史／蟹江憲史　155
　　1　「ポスト京都」の国際政治情勢の変化 ………………………155

2　「ポスト京都」のレジーム形成 …………………………………157
　　3　「ポスト京都」の産業界の見解 …………………………………159
　　4　企業の温暖化戦略の理論：制度的な要因 ……………………161
　　5　スティグラー型状況とポーター仮説：技術的な要因 ……162
　　6　ポスト京都の時代に期待される民間企業の温暖化戦略 …164

10章　腐敗防止の国際的潮流………………………………… 梅田　徹　167
　　はじめに …………………………………………………………167
　　1　腐敗とは何か ………………………………………………167
　　　　(1)　腐敗の定義　　　　　　　　　　167
　　　　(2)　腐敗の国際化　　　　　　　　　168
　　2　腐敗防止に取り組む組織：TI …………………………170
　　　　(1)　TIの組織とビジョン　　　　　　170
　　　　(2)　腐敗の弊害　　　　　　　　　　171
　　　　(3)　トランスペアレンシー・ジャパン　　172
　　3　腐敗防止に関する国際文書 …………………………………173
　　4　TIの腐敗防止の活動の実際 …………………………………176
　　　　(1)　OECD条約のフォローアップ　　　177
　　　　(2)　腐敗度を測定する試みとしてのCPI　178
　　　　(3)　企業向けのツール：「贈収賄防止のためのビジネス原則」　182
　　　　(4)　「ビジネス原則」導入に関する第三者レビューの提案　184
　　　　(5)　国連腐敗防止条約とTI　　　　　186
　　おわりに …………………………………………………………188

# 第4部　民間組織のイニシアチブ　　　　191

11章　GRIガイドラインの方向性 ……………………………後藤　敏彦　193
　　1　GRIの設立とその後の経緯 …………………………………193
　　2　報告書とその背景 ……………………………………………194
　　3　GRIの意味 ……………………………………………………197
　　　　(1)　グローバル・フレームワーク　　　197
　　　　(2)　マルチ・ステークホルダー参加　　198
　　　　(3)　日本での普及　　　　　　　　　199
　　4　GRIガイドライン ……………………………………………199

|            (1) G3の特徴                                                 202
            (2) 報告原則                                                 204
    5 GRIの今後の方向性 …………………………………………………204
    6 サステナビリティ日本フォーラムの活動 …………………………206
    7 日本企業として考えるべきこと ……………………………………207

## 12章　変わる投資判断と企業の姿勢……………………………　河口 真理子　210

    1 SRI(社会的責任投資)とは …………………………………………210
            (1) SRIの定義                                                210
            (2) 社会的責任投資の歴史                                      212
            (3) SRI：SocialのSからSustainableのSへ                       215
            (4) SRI業界の変化                                            217
    2 SRI市場の状況 ………………………………………………………218
            (1) SRI市場規模                                              218
            (2) 株主責任と責任投資原則                                    219
            (3) 公的年金基金のミッション                                  220
            (4) 株主責任と年金基金                                        222
            (5) マテリアリティ                                            223
    3 日本におけるSRI拡大にむけて ……………………………………225
            (1) 機関投資家                                                225
            (2) 金融哲学                                                  227

## 13章　気候変動と企業行動………………………………………　鮎川 ゆりか　229

    1 気候変動は起きている―「2℃未満」は可能か …………………229
    2 国際的な温暖化防止取り組みのための国家間交渉 ………231
    3 企業を動かすCSOs(市民社会組織)の役割 ………………………232
            (1) 「パワー・スイッチ・キャンペーン」                        232
            (2) 「クライメート・セイバーズ・プログラム」                  233
            (3) 企業を対象とするプログラムはグローバルである
                                                                         234
            (4) 企業とCSOパートナーシップの意義                          237
    4 アメリカ政府を動かす市民・自治体・州・企業 …………………238
    5 バリ・コミュニケ ……………………………………………………240
    6 結　論 …………………………………………………………………240

## 14章　労働・人権分野のNGOイニシアチブ　………黒田 かをり　244
　1　地球規模の課題解決に向けた企業への要請 …………………244
　2　NGOの企業に対する行動規範作成の要請 …………………246
　3　NGOによる認証イニシアチブ …………………………………247
　　　(1)　国際労働規格SA8000の概要　　　248
　　　(2)　SA8000の認証スキーム　　　250
　　　(3)　他の民間イニシアチブによる基準や規格　　　252
　4　民間イニシアチブの課題 ………………………………………253
　5　課題に向けての取り組み ………………………………………255
　　　(1)　規格の整合性と監査の統合に向けた取り組み　　　255
　　　(2)　苦情申し立てシステムの充実　　　257
　　　(3)　インパクト評価　　　258
　6　最後に－NGOとISO26000 …………………………………259

## 終章　展望―グローバル市民社会の創造と協働 ………野村 彰男　263
　1　持続可能な世界への待ったなしの課題 ………………………263
　2　求められるあらゆるレベルのアクターの協働 ………………264
　3　ボトム・アップに欠かせない企業の積極参加 ………………265
　4　日本が世界と常識を共有するために …………………………266

# 資料編　269

## 資料1　国連グローバル・コンパクト ……………………………271
　UN Global Compact（国連グローバル・コンパクト）…………271
　GCの目標と達成のためのメカニズム ………………………………272
　GCの10原則 ……………………………………………………………274
　GCに参加して、企業がとるべき行動 ………………………………275
　GC参加のメリット ……………………………………………………275
## 資料2　日本と世界における参加企業（その他の団体）…………276

執筆者紹介 ……………………………………………………………283

.

# 社会的責任の時代

企業・市民社会・国連のシナジー

*The Age of Social Responsibility*
*Synergy of Business, Civil Society and the United Nations*

# 序章　グローバル公共政策の戦略とリーダーシップ

功刀　達朗

## はじめに

　本書のタイトル『社会的責任の時代 ― 企業・市民社会・国連のシナジー』の中に国家・政府が入っていないのはなぜか、読者は不思議に思われるかもしれない。「国家はいらない」というのではない。一言説明しておきたい。
　最近、国内外で、公共政策の最も重要な担い手である国家・政府の無責任の構造と当事者能力がしばしば問われている。今や世界を同時不況に陥れかねないサブプライム・ローン問題について、ジョセフ・スティグリッツは、住宅ローンの証券化は「一種の略奪的融資」であるのに、米国の金融規制当局FRBはむしろそのような融資を奨励していたと述べ、他の先進国の財務大臣が規制の責務を果さないでいたことも原因であると指摘している(『週刊東洋経済』2007年12月1日号)。同様の批判はここ数年来の日銀の金融政策にも向けられている。例えば田中秀臣(『円の未来』光文社、2007年)は、ヘッジファンドが実行している「円キャリートレード」による日本の資産市場のゆがみ、円の国際通貨としての地位の失墜、ひいては日本経済の脆弱性を招来したのは、十分な見通しをもって日銀が金融政策を実施してこなかった責任であるとしている。日本国内ではこのほか、年金、薬害、医療問題、格差の広がり、地方の困窮、犯罪増加など枚挙にいとまがない。議員立法の少なさで世界的に有名な国会の無為無策への傾斜も問題である。

本書はだからといって、相対的脱力化をたどる国家や政府にもはやあまり期待しないとするのではない。むしろ国家・政府が本来担っているガバナンス機能の復元と強化を指向し、グローバル公共政策に益々重要な影響力を持つに至った他の3つの主要アクター(行為主体)、すなわち企業、市民社会ことにCSO(市民社会組織)と国連の協働が、必要に応じ国家機能を補完する傾向にも注目し、シナジー創出型協働の更なる発展への方途を考究することを目的としている。

　既に東信堂から2006年に出版した『国際NGOが世界を変える』と『国連と地球市民社会の新しい地平』では、変動期の国連と、共生と協働を求める市民社会の尖兵ともいうべきNGOを含め、益々多様化するアクターのパートナーシップの実績と方向性を論じた。従って本書では、そのパートナーシップを特徴付ける3つの新しい傾向に焦点を当てることとした。それらの傾向は、(1)各主要アクターに期待される社会的責任、(2)シナジー創出型パートナーシップの態様、(3)グローバル・ガバナンスに最も適した新しいリーダーシップの3つである。また、前の2冊に比べ、黎明期を迎えた地球市民社会における企業の役割を様々な分野でより重視することとした。

　これらの傾向の意義を考え、またこれらが今後どのように発展することが望ましいかを模索する前に、2、3の留意すべき点に言及しておきたい。

　第一に、グローバル化が進化・拡大する現代世界では、平和、人権、開発、環境などの地球的問題群とそれらの相互連関性が益々顕著になってきたが、これらは国家だけでは対応しきれない性質を持っている。国際社会においては、一般的に国家は国益のために領域限定的な主権国家の論理に基づいて行動するため、率先して地球公益を守り、人類の共通善を求める責任を担うことには制度的限界を持っている。国家が徐々に脱力化するにつれ、国家の公共機能を補ったり一部肩替りしたりする方向で、国際機構、国際NGO、多国籍企業、ネットを含む広義のメディア等が影響力を増してきた。また国内的にも、一般市民の分析能力の向上を背景にして、生活の実体的改善と安寧を求める市民や地域社会の必要に対し、国家による大まかな対応ではいかにも不適当かつ不十分なことが明らかになりつつあ

る。グローバルな問題に対しては、国境を超えて活動する企業やトランスナショナルな連携を行うCSOのようなグローバル・アクターが、協働して包括的(ホリスティック)に問題に対処するための公共政策空間を拡げることが必要であり、また国内の地域の問題については補完性の原理に従って、最も適したレベルで解決をはかることが重要である[1]。

　第二に、グローバル公共政策の視点を持つためには、まずやや近い過去、すなわち約半世紀にわたる人類社会の歩みを振り返って現代の趨勢を把握し、歴史は与えられるものではなく、複数の主要アクターとそれらを構成する人間が選択し創るものであるという認識を持って、未来に関するビジョンを共に構想し、未来を共創する能動的態度をもつことが望ましい。

　第三に、迅速性と即効性に焦点を置いた共時的対処と、将来世代への正義・公平を視野に長期的な持続性を重視する通時的アプローチを、どう組み合わせるかという時間のガバナンスに創意工夫が求められる。

　これらの必要性を早期に認識して自らの行動原理に取り入れ、グローバル公共政策の要件として唱道して来たのは国際NGOである。1990年代を通じ、国連主催のグローバル課題に関する一連の世界会議において、国際NGOは領域横断的政策空間の開発をリードし、時間軸をめぐるガバナンスについても、国連事務局の協力の下、状況変化への弾力的対応と中長期的な見通しに立った公共政策の形成に寄与した。持続可能な開発のためのNGOと企業のコラボレーションのためにナチュラル・ステップが唱道するバックキャスティングは、国連ミレニアム開発目標(MDGs)の策定と実現へのアプローチとしても、また国連環境計画の地球環境アセスメントと行動指針Global Environmental Outlook、GEO-3(2002)、およびGEO-4(2007)にも採用されている。

　以下に言及する三つの傾向はいずれも過去十数年に顕著となったものであり、その形も性質も流動性をもち、十分に論議されたものではない。「歌は世につれ、世は歌につれ」といわれるが、世の中の変化に応じて、言い換えれば時代の要請に応えるかたちで、広く問題として論議される対象や従来からの考え方が変化し、その論議の変化がはね返ってまた世の中に影

響を与えることがある。社会的責任、シナジー、リーダーシップの3つは、現代世界の鍵概念（key concept）としてますます論議の対象となることが予想される。これらの傾向にかかわる特徴的要素を指摘し、今後の論議のための手掛かりに供したい。

## 1　社会的責任の時代

　1970年代に始まった「企業に問われる社会的責任」は、今や他の主要アクターにも求められる社会的責任に広がり、責任の文脈に応じた質的、量的変容が起こりつつあるといえよう。ウルリヒ・ベックが論ずる「近代社会の内部からのリスク」とは別に、テロリストによる大量破壊兵器使用やサイバー・アタックなど外部からふりかかるhigh consequence risk（重大な事態を引き起こすリスク）の時代の到来を考えると、むべなるかなというべきか。

### （1）　公的アクターの責任

　国連憲章の下、国家は元来紛争の平和的解決、武力行使禁止などの義務を負っているが、2005年のサミット総会で全会一致で採択された「成果文書」（UN doc. resolution 60/1）によって、「人々を保護する責任」を負うこととなった。これにより、国家がその国内のジェノサイドその他の大量虐殺をコントロールできない、或いはコントロールしようとしない場合には、国際社会は安保理の決定により、一定のルールとガイドラインに従い最終的手段として集団的軍事行動をとることが合意されたのである。このことは、国家主権は第一義的には人々を保護する責任であると再定義し、また緊急事態においては国際社会が軍事介入する責任があることを確立したという2つの意味で、時代おくれの国際法にとって画期的であった。また、国際刑事裁判所の設立により、国際人道法違反を犯した者は、国家元首といえどもその責任を問われることとなったのも注目される。1970年代から政府の庇護の下で、パキスタンの核の父と呼ばれたA. K. カーン博士が十数ヶ国に張り巡らせた「国際的核兵器ビジネス・ネットワーク」に対する個人責

任も想起される。

しかし、2005年以後もスーダンのダルフール地方、コンゴ民主共和国内その他の地域では大量虐殺が起っているが、主として資源外交と武器輸出にこだわる中国の反対で、安保理の決定が得られないため、軍事介入への道は未だ開かれていないのが現実である。

人権は各国の憲法の下で国家から保障され守られる権利とされてきたが、国際人権の発展とともに、基本的人権と自由を守ることは社会全体に対する「対世責務」(obligation *erga omnes*)として再確認される傾向にある。

## (2) アカウンタビリティ(説明責任と結果責任)

1990年代の初頭から、それ迄は会社・企業と政府、自治体などの会計、財務等の分野だけで主に使われていたアカウンタビリティ(語源的には主として会計の決算の責任)という語が、公的アクターである政府、国連、世銀、IMF、WTO(世界貿易機関)などの環境と持続可能な開発に関する政治的、社会的責任を問う文脈で、市民社会組織等により使われはじめた。

1995年、国連憲章採択50周年記念の「NGOと国連の関係」に関するサンフランシスコ会議において採択された「グローバル・ガバナンスのためのアカウンタビリティ宣言」(Declaration of Accountability for Global Governance)の中では、responsibilityとaccountabilityを峻別し、前者をグローバル・ガバナンスに参画するすべてのパートナー同士が夫々の能力、役割、機能の差異を認めつつ責任ある対応(responsible manner)をもって、お互いにパートナーとして行動するという意味で使った。そしてaccountabilityは、様々な行動が結果的に、例えばグローバル・コモンズ(地球公共財)に、もたらす効果・影響に対する責任に適用するとした[2]。

その頃から欧米では、代表制に基づくリベラル民主主義より参加型民主主義に対する関心を高めた政治学者の論文に、民主主義の要素としてparticipation、transparency、informed consent、persuasion、performance criteriaなどと共にaccountabilityがしばしば現れるようになった。さらに21世紀が明けた頃からaccountabilityそのものに関する研究書や国際シンポジ

ウムは大変数多く、様々な角度からの研究は深まっている。その一つの例として、A. EbrahimとE. Weisbandの編集による*Global Accountabilities – Participation, Pluralism, and Public Ethics*（2007 Cambridge Univ. Press）は、国家、国際機構（ILO）、NGO（Blood Diamondsキャンペーン、緊急支援）、CSR（国境を超えたサプライチェーン）などにつき、しばしば経験的知見に基づいた分析を行い、どちらかというと代表制などの手続的な面より結果に重点を置いた成果主義的責任と、ローカルとグローバルをつなぐタテ軸の重要性を指摘している[3]。

　近年来、日本では政府、官僚機構の責任を追及するのに専ら「説明責任」という訳語が使われているが、これはおそらくマスメディアが使いはじめ定着してしまった残念な政治用語である。「説明責任」はanswerabilityの訳としては適当であろうが、アカウンタビリティは大まかに言えば、説明責任の要素はせいぜい2割、結果責任が8割位の要素を占める以上、政治的、社会的に不適切かつ有害とすら言わざるを得ない。わけを述べて謝ればそれで済むという慣習を作ってしまった悪しき結果は、マスコミの陳謝では済まされない。出来る限りの原状回復や賠償を要する結果責任を追及すべきであろう。

(3)　市民社会組織（CSO）の責任

　CSOの活動規模が、80年代〜90年代にかけて頻発する緊急人道援助などを契機に大幅に増大し、そのガバナンスの態様が批判されると、CSOの正統性そのものもしばしば問題にされ、その結果救援活動の持続性も影響されることがあった。この点については、CSOは国際社会の公共政策プロセスに参加するために形式的・数量的代表性を必要としないとするマーサ・シュワイツの意見は傾聴に値する（1995年アメリカ国際法学会総会記録）。シュワイツによれば、CSOは専門的知見を持ち高尚な公的目的でサービスを提供するのであり、それは代表権の問題ではなく、その価値とコミットメントの強さこそが正統性の判断基準なのである。その一方で自主規制コードの有用性を認めていたが、その後Oxfam、Amnesty、Careなどの

CSOの作業が実り、2005年に国際NGOのすべての活動分野をカバーするAccountability Charterが作成されるに至ったことは喜ばしい。

### (4) 企業の社会的責任（CSR）

1970年代以来のCSR（①社会に迷惑をかけない ②本来の機能を全うする ③社会貢献）の興味深い進展は、梅田徹『企業倫理をどう問うか』(2006年 NHKブックス)の中で、変わり行く時代と特記すべき企業の不祥事に関連させ、その変容ぶりが明らかにされている。CSRに注目し始めたアジア諸国の官・民の動向については、地球・人間環境フォーラムの月刊『グローバルネット』に詳しく報じられている。また本書に収められたいくつかの論文は、その熱のこもった説得力の故か、政府と経団連の腰の引けた（実質的には消極的）対応にもかかわらず、日本社会においてもCSRの裾野の広がりとその内容の戦略的発展が、ようやく新段階に入ることを期待させる。

唯一残念なことは、本書の第1部でも取り上げられているように、国連グローバル・コンパクトには、現在国連の最も重要な目的である平和と人間の安全保障と持続的開発という地球公共財の供給と協働的管理につき、企業の支持と参加を求める原則が未だ入っていないことである。「平和協力国家」を標榜する日本から、有志の企業グループと市民社会の協働により、この点についての具体的提案を発信することは極めて有意義であろう。昨年来、少数の有志により国際ネットワークとも連携し提案準備が進められている。

もう一点、不祥事に対する企業の責任はresponsibility（本来の意味は、人が引き受けてなすべき任務）ではなく、むしろaccountability（より幅広く環境、社会、ガバナンスに及ぼす効果、影響に対する結果責任）とするのが適当なのではないか、という問題提起をしたい。

## 2　シナジー創出型パートナーシップ

地球温暖化の例が端的に示すように、グローバル化の深化と拡大により

地球的課題がすべてのアクターに影響を及ぼし、その解決にはすべてのアクターの協力を必要とすることから、協働的パートナーシップを構築し、それを管理運営することの重要性は強調されてきた。ILOの「グローバル化の社会的側面」に関する委員会は2004年の報告書の中で、グローバル化をすべての人々とすべての国にとって前向きな力(positive force)とするためには、「意思決定を行う能力と力を持つ政府、議会、企業、労働界、市民社会と国際機構が、自由で公平かつ生産的なグローバル・コミュニティを推進する共同責任を担うことが必要である」と結論している。

しかしその一方で、パートナーシップに伴う様々な困難もしばしば指摘されてきた。元来、力や富が大きくかけ離れていたり、目的、機能と行動の原理・原則を異にするアクター間でパートナーシップを形成することは容易ではない。やり方によってはマイナス効果もあり得る。にも拘らず、協力関係を求めることは、さまざまな地球的課題を抱える現代の宿命ともいうべき至上命令なのかもしれない。しかもmutualism(相互扶助)またはsymbiosis(相利共生)のように、得られた利益をお互いの間だけで配分するのではなく、パートナー自身による相互利益の追求と享有を超えて、パートナーの属する社会や共同体のために、そしてより広く地球社会の公益のためにもシナジー[4]の相乗効果を引き出し、これを最大化し、社会に貢献する努力が求められる。

図-1が概念的に示すように、政府は主としてヒエラルキーの原理が作用する世界政治の位相スペースで、企業体は市場原理の作用する世界市場で、CSO(市民社会組織)はネットワーク原理の作用する市民社会の位相スペース(地域からグローバルまでの広がりを持つ)でそれぞれ活動し、同じカテゴリーのアクター同士とだけでなく、他のカテゴリーのアクターと相互作用を行っている。今日、国連その他の国際機構は、これらの3つの主要アクター間の相互作用を調整するのに最も適した位相スペース[5]に位置し、それはシナジーの原理に導かれた4つのアクター間の相互作用プロセスの中核の性格を持つに至っている。

シナジーは、自律した異なるアクターが、互いのアイデンティティの差

**世界政治** (ヒエラルキー原理)

政府

UNと国際機構

**相互作用** (シナジー原理)

**世界市場**
(市場原理)

企業

CSO

**市民社会**
(ネットワーク原理)

位相スペースとその原理（　　　）

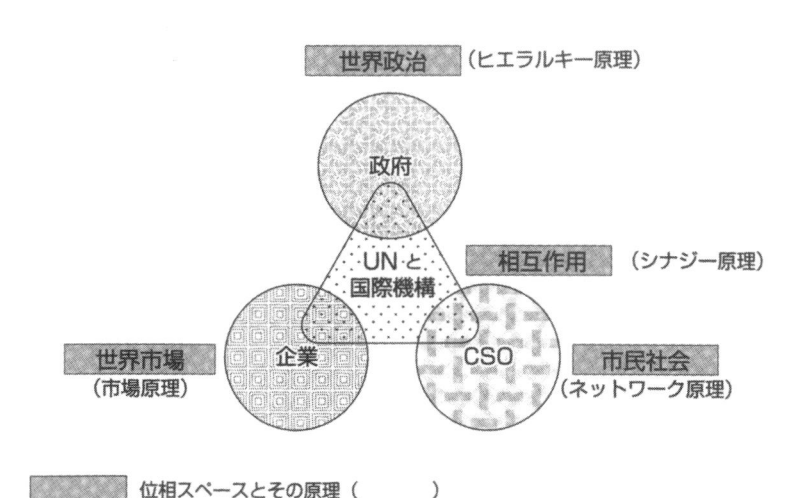

2003 by Tatsuro Kunugi

**図-1　アクター、位相スペース、原理**

異を保ちながら、その結び合いが足し算でなく、掛け算になる相互活性化を生む「共生」に類似している。それは異なる遺伝子の交配や異文化の融合から生まれる鋭気・活力（hybrid élan）に似ている。またそれはイヴァン・イリイチの言うconviviality（自立的なもの同士の協働と共歓）に近いものであり、アクター同士がお互いに無関係に、あるいは我慢して一緒にいることを意味する「共存」を超え相乗効果を生じるものである。

　国連は世界中の国家、政府、文化、文明、組織、地域団体、人々が交流し多元的共生を求める伝統を培ってきた唯一の普遍的組織として、政府、企業、CSOの協働を呼びかけ、先導したり、既にこれらのアクター間で進行中の協働を調整したり、促進したりするのに最も適した資質を持つといえよう。そしてこのようなリーダーシップ機能を国連が発揮することは、世界政治における国連のレーゾン・デートルと正統性の確立につながるのである。

　もう一点ここで強調したいことは、グローバル化の深化とともに国家を中心的アクターとする伝統的ウェストファリア体制は大きく変容し、国家の脱力化に伴って生じた4つの主要アクター間のパワーの再分配（ジェシ

カ・マシューズの「パワー・シフト」)が顕著となった今日、主要アクターの影響力、拮抗と均衡関係を、シナジーの原理に基づき、前向きに積極的に調整する国連の役割と機能には、以前にも増して重要な責務が加わっているということである。「国連は加盟国の国益が交錯する権力闘争の場である」、或いは「国連の主人公はあくまでも加盟国の政府である」といった一見現実主義的だがいかにも夢のない考え[6]にとらわれて、大多数の国連外交官や国連研究者が行動し続けることは、国連がシナジー創成により、人類社会に対する社会的責任をより効果的に果たすのを大きく妨げて行くおそれがある。国連は各国の利害調整もするが、総体的には既にそれを超えた地球社会の安寧、開発、環境保全などの公共財を追及し人類社会に供給しているのが現実である。

このような作業は、国連システム、すなわち国連とその専門機関、UNDP、ユニセフ、食糧計画、UNHCR、人口基金、環境計画などに加え、1990年以降に国連システム内に次々と設立された数多くの新しい多角主義機構により行われている。エイズ・マラリア・結核に対するグローバル基金、多角的環境条約や地球環境基金などの例が示すように、これらの新しい機構は政府、国際機関と企業、研究機関、CSO、慈善団体、などの複合的パートナーシップ共同体として作られ、通常の国際機構の自立的な機能を持ち、必要に応じ弾力的対応と発展を遂げてきたことが注目される。これらの様々な数多くの事例は国連その他の国際機構の発展・進化を見据え、しかるべき変革を構想するのに殊に参考になる。

## 3　現代世界のリーダーシップ

今日ではアクターが明らかに多様化しているが、以前の時代においては、王、君主、大統領、首相、政治的エリート、大企業の最高管理責任者などの役割、資質がリーダーシップ論の主な対象とされていた。地球市民社会の黎明を迎えようとしている現代世界では、リーダーシップは「多元的かつ重層的に相互作用する様々な主体に働きかけ、一定の目標を実現するた

めの能動的活動とその効果」と再定義するのが適当であろう。それは活動のプロセスであり、他のアクターの支持と信頼を得て集団を一方向に導いたり、他のアクターの意志や利益の担い手となったりする個人、組織などの特定主体の資質、気風や姿勢をさすのではない[7]。

1995年初めに提出された「グローバル・ガバナンス委員会」の報告書 *Our Global Neighbourhood* の日本語版のタイトルとされた「地球リーダーシップ」という概念は、この委員会が重要視したテーマの一つである。委員会の定義によれば、地球リーダーシップは「最も力の強い国や人々だけでなく、世界全体とすべての人々を代表するものでなくてはならない。それは分散した民主的（dispersed and democratic）リーダーシップとして、国家からと同様に社会から、権威よりも連帯から、大きな力を引き出し、説得と総意によって機能するものであり、真に効果を発揮する可能性のある唯一のリーダーシップである」。

振り返ってみると、約60年前に創設されて以来、さまざまな試練にもかかわらず、国連が総会又は国連主催の会議を通じて行ってきた政策形成と規範形成活動の成果の中には、国際社会全体のための公共政策の貴重な指針が数多く含まれている。そしてこれらは国連を中心とした地球リーダーシップの創発的進化の証左として評価しうるものである。今日、国連は加盟国の分権的自立性にしばしば左右され、主体的に地球的課題に対処するには困難が伴う。又グローバル化の牽引力である多国籍企業や、グローバル化の弊害を除き地球社会の公共財と共通善を追求しようとする国際NGOの貢献能力を、国連の計画実施だけでなく、より重要な政策立案に十分に活用する仕組みにはなっていない。行き詰った国連がいずれ生まれ変わる時には、国連自体が、国家と他の国際機構に加え、市民社会組織, 企業、議会、地方自治体、研究機関、メディア等の非国家組織のシナジーに基づくグローバル・ガバナンスの中核的プロセスへと変容することが予想される。そのシナジーを開発し促進する機能こそが、国連の正統性の源泉となり正統性を高める結果となるであろう。

徐々にではあるが国連の再生への兆しは見え始めている。既に言及した

ように、近年来、国連システムの内部では様々な非政府アクターの参画に開かれた数多くの多角的機構が生まれ、パートナーシップ共同体として機能し、地球的課題に弾力的対応と発展を遂げてきた。これらの非政府アクターがステークホルダーとしての社会的責任を確認し、協力し始めたことは、国連をボトムアップを含むタテ構造のガバナンスと、ヨコひろがりのネットワーク型ガバナンスとの有機的複合組織へと導くであろう。

　このような進展が、平和・安全保障分野では大きく遅れをとっている現状にあるが、協働的人間の安全保障への転換は、期待の持てる可能性の一つであろう。このためには、機構改革を必要としない運営の民主化から始めることができる。自ら守備範囲を広げ軍事的寡頭政治の牙城と化した安保理との均衡を図るために、綜合安全保障が必要とする総会及び経社理の潜在的権能の実現は必須である。又資源の無駄遣いと環境悪化の元凶である軍事大国の力の過大評価と国連内での優位を退け、従来からの中小国の知的貢献と国連運営への建設的な参加をより積極的に評価し、途上国と市民社会の要望と期待に応える措置を実現可能なところから進めていくことが望まれる。また具体策の一つとして、平和主義の日本は安保理常任理事国への執着はやめるべきだ。その上で安保理には積極的に参加の機会を求め、世界の平和勢力を結集し、安保理の脱軍事化の尖兵となるべきであろう。国内外の市民グループ、企業グループと共に、アジアの核削減、軍備削減を目指す新しい流れを主導し、従来の一国平和主義的傾向や対米依存の安全保障を協働的人間の安全保障に切り替え、環境・開発・科学技術協力に加え、平和・軍縮ビジネスを推進することを勧めたい。

## おわりに

　ネットワーク社会学の権威マニュエル・カステルの言葉を借りれば、インターネットは地勢に詳しい兵士達を広大な領域にばら撒く毛沢東のゲリラ戦術と同じであり、中央からコントロールできない幾千もの自立的コンピューターのネットワークは、必要に応じお互いにリンクし威力を発揮

する（Manuel Castells, *The Rise of the Network Society*, 2nd edition, Blackwell 2000, p.6）。この比喩はネットワーク社会そのものの弾力性と強さにも当てはまる。主権国家を単位とするアナーキーに近い現代世界の混迷に対し、多様なステークホルダーによる協働的ガバナンスの仕組みを創成し運営していくことは、一見アナーキーへの一つの回答を約束するようだ。しかし前途には問題がないわけではない。

　第一に、どの時代でも世界の知的物的資源は有限であるのに、競合する要求が限りなく存在する状況において、「有志連合」的ガバナンスに果たして任せておいてよいのだろうか。第二には、多様なアクターの協働がシナジーを創出するためには、同種のアクター間に適用するものとは異なった行動規範が策定される必要があるのではないか。第三に、シナジー創出とその公平な分配を管理・運営するリーダーシップの要件は何か。

　第一の問題については、国連その他のグローバルな機構の民主化からはじめる必要があるだろう。第二の問題に対する最も期待の持てる回答は、ISO26000（社会的責任規格）策定の過程そのものとその成果物であろう。認証を必要としない行動規範は最も有用かつ有効であり、21世紀における世界法のプロトタイプとはいえないまでもその予兆であることは疑いない。第三については、一国や一国際機関に閉じ込められたリーダーシップではなく、国家、人種、文化、宗教を超え、他者への連帯と地球隣人社会への責任感を伴ったものでなければならない。このようなリーダーシップが世界の喫緊の課題に対処することは、相互活性化による多様な自立的アクター同士の共生と平和の共創にもつながるであろう。

[注]
*1* このような物理的な中央と地方、政策決定の上下のレベルの問題とは別に、人々が生きる現場性や地域性、すなわちローカリティに根ざしながら、グローバルかつローカルな公共問題を論考する日本発の「グローカル公共哲学」が発展していることは注目される。山脇直司『グローカル公共哲学 ―「活私開公」のヴィジョンのために』（東京大学出版会、2008年）を参照。この公共哲学が人の生き方*modus vivendi*からグローバル公共政策*modus operandi*にどのようにつながるのか、その進展が期待される。グローカル・ガバナンスはグローバル・ガバナンスを同じ次元で包容する可能性を秘めているの

かもしれない。

2　Tatsuro Kunugi and Martha Schweitz(eds.) *Codes of Conduct for Partnership in Governance – Texts and Commentaries*(1999 UN University), pp.302-305に掲載されている宣言文と起草に参加した筆者(功刀)のコメンタリーを参照。

3　最近のILOの事情に疎い筆者には十分理解できないのかもしれないが、WeisbandのILO三者構成に関する研究(第13章)は、政・労・使の三者構成が国内と国際のネットワークをつなぎglobal accountabilityに寄与する長所を評価するあまり、労、使がかつての役割から脱皮できないでいる問題を見落としているおそれがある。ことに民間部門の組織率は世界的に低下したのに最近影響力を増大している労組は、人権や環境問題などの新たに取り組むべき課題に目を向けているところは少なく、グローバル経済の発展を阻害する惧れがあるとの指摘もある(『週刊東洋経済』2008年2月9日号、92-93頁[世界の視点コラム]ケネス・ロゴフの意見参照)。田端博邦は『グローバリゼーションと労働世界の変容』(旬報社、2007年)の中で、正社員を中心にした組織率2割以下の組合員のために闘う日本の組合は、世界の非常識に近いと述べ、組織率1桁のフランスでは「職業選挙」により選ばれる組合が使用者団体と交渉し、その成果は組合員だけでなく同じ職業の全労働者に適用されるなどの例を挙げている。また日本的企業内労組の近未来には非正規労働者の低賃金もありうるとも警告している。

4　*Encyclopaedia Britanica*の定義によれば、シナジーは生理学、化学、薬学で、2つ以上の器官、化学的性質、または薬物が相互作用によって、個々の作用や効果を足した総計より大きな効果を生むことであり、synergismはネガティブな効果を生ずるantagonismの反義語。共生の意義と効果については、栗原彬「共生という言葉について」(国民文化会議編集『国民文化』448号(1997年3月)2-3頁、及び村上陽一郎の論文「平和・安全・共生―総論」『平和・安全・共生―新たなグランドセオリーを求めて』(国際基督教大学社会科学研究所・上智大学社会正義研究所〔共編〕(有信堂高文社、2005年)119頁参照。

5　それぞれ独立・孤立した公共スペースの場合と違って、性格・機能の異なる4つのアクターが相互作用(interplayないしinteract)をおこなうので、理学用語の位相スペース(phase space)を使うのが適当であろう。理学では位相スペースは物体の位置と運動量とを座標とした多次元空間であり、運動状態を記述するのにこの空間を想定するのが便利とされている。

6　北岡伸一『国連の政治力学 ― 日本はどこにいるのか』(中公新書、2007年)、明石康『国際連合―軌跡と展望』(岩波新書、2007年)など参照。これらに対し、功刀達朗・内田孟男〔編著〕『国連と地球市民社会の新しい地平』(東信堂、2006年)には未来思考の論文が多い。

7　Ralph M. Stogdill, *Handbook of Leadership – A Survey of Theory and Research*(Free Press 1974)の定義を要約すれば、リーダーシップは集団構成員に受容可能な特定目標を設定し、その達成のために集団構成員の行動を組織化し、一定のスタンダードに維持する集団全体の機能である。そしてリーダーシップは状況の必要と集団の内的、外的要因に応じて変化するとしている(第2章、7-16頁)。最近の定義の紹介については石井貫太郎『リーダーシップの政治学』現代臨床政治学シリーズ1(東信堂、2004年)序章参照。また、「国際組織のリーダーシップ」の理論的考察については、石井論文、前掲の功刀・内田〔編著〕第21章を参照。

# 第1部　協働的人間の安全保障
## 実践的平和主義の結集

ダルフール和平会議でスーダンとリビヤの代表と協議する国連特使J. エリアソンとアフリカ連合特使S. サリム
UN Photo/Fred Noy

コンゴ東部の和平合意後、国連が行っているネットワークとリーダーシップ強化セミナー
UN Photo/Marie Frechon

# 1章　平和構築への企業の貢献

## 企業平和責任(CPR)を問う

佐藤安信／水田愼一

## 1　平和構築の主要アクターとしての企業

　「平和構築」という言葉は、国内紛争の予防や紛争解決、さらに紛争直後の復興開発から中長期開発に至るまで、その国や社会に紛争の無い安定的な状況を作り出すための取り組みを指すものとして、政府関係者、国連等の国際機関関係者、NGO関係者といった「その世界」の人々の間ではすっかり定着した感がある。しかし、一般の人々にとっても企業の人々にとっても「平和構築」という言葉はまだなじみが少ないのではないかと思われる。実際、平和構築活動といえば、多くの場合、政府や国連、NGOが主たるアクターとして前面に立つと捉えられている。

　しかし、支援国や国際機関が資金を出す復興・開発支援活動の多くは、実際には企業が発注を受けて援助の実施にあたる。DDRと略称される武装解除・動員解除・社会復帰のための活動では、失業した兵員の雇用確保が鍵となる。企業活動は、雇用を創出し、平和と安定を促進するために不可欠である。最近は、DDRの関連としてSSRとも略称される治安部門改革の重要性が指摘され、民間の警備会社などの活動も活発である。さらに先進国の軍人の犠牲を抑えるために、いわば傭兵の派遣をビジネスとする民間軍事会社の出現による「戦争の民営化」すら指摘されている。軍需産業はもちろん、企業の活動が紛争を助長したり、いわゆる戦争経済のような紛

争の構造要因に結びついていたりもする。武器などの生産や取引に関与していない一般の会社の民生技術が知らないうちに軍事転用されて新たな兵器の開発につながりかねないともいわれており、日本企業ももはや紛争とは無関係とはいえない時代になっている。

このように平和構築と企業活動との間に重要な関係が存在する一方で、これらの相互関係についてはまだまだ十分な研究や取り組みが行われてきているとはいえない状況にある。特に、日本ではそのような取り組みはこれまでほとんど皆無であったといってよい。確かに、緊急支援に限れば、ジャパン・プラット・フォームのように、政府と企業が共同で取り組むイニシアチブもある。しかし、このイニシアチブも平和構築全般への企業の取り組みを促すものではない。平和構築の現場への貢献はもとより、日本では、平和構築について議論すること自体に対してすら企業の関心はまだ高くない。

## 2 「平和構築と企業」にかかる国際的関心の高まり

しかし、世界に目を向けてみると、「平和構築と企業」との関係の重要性について少しずつではあるが関心が高まりつつあることが分かる。例えば、2000年には、英国の経済団体であるThe Prince of Wales Business Leaders Forum、国際NGOであるInternational Alert等が共同で"The Business of Peace: The Private sector as a partner in conflict prevention and resolution"という研究報告書をまとめた。同報告書は、紛争に絡む様々な状況において企業が果たしうる影響について正負両方の側面から検討を行っている。同報告書は、企業が果たす役割を考えるに当たり、①紛争原因(根本原因、引き金要因、助長要因)、②紛争段階(紛争前、紛争時、紛争後)、③紛争発生地(企業活動地、周辺社会、サプライ・チェーン、遠隔地等)、④他のアクターの役割(中央・地方政府、部族長、武装グループ、国際・国内NGO、諸外国政府・国際機関、宗教団体、経済団体、他企業、メディア)、⑤企業の特徴(産業分野、企業所有形態(外国企業、地場企業、公益企業、ファミリー企業)、企業規模、投資規模、歴史

的文脈)、の5つの側面から検討を行い、平和に対する企業戦略を考える必要があるとした。さらに、同報告書は、企業の活動形態を①社会投資(social investment)、②本業(core business activities)、③政策対話(policy dialogue)の3つに分類し、もう一方で活動段階を①予防戦略(prevention strategies)、②危機管理(crisis management)、③紛争後復興・和解(post-conflict reconstruction and reconciliation)の3段階に分類した上で、企業の平和貢献の有り様を**表-1**のようにまとめている。

**表-1　企業の平和貢献の方法**

| | | 企業の活動形態 | | |
|---|---|---|---|---|
| | | 社会投資 | 本業 | 政策対話 |
| 平和プロセスの3段階に対応する企業活動 | 予防戦略 | ・現地市民社会団体の能力強化<br>・地域社会開発・参加への投資<br>・現地教育・保健・起業促進への支援<br>・多様性、寛容、市民教育活動への資金支援 | ・投資前に紛争インパクト評価を行い、継続的にモニタリングを行う<br>・関係当事者との協議をシステミックに行う<br>・人権尊重・汚職対策・環境保全措置の実施と管理制度の運営<br>・職場での多様性と現地雇用の確保<br>・広範な富の創出を目指し、現地の人々の生活機会を支援する | ・下記のような紛争原因となる構造要因に対処するための政府その他関係者との対話を行い、集団行動を取る：<br>-汚職<br>-財政の偏向配分<br>-人権侵害<br>-教育、保健サービス、経済機会における機会均等確保<br>-治安・司法分野改革 |
| | 危機管理 | ・NGOや政府と連携し、物資等の寄付を行う<br>・その他可能な方法で、NGOによる人道支援・開発援助活動を支援する | ・商業ベースで下記のような救援サービスを提供する：<br>-水・衛生<br>-避難所<br>-食糧、保健サービス<br>・その際、赤十字ガイドラインを遵守する<br>・紛争地で活動する際に企業自身の安全措置を確保する | ・関係当事者に対して交渉を行うよう圧力をかける<br>・和平交渉のための事務局機能その他のサービスを提供する<br>・和平交渉に直接参加する(ただし、時としてセンシティブで、不適切である場合がある) |
| | 紛争後復興・和解 | ・被害を受けた人々、除隊兵士をターゲットにしたプロジェクトに重点を置く、その際、上記予防戦略にある4項目に留意する<br>・和解努力、有権者教育に取り組むNGOを支援する | ・商業ベースでインフラ復興や生産セクターへの投資に参画する<br>・その際、現地の人材育成、企業(特に小規模企業)の能力形成に資するようにする<br>・上記予防戦略にある5項目に留意する | ・真実と和解委員会において一定の役割を果たす<br>・政府その他の関係当事者との対話を持ち、残存する対立や相互不信の問題に取り組む |

出所：The Prince of Wales Business, International Alert, and Council on Economic Priorities, 2000, *The Business of Peace: The private Leaders Forum sector as a partner in conflict prevention and resolution*

この"The Business of Peace"報告書の取り纏めにおいて中心的な役割を果たしたInternational Alertはその後もこの分野の研究と実践を継続し、その成果を発表してきている。"The Business of Peace"報告書は、外国企業と現地企業がそれぞれ異なる役割を果たしうることを認識しつつも、両者を明確に分けた議論はしていなかった。これに対し、International Alertは、まず外国企業の役割に焦点をあてた研究・実践を、次いで現地企業の役割に焦点をあてた研究・実践を行い、その成果を報告している。

前者の外国企業の役割については、2003年に"Transnational Corporations in Conflict Zones: Public policy responses and a framework for action"という報告書がまとめられた。この報告書で提示されている分析フレームワークは基本的に"The Business of Peace"報告書のそれを踏襲しているが、この分野における諸外国政府や国際機関の活動例がまとめられるとともに、外国企業と平和構築との関わりについて幾つか具体的事例を取り上げて紹介しているのが興味深い。

例えば、日本も積極的に平和構築支援に取り組むアフガニスタンに関する事例として、スイスに拠点を置くThe Business Humanitarian Forum(BHF)が中心となり、UNDPその他開発援助機関や民間企業が協力して実施されている一連のプロジェクトが紹介されている。この枠組みで最初行われたプロジェクトはジェネリック医薬品の生産・販売を行うための地場企業を育成するためのプロジェクトである。このプロジェクトには、欧州のジェネリック医薬品企業400社が参加するEuropean Generic Medicine Associationが参画し、初期投資として機材・材料の無償供与、人材訓練の実施を行った。他にも、電力分野で世界有数の多国籍企業であるABBが参加する電力プラント建設プロジェクトや、イランをベースとするMorshedi Groupが参画する製粉工場建設プロジェクト等が実施されている。

後者の現地企業の役割については、2006年に"Local Business, Local Peace: The Peacebuilding potential of the domestic private sector"が発表された。この報告書では、現地企業が平和構築において果たす役割について、International Alert自身の活動事例を含めて20カ国・地域のケースを紹

介し、提言を取りまとめている。これらのケースの中には、フィリピンのミンダナオにおけるケースも含まれている。具体的には、現地NGOであるPhilippines Business for Social Progress（PBSP）が現地の官民対話促進に取り組んでいること、PBSPによるYoung Muslim Professional for Business and Peaceというイニシアチブの下でミンダナオ出身のムスリムの若者達がマニラ所在の企業においてインターンシップの機会を与えられていること、現地企業であるPaglas CorporationとLa Frutera Inc.がミンダナオ自治区にバナナ農園経営のための投資を行い、除隊兵士を含む現地の人々に雇用機会を提供していること等が紹介されている。

このような現地企業の例は、ともすると現地の権力基盤である既得権益と結んで紛争の構造原因を隠蔽しこれを温存、強化しかねない一面もあるので手放しで賞賛はできない。しかし同時に暴力的な権力闘争に陥らずに現地の社会変革を成し遂げるには、長期的な視点に立った持続可能なビジネスへの現地の人々の参加を促すこともまた重要であろう。現地の人々が新たな搾取の被害者にならないためには外部者による監視と圧力が不可欠であろう。

企業の平和貢献・平和責任に関する議論は、国連グローバル・コンパクト（GC）[1]の枠組みでも活発に行われるようになった。GCでは、2001年より、「紛争地域における民間セクターの役割」をテーマとした政策対話を開始した。国連機関、民間企業、各国政府、NGO等幅広いセクターからの参加者を得て、紛争地域において企業活動が及ぼす影響、国連や各国政府が取りうる政策オプションに関する検討が行われた。これらの成果は、2004年3月に安保理で報告・討議されるとともに、2005年4月には、"Enabling Economies of Peace: Public Policy for Conflict-Sensitive Business"報告書として発表された。その後もGCは紛争予防／平和構築を掲げてワークショップや会議を重ねており、2007年始めには、紛争地域や脆弱な地域における「Social Investment（社会的責任投資）」をテーマとして会議が開催された。

欧州主要国政府による取り組みも進められている。2006年9月には、英国国際開発省（DFID）、ドイツ連邦経済協力省（BMZ）、ドイツ技術協力公

社(GTZ)、International Alertの共催により、"Private Sector Development and Peacebuilding"という国際会議が開催された[2]。この会議には、世界銀行、国連開発計画(UNDP)等の国連機関、経済協力開発機構(OECD)等の国際機関、Oxford大学等の大学・研究機関、主催である英独政府に加えて、米国、カナダ、フィンランド等の諸外国政府・援助機関、国際・現地NGO、民間企業、報道関係者等を含む140名以上が参加し、この問題への国際的な関心の高さが示された。ただ、会議の総括でも示されているとおり、民間企業からの参加者が限定的であったのが今後の課題として指摘できる。なお、日本からは、政府・援助機関、大学・研究機関、企業、NGO等いずれからも全く参加がなかったことを触れておくべきであろう。

　もう一つ、「平和構築と企業」に関連する最近の国際動向として、2006年、世界的に権威のあるビジネス・スクール評価機関であるAACSBにより発表された"A World of Good: Business, Business School, and Peace"報告書について触れておきたい。同報告書では、「これまでは、平和の実現がビジネスやビジネス・スクールの目的であることはなかった」としつつも、ビジネスは世界に平和をもたらす上での「潜在力」を持つとし、実際に昨今、ビジネス界において平和への関心が高まりつつあることを指摘している。そのような現状を踏まえた上で、同報告書は①ビジネスと平和との関係、ビジネス・スクールの役割・貢献等について検証するための奨学金や研究を奨励する、②平和理念の強化に既に取り組む他機関との関係構築に取り組む、③平和とビジネスに共通の関心を持つ人・機関をつなぐために、AACSBが有する教育プログラム等のリソースを活用する、④ビジネス・スクールのカリキュラムに平和に関する科目を取り入れ、この分野への理解の深化やベスト・プラクティスの提示を促す、⑤平和というトピックに関して、ビジネス界とビジネス・スクールとの間の関係とコミュニケーションを確保するための具体的な戦略を策定する、という5つの提言を打ち出している。AACSBは、欧米や我が国を含め世界の主要ビジネス・スクールが会員となっている権威のあるビジネス・スクール評価機関であり、今後、これらの提言が実際のビジネス・スクールの活動に反映されていくものと考

えられる。

## 3　平和構築への企業の貢献

ここでは改めて平和構築と企業との関わりに関する基本的な論点をまとめておきたい。企業の平和貢献のあり方については、"Business of Peace"報告書で示されている3×3のフレームワークを既に表1で紹介したところだが、より端的には図-1のように整理できる。すなわち、企業による平和貢献活動は、紛争を発生・助長させるような負の影響を回避するという消極的側面と、紛争予防・解決から緊急復興・中長期開発まであらゆる段階で平和実現のために貢献するという積極的な側面に分けられる。「平和構築と企業」に関する国際的な議論も、これら二つの側面の双方を関心領域に含むものとして行われてきている。

次に、企業の平和貢献について特に積極的貢献の側面に焦点を当てて、段階毎の実際的・潜在的活動事例をまとめたのが図-2である。"Business of

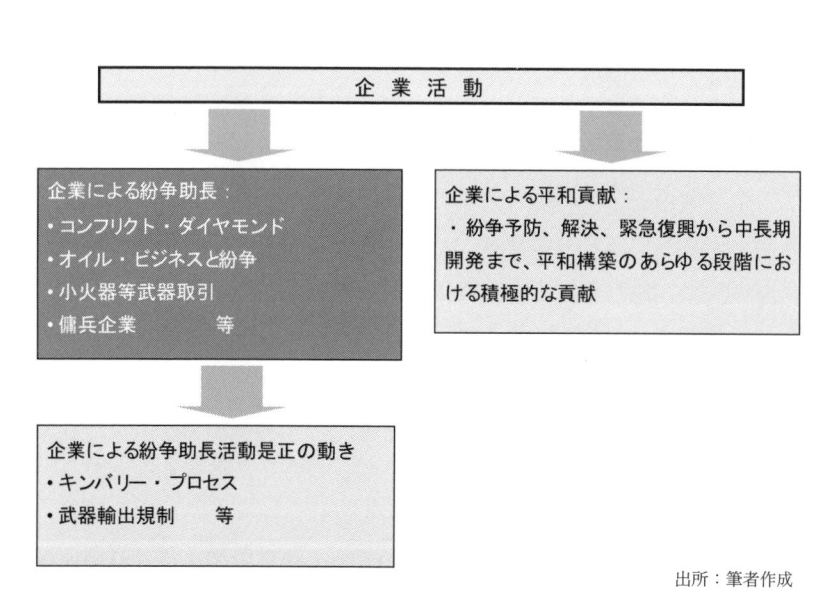

```
                    企 業 活 動
        ┌──────────────┬──────────────┐
        ▼                             ▼
企業による紛争助長：              企業による平和貢献：
・コンフリクト・ダイヤモンド       ・紛争予防、解決、緊急復興から中長期
・オイル・ビジネスと紛争             開発まで、平和構築のあらゆる段階にお
・小火器等武器取引                   ける積極的な貢献
・傭兵企業　　等
        │
        ▼
企業による紛争助長活動是正の動き
・キンバリー・プロセス
・武器輸出規制　　等
```

出所：筆者作成

図-1　企業の平和貢献の方法（正負の二側面による整理）

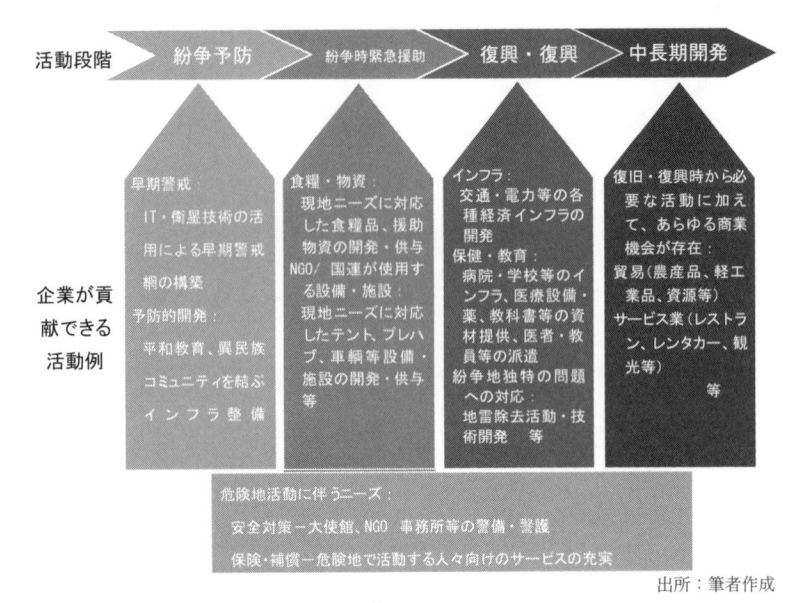

26 第1部 協働的人間の安全保障

| 活動段階 | 紛争予防 | 紛争時緊急援助 | 復旧・復興 | 中長期開発 |
|---|---|---|---|---|
| 企業が貢献できる活動例 | 早期警戒：IT・衛星技術の活用による早期警戒網の構築　予防的開発：平和教育、異民族コミュニティを結ぶインフラ整備 | 食糧・物資：現地ニーズに対応した食糧品、援助物資の開発・供与　NGO/国連が使用する設備・施設：現地ニーズに対応したテント、プレハブ、車輌等設備・施設の開発・供与等 | インフラ：交通・電力等の各種経済インフラの開発　保健・教育：病院・学校等のインフラ、医療設備・薬、教科書等の資材提供、医者・教員等の派遣　紛争地独特の問題への対応：地雷除去活動・技術開発　等 | 復旧・復興時から必要な活動に加えて、あらゆる商業機会が存在：貿易（農産品、軽工業品、資源等）サービス業（レストラン、レンタカー、観光等）　等 |

危険地活動に伴うニーズ：
安全対策－大使館、NGO 事務所等の警備・警護
保険・補償－危険地で活動する人々向けのサービスの充実

出所：筆者作成

**図-2 企業の平和貢献：活動段階による整理**

Peace"報告書で示されている表-1のフレームワークでは、企業の活動事例について分野を特定しない記述に留まっているのに対して、図-2では、具体的な活動分野・事業分野毎に活動事例を示すことに心がけている。むろん図-2も未だ十分に具体的とは言えず、実際に平和貢献に取り組む意思を有する企業関係者がこの図を見ただけでは、果たして自企業がどのような貢献が出来るか即座に把握することは困難であろう。既に紹介した先行研究においても、段階毎・事業分野毎の活動事例を具体的に整理する段階には至っておらず、むしろ各企業に応じた処方箋は今後各企業のビジネス戦略に委ねられているといえるであろう。

　この企業戦略上の位置づけを考えてみよう。従来、企業の平和への積極的貢献は、本業とは切り離された慈善活動として捉えられることが多かったものと考えられる。例えば、紛争被害を受けた難民・避難民への寄付は、慈善活動として位置づけられる。一方、近年、欧米企業、特に資源採掘セクター(石油・ガス開発、ダイヤモンドや金属等の鉱物開発等のセクター)に属す

る企業が、危機管理の観点から紛争地での活動における平和配慮を重視するに至っている。危機管理といえば、現地での安全管理の側面もあろうが、この場合、特にNGOやマスコミからの非難とそれに伴う社会的制裁に備えた危機管理の側面が強かろう。ダイヤモンド取引におけるキンバリー・プロセスと呼ばれる公正取引に企業が取り組むのは、紛争絡みの取引でイメージダウンによる不買運動等につながらないようにするためである。

　ここまでの企業の活動はいわば「ボランティア活動」か「守り」としての平和貢献活動だが、企業による平和貢献は本業によっても可能であり、むしろ今後は本業を通じた貢献がさらに積極的に求められていくと考えられる。先にInternational Alertによる研究成果として紹介したアフガニスタンの事例は、医薬品会社や電力会社が本業の分野で貢献している事例である。これらの活動は短期的に「贈与」の側面が伴うが、長期的な利益に結びつく側面もあるし、段階的に自身の営利活動に結びついていくことが想定されていると思われる。本業による平和構築は、さらに幾つかに分類される。まず、諸外国政府のODA事業や国連の事業の受注が考えられよう。例えば、紛争後のインフラ開発は、建設会社やコンサルタントにとって本業による参画機会となる。国連機関が調達する人道援助物資や車両等の機材の供与も本業による平和貢献と位置づけられるであろう。国際援助関係者や援助に関わる民間企業関係者に対するビジネス機会も存在する。例えば、ホテルやレストラン等のサービス業、日用品や食料品の生産・輸入・販売等が考えられよう。現地の人々へのビジネスや、周辺国を市場にする輸出ビジネス等も考えられよう。例えば、農林水産業（加工を含む）は現地市場、周辺国市場の双方をにらんだビジネスとして展開するポテンシャルがある。ただし、現地の紛争当事者の資金源として武器取引と結びつき、むしろ戦争経済の構造の維持・拡大による紛争の助長に貢献することもあることに留意すべきであろう。

　つまり、企業の平和貢献は諸刃の刃ということでもある。状況次第で平和構築にも阻害にもなりうる。これは慈善活動から危機管理活動、さらに本業にまでいえることである。時と場所、さらには人によってその意味は

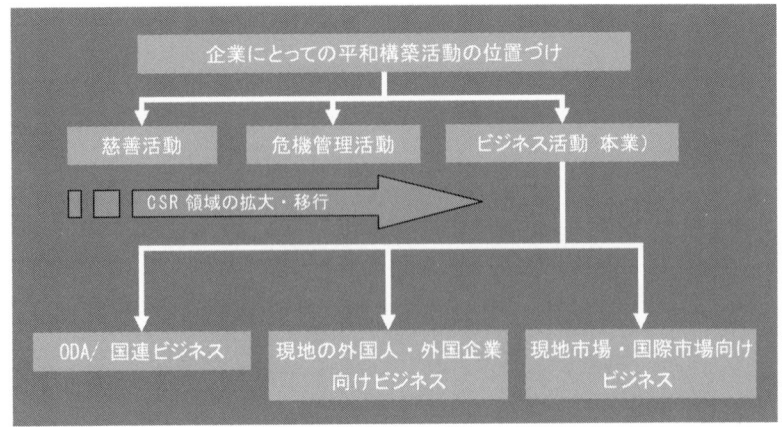

**図-3　企業にとっての平和構築活動の位置づけ**

出所：筆者作成

違ってくる。ある者にとっての平和はある者にとっての抑圧であるかもしれない。その意味で、企業の社会的責任（CSR）は本業を含む企業のすべての活動やその間接的な影響をも考慮しなければならないであろう。ハーバード・ビジネス・スクールのマイケル・ポーター教授らは、「現在支配的なCSRの考え方は、あまりにも部分的であり、事業や戦略とも無関係で、企業が社会に資するチャンスを限定している。むしろ、事業上の判断を下すのと同じフレームワークに基づいて、その社会的責任を果たすというように考えれば、CSRはコストでも制約でも、また慈善行為でもなく、ビジネスチャンスやイノベーション、そして競争優位につながる有意義な事業活動であることがわかるはずだ」と述べている[3]。

　紛争から復興しつつある国は、いわば芽が出始めたばかりの新興国でもある。リスクも大きいかわりにそこには多くのビジネスポテンシャルがある。企業は、そこで果敢にビジネスに取り組むことにより「先行者の利益」を得ることができ、かつ、経済活動を促進し、雇用を生み出す、「平和貢献者」となることができる。もちろん、チャンスとリスクは表裏一体であり、紛争後間もない脆弱な国に足を踏み入れれば、それだけ治安リスクもあり、また、些細なことから「不公正取引に従事する企業」等の批判を受ける結果

ともなりかねない。これらを総合して、紛争地や紛争に対して脆弱な地域・国とのビジネスは行わないという判断もあろう。しかしそれで企業の平和責任を免れるものではない。なぜなら社会あるところ紛争はつきものであり、顕在化していなくとも潜在的には常に存在しているからである。企業活動がその社会にどのような影響を与えるかを常に分析し、平和へ貢献し責任を果たすことが求められる。なぜなら企業活動は利潤追求を目的にするとはいえ、本来公共性を有することで認められた活動だからである。

最後に、これらの企業の平和貢献活動を考える際に、その主体を外国企業とするのか、現地企業とするのかで果たすべき役割が異なるということは常に留意しておくべきことを付言しておきたい。このような問題意識は、International Alertによる先行研究でも明確にされており、それぞれの角度から報告書がまとめられている。今後は、平和に貢献するために外国企業と現地企業がどのように協力していくのがもっとも望ましいのかという両者の協力のあり方を検討することが課題であるといえよう。

## 4　日本発の平和構築への企業の取り組み推進へ向けて
───企業平和責任の提唱

以上議論したように、平和構築において企業が果たすべき役割は大きく、両者の関係に関する国際的関心も高まりつつあり、まだ限定的であるがこの問題に焦点を当てた研究・実践双方における取り組みが進められてきている。しかし、そのような中にあって、日本においてこの問題に対する関心は未だ高くなく、国際社会による取り組みの流れからも取り残されている。

このような中、日本でも平和構築と企業の関係にかかる研究促進と取り組みの向上を目指すべく、筆者らは、東京大学産学連携本部、東京大学大学院総合文化研究科「人間の安全保障」プログラム等の共催で「平和構築とビジネス」研究会を2007年5月より立ち上げた。この研究会では、主として次の3つを柱として活動を行っている。

一つ目として、「実践」をキーワードに、平和構築への企業の参画機会や活動事例に関する研究を行っている。すなわち、平和構築の文脈で企業が果たしうる役割や与えうる影響について、国連機関や援助機関等の平和活動の「発注者」側や、実際に平和貢献に携わる企業関係者のそれぞれの側から、取組み事例や経験・知見の提供を得て研究を進めてきている。例えば、国連ビジネスの研究として、国連プロジェクト・サービス機関（UNOPS）の調達機会に関する研究を行ったり、企業による平和ビジネスの取組み事例として、牛丼の「すき家」等を経営する株式会社ゼンショーと特定非営利法人ピース・ウィンズ・ジャパンによる東ティモール「ピース・コーヒー」の生産・販売協力の例について取り上げたりした。このような研究の成果として、将来的には、企業の平和活動ガイドラインやベスト・プラクティス集のようなものが作れればと考えている。

　二つ目として、「規範」をキーワードに、企業社会責任（CSR）の中に、「環境」と同様に、「平和」の観点を盛り込む、いわば、「企業平和責任（CPR）」の概念を提唱し、これを「国際的な企業行動規範」として具体化するための研究を行っている。平和構築とビジネスにかかる国際的な企業行動規範を実現するための方法の一つとしては、この研究会を通じて「企業の平和責任憲章」のモデルを策定し、日本の民産官学の共同提案として国際社会に訴えていくことを提言することも考えられよう。ただ、このように全く新しいものを提案していくと同時に、既存の国際的な企業の行動規範であるグローバル・コンパクト（GC）に新たに平和構築にかかる原則を盛り込むよう日本から働きかけていくことも提案している。これらの活動の延長線としては、さらに一歩進めて、ISOのような企業認証制度への平和の観点を導入し、一般の投資活動に影響を与えるというビジネスモデルを研究することも検討している。エコ・ファンドのような、平和構築に積極的に取り組む企業に投資する「ピース・ファンド」の設立を促したり、このような企業を金融、税制上で優遇したりするなどが考えられる。また、開発における、いわゆるフェア・トレードを平和の課題にまで広げた、ピース・トレードのようなことも考えられるのかもしれない。市場経済の論理に絡め取ら

れないようにしながら、いかにこれらを活用していけるか、現在、欧米等を中心にSocial Entrepreneur（社会起業家）という社会変革をもたらす事業を行う企業を起業する者が出現している。これはいわゆるベンチャー企業の1つとして新たなビジネスモデルを提供するものであり、平和構築の分野でもこのような創造的な活動が求められている。

　三つ目として、「連携」をキーワードに、日本の民・産・官・学の四者が平和構築に協力して取り組むための連携のあり方を追究し、恒常的な協力・研究・教育拠点の設立をめざす。この拠点は、政府、援助機関、国際機関、NGO、大学、企業等から得られる平和構築に関わる情報を集積し、相互に情報提供を図るとともに、具体的な協力を進める際の調整の役割を担うことが期待される。平和構築のための創造的な研究とその応用、および必要な人材育成や教育の戦略を練るのである。また、平和とビジネスとの関係に関する研究を含め平和構築にかかる様々な課題にかかる研究を政府・企業からの補助・寄付金や委託金によって実施する機関とする。さらに、日本のビジネス・スクールその他の大学院で平和構築にかかる教育を普及するための協力拠点として位置づける。難民のための奨学金等を官・民で設立して、紛争等から逃れてくる人道上の保護を必要とする難民・避難民を留学生として受け入れたり、客員教授として招聘したりする。彼らからその実情を学ぶことで、平和構築支援のためにより深い理解に基づく現実的な政策とその実施に結びつける。英、独等の諸外国で平和とビジネスにかかる取り組みが進む中で、日本としてこれらの諸外国の取り組みと協調・協力していくためにこのような拠点形成が必要であろう。

　ここで重要なのは、かつての様々な政治課題・開発課題と同じように、欧米先進国での動きを日本がただ追随するのではなく、日本がより早くより積極的にこの課題に取り組んでいくことである。我が国経済自体の成熟化や新興国の台頭等により日本の経済力は早晩相対的に低下していくことは避けられない。歯止めのかからない少子化と急速な高齢化社会を乗り切るために外国人労働者の受け入れも避けられまい。地球上で資源や環境をめぐる紛争も多発し、否応なく日本にも大きな影響を与えよう。今後、日

本が競争力をもって生き残っていくためには、広い意味でのイノベーションが必要であり、そこでは、技術革新力だけではなく、人類への価値貢献面での創造力・実行力が必要とされてくる。つまり、これは日本ブランドを技術力だけでなく、平和力のブランドとして世界で通用させる国家プロジェクトでもある。

　憲法9条を改めて引くまでもなく、戦後日本では、政府、企業、市民が一致して、「平和国家」を掲げてそれぞれの立場から努力を重ねてきた。その結果、歴史問題はあるものの、日本は世界の多くの国々の人々から、世界平和に貢献している国として認められるようになってきたと言っていいだろう[4]。世界に大きく依存している日本が今後とも繁栄していくためには、「日本らしい」不断の貢献を継続し応分の責任を果たすことで、世界の人々の信頼を勝ち取っていかなければならない。その際のキーワードとして非軍事的な平和貢献のための「企業平和責任」の提唱と推進は9条の趣旨からも最もふさわしいのではなかろうか。日本企業による平和構築イニシアチブの推進を強く提唱したい。

[注]
*1* 国連グローバル・コンパクト（United Nations Global Compact）：1999年の世界経済フォーラムにおいて、コフィ・アナン国連事務総長（当時）が企業に対して提唱し、2000年7月に発足したイニシアチブ。企業に対し、人権・労働・環境・腐敗防止に関する10原則を順守し実践するよう要請しており、より持続可能かつ包括的なグローバル経済の実現を目指している。2007年末現在、全世界で約4000社の企業が参加している。
*2* Donor Committee for Enterprise Developmentウェブページ（http://www.sedonors.org/）で同国際会議の議事次第や発表資料が入手できる。
*3* マイケル・ポーター、マーク・R. クラマー「競争優位のCSR戦略」（原題 "Strategy and Society: The Link Between Competitive Advantage and Corporate Social Responsibility"）『*Diamond*・ハーバード・ビジネス・レビュー』（2008年1月号）、pp36-52
*4* 例えば、2006年に英国放送協会（BBC）が33カ国、計4万人を対象に行った調査の結果、日本はカナダと並び「世界で最も良い影響を与えている国」の一位に選ばれた。

# 2章　軍縮の担い手としての市民社会

川崎　哲

## 1　市民から遠い軍縮

　近年、環境や開発などいわゆる「地球規模課題(グローバル・イシューズ)」に関する市民セクター(非政府セクター)の役割が世界的に注目され、学術的な研究対象にもなっている。では、軍縮における市民セクターの役割とは何だろうか。これは、なかなか難問である。なぜなら、軍備は国家が独占しているものであり、安全保障は国の専権事項であると広く信じられているからだ。

　軍縮や安全保障は、数ある地球規模課題のなかでも、もっとも市民から遠いものといってよい。例えばNGOにとって、国連との窓口は経済社会理事会である。世界で約2000のNGOが、経済社会理事会との協議資格をもっている(筆者の属するピースボートもその一つだ)。これらのNGOには経済社会理事会から議題や各種会議情報が提供され、NGOによる会議への参加も活発だ。

　これに比べて、安全保障理事会は、市民に対して基本的に閉ざされている。ニューヨークには安保理とNGOの情報交換会が存在するが、これはきわめて小規模で非公式・非公開のものだ。ときおりの安保理公開討論でNGO・市民社会代表が発言の機会を与えられることもあるが、限定的なものである。

要するに、NGOや市民社会の活動領域として「公認」されているのは経済・社会分野であって、政治・軍事を含む安全保障の分野はいまだに国家の独占物だというのが、現代の「常識的理解」なのだ。

「私たちにはタマがないんだ。だから、やれることは限られているんです。」

これは、かつて核軍縮の問題で日本外務省の審議官に「なぜもっと強くアメリカに核軍縮を求めないのか」と問うたときの返答の言葉である。曰く、核軍縮において核兵器すなわち「タマをもっている」のはアメリカをはじめとする核保有国だ。だから彼らに受け入れられるような要求をしなければ、単に理想的な主張をしても非現実的でダメなんだ、というような説明であった。

日本外務省の「弁明」の妥当性はここでは置くとして、軍縮と市民の関係にも似たようなところがある。市民は、軍縮をせよと主張したり叫んだりすることはできる。しかし市民には、国家の軍備に関する決定権もなければ介入手段もない。タマがないのだ。だから市民の叫びなど、しょせんは蚊帳の外の「遠吠え」に過ぎないのかもしれない。私はNGOとして軍縮にかかわる活動を続けてきたが、この「国家安全保障」の壁の高さをいやというほど実感してきた。

卑近ながらもう一つ実感するのは、そもそも軍縮は市民には流行らないということである。若い学生と話していても、核兵器など大文字の軍縮問題は「実感がもてない」という。同じ平和分野でも、例えば紛争地への人道支援のような活動の方が関心がもたれる。被害が目に見え、かつ、市民の関与による効果も見えやすいからであろう。国家の顔ばかりみえてくるような政治の世界よりも、人間の顔の見える現場に関わりたいというのは、ある意味で自然なことである。

このように軍縮分野の主役は国家であり、市民社会は傍流に置かれているということをまず理解しなければならない。その上で、軍縮において市

民アクターが果たしうる役割と可能性について、最近の国際動向を基に考えたい。

## 2 軍縮と非政府アクター

### (1) 軍縮とNGO

　軍縮・安全保障と市民社会の関わりには、大まかにいって、次の3つの領域がある。第一は、軍縮・平和を求める世論や社会運動、そしてNGOである。冒頭で、これら市民活動の実効性については疑問符をあえて付けた。それでも、世界的にみればNGOが軍縮を前進させてきた実例は数多くある。

　もっとも代表的な例は、1997年の対人地雷禁止条約である。カナダなど熱心な有志国家とNGOが連携して、人道主義を前面に打ち出して条約を実現させた。オタワ・プロセスと呼ばれる。現在では、クラスター爆弾を禁止するためのオスロ・プロセスが続いている。また、武器貿易を取り締まる武器貿易条約(ATT)は、国際NGOのキャンペーンの末に2006年に国連決議が採択され、条約交渉に向けた作業が始まった。

　核兵器の分野では、核不拡散条約(NPT)が1995年に無期限延長された際に、条約再検討プロセスの強化が決定され、その中へのNGO参加が公式に保証された。1996年に国際司法裁判所(ICJ)が「核兵器の使用・威嚇は国際人道法違反」であるとする勧告的意見を出したが、これは世界規模の市民運動「世界法廷運動」の成果によるものであった。日本でも広範な署名運動が繰り広げられ、これらの運動が国連を動かし、ICJに審理を行わせる原動力となった。国際法学者はNGOと連携して提言を行った。この勧告的意見は、その後、核兵器禁止条約をつくるための国際交渉の土台として活用されている。

### (2) 軍備と企業

　第二は、軍備と企業の関わりの問題である。今世紀に入り、世界の軍

事費は右肩上がりで増え続けており、2003年には年間1兆ドルを突破した。2006年には1兆1600億ドルで、冷戦末期の1988年とほぼ同水準である。冷戦後、世界の軍事費は減少に転じ、1996年には8300億ドルと、対1988年比で3割減にまでなった。ところが2001年の「9.11」を機に軍事費は再び上昇し、冷戦期の水準にまで復活してしまったのである（図-1）。

世界の軍事費の約半分はアメリカのものであり、アメリカによる対テロ戦争が世界的な軍事費増の直接の要因である。しかし同時に、軍事費の増加と企業の関係も見過ごせない。とくに1990年代以降、「軍事における革命」とも呼ばれる軍事のハイテク化が進行し、情報通信技術（IT）を含むハイテク技術関連投資と軍備の近代化は相互的に発展してきた。

核・生物・化学兵器や、これら大量破壊兵器を運ぶミサイルについては、民生技術と軍事技術の汎用性が問題になる。核兵器は原子力産業、生物兵

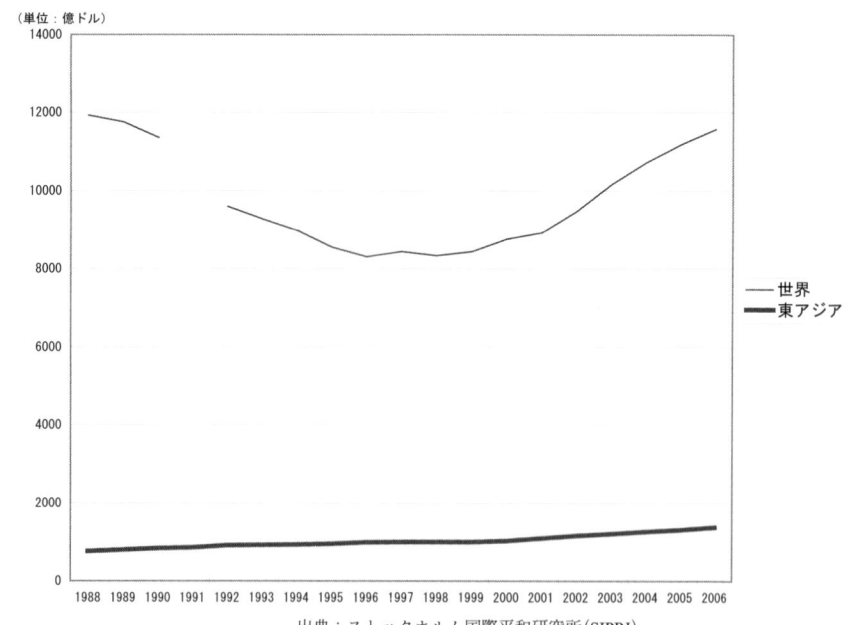

出典：ストックホルム国際平和研究所（SIPRI）
http://www.sipri.org/contents/milap/milex/mex_wnr_table.html

**図-1　世界の軍事費**

器はバイオテクノロジー、化学兵器は製薬・化学産業、ミサイルは宇宙開発と密接不可分である。現代の軍事技術はこれらハイテク民生技術のうえに成り立っているといえ、企業と軍備の関わりの問題を複雑なものにしている。

なお、日本を含む東アジアが、世界的に一大兵器市場となっていることも忘れてはならない。中国、日本、台湾、朝鮮半島を含む東アジア諸国の軍事費総額は、世界全体の12パーセントを占め、増え続けている。北朝鮮が核実験を行い、日本、韓国、台湾へのミサイル防衛配備がすすみ、中国が軍備を近代化させるなど、東アジアでは新たな軍備競争が進んでいる。日本の経済界からは、「技術革新に乗り遅れない」ためには欧米との兵器共同開発が不可欠であるとして、そのために武器輸出三原則を再検討せよという声があがっている[1]。

民間技術を巻き込んだ世界的軍事化の流れは、日本企業のあり方にも大きな影を落としているのである。

### (3) 不拡散・テロと非政府アクター

第三は、軍備管理の規制対象としての非政府アクターである。これは、近年、安全保障上の主要な関心事項として大量破壊兵器の拡散とテロリズムが浮上してきたことに関わる。すでに指摘したとおり、大量破壊兵器においては民生技術と軍事技術の汎用性の問題が存在し、これらの拡散を防ぐためには科学技術や企業に対する効果的な規制措置が必要になる。

拡散防止のための輸出管理体制にも、新たな関心が集まっている。輸出管理においては、規制対象は貿易業者を含む企業であり、所轄官庁は通商および貿易を取り締まる省庁である(日本の場合は経産省)。近年の輸出管理は、規制品目リストをつくって国境に障壁をおくという考え方に止まらず、最終用途(エンドユース)に着目し、潜在的危険物質の所有および流通を地球規模で規制するという、より包括的な考え方へと発展しつつある。

不拡散問題において「非国家アクター」(non-State actor)という言葉は、「テロリスト」と同じような意味で使われている。最近では、軍備の規制対象

として、個人、集団、企業を含む非政府アクターに目が向けられるようになってきたのだ。

その象徴が、2004年の国連安保理決議1540である。この決議は、非政府アクターが大量破壊兵器を「取得、製造、保有、輸送、移転または使用」することを国家がいかなる形でも支援してはならないと定めるとともに、国家に対して、個人(集団)や企業がそのような行動をとることを禁止し犯罪化するように法整備することを義務づけたものである。

同様の動きとして、国際刑事裁判所(ICC)がある。2002年に発足したICCは、集団殺戮や戦争犯罪を犯した個人を国際社会が裁くという常設法廷だが、この規程には大量破壊兵器の使用にかかわった個人を裁くという条項がある(ただしこの条項は、いまだ完全な効力を有したものではない)。

いずれの場合も、国際社会が、個人や企業の行動を禁止しその犯罪化を定めている。これは、国家対国家の交渉を基礎とする軍備管理の世界では、きわめて新しい動きといえる。

### (4) ブリクス委員会

国際原子力機関(IAEA)元事務局長で国連イラク査察委員会の委員長をつとめたハンス・ブリクス氏は、退任後スウェーデン政府の支援下で「大量破壊兵器委員会」(ブリクス委員会)を立ち上げ、大量破壊兵器の廃絶に向けた60の提言を含む報告書を2006年6月に発表した[2]。そこには、大量破壊兵器の廃絶のための非政府アクターの役割に関する注目すべき一節がある。

「大量破壊兵器についての国の決定は、『安全保障の聖職者』によって独占されるのではなく、透明で民主的でなくてはならない」とうたうブリクス委員会は、非政府アクターの役割について、次の5つの部門を設定し、それぞれの課題を提言している。第一に企業とビジネス界、第二に科学者、第三に議会、第四にNGOの役割である。そして第五に、軍縮教育を掲げた(**表-1**)。いずれも、今後の非政府アクターの課題を考える上で示唆に富む提言だ。

企業・ビジネス界については、兵器に転用可能な汎用技術を扱う企業が

**表-1　非政府アクターに関するブリクス委員会の提言**

| |
|---|
| (1) 企業とビジネス界の責任<br>・企業の兵器拡散防止責任。法令遵守<br>・政府と企業界の対話。貿易協会の役割 |
| (2) 科学者の責任<br>・科学・研究における業務規範、行動規範<br>・モニタリング、ピア・レビュー、告発メカニズム、責任の文化促進 |
| (3) 議会の役割<br>・兵器の保有、削減、廃棄状況を情報公開させ議論する<br>・各国の議会間の協力、相互訪問 |
| (4) NGOの役割<br>・政府、民間財団によるNGO支援<br>・平和と軍縮における女性団体の役割 |
| (5) 軍縮教育<br>・2002年国連専門委員会の成果の実行<br>・軍縮関連国際機関への学生インターンシップ |

出典：大量破壊兵器委員会『大量破壊兵器　廃絶のための60の提言』岩波書店　p.146-152

「大量破壊兵器関連の物資や技術の不法供給者という評判」を受けることのないように、政府、国際機関、産業団体、貿易協会等が協力することを提言している。科学者に関しては、バイオテクノロジーの生物兵器への転用等を防止するために、科学・研究のための業務規範や行動規範をつくり実施することを求めている。議会に対しては、核兵器等の保有状況や廃棄過程の情報を政府に公開させ、透明性向上に貢献することを求めている。

　NGOについては、国家安全保障上の理由からNGOの自由な活動を「許そうとしない政府がある」と指摘し、各国政府に対して、NGOが積極的な活動をできるよう援助すべきだと提言した。また、民間財団が大量破壊兵器分野でのNGOへの支援を増大させるべきとも提言している。実際、欧米のNGOの多くは、「9.11」以降民間財団が軍縮へはほとんど助成しなくなったと嘆いている。これまで軍縮に向けられていた資金が今やテロ対策に回されており、助成金を得ようと思ったらテロ対策を標榜しなければならないというのだ。

　軍縮教育に関してブリクス委員会は、2002年の軍縮・不拡散教育に関する国連専門家委員会の報告書に注目した。同報告書が軍縮問題への「意識、

理解および関与を向上させるための幅広い多様な方法が必要」として多言語教材や電子メディアの活用などを提言しているにもかかわらず、その実施は「不完全」であるとして、各国による報告書の再検討と実施を促している。

### (5) 担い手としての非政府アクター

　以上にみたように、非政府アクターといっても幅広い。通常、拡散防止の文脈で非政府アクターというときには、「テロリスト」や拡散懸念企業が念頭に置かれている。一方、軍縮を提唱するNGOをさして非政府アクターという場合もある。同じ言葉でも、文脈により想定される主体はかなり異なる。しかしあえてそれら「非政府アクター」を一括りにしてここに並べたとき、分かることがある。それは、非政府アクターは、軍縮を前進させる担い手になることもあれば、後退させる担い手にもなりうることだ。

　伝統的に、軍縮問題の担い手は国家であると考えられてきた。非政府の市民は、国家に対して「注文する」か、無関心でいるかのどちらかだった。NGOのなかにも、軍縮問題に関しては国家に対して「外野」から注文して事足れり、という姿勢があったと思われる。しかしこれからの時代は、市民社会自身が、よくも悪くも軍縮問題の当事者であるということを認識し、行動しなければならない。近年の国際的展開は、そのことを私たちに投げかけている。

## 3　将来への主体形成 ── NGO、教育、自治体、議員の課題

### (1) 日本の市民社会と核廃絶世論

　NGO、企業、科学者、教育界など広範囲にわたる非政府アクターそれぞれについて、日本独自の課題がある。それを一つずつ分析し提言していくことは筆者の力には余るし、それだけの紙幅もない。それでも、今後の社会的討論に役立てるために、日本における「主体の形成」と「経済規範の確立」の二点に絞って問題提起を行いたい。

第一の主体の形成とは、日本の軍縮NGOの将来に関わる課題である。日本には1950年代からの原水爆禁止運動の長い歴史がある。毎年夏には広島・長崎で原水爆禁止世界大会が開催され、数千人が原爆資料館を訪ね、平和式典に参列し、被爆者や海外NGOの講演を聞き、核兵器廃絶を誓う。大会への参加は労働組合や生協によって全国規模で組織され、家族連れを含む大規模な人数が系統的に送り込まれる。参加者は地元で報告会を開催したりもする。

　また、日本には多数の非核宣言自治体が存在する。1980年代の反核運動のなかで生まれたもので、最近は市町村合併のあおりで減少傾向にあるとはいえ、全国で1452自治体存在する（2007年11月現在）。熱心な自治体は、日本非核宣言自治体協議会（事務局・長崎市）に参加して独自の研修を行っている（2007年10月現在、240自治体）。非核自治体は、核実験の実施に抗議文を送付したり、年に1回程度非核平和行事を開催したりしている[3]。

　これら原水爆禁止運動と非核自治体の存在に加え、広島・長崎への修学旅行の定着や、テレビ・新聞が核兵器に関する報道を毎夏必ず行うという伝統などが、日本の市民社会における核兵器廃絶世論の基盤をなしている。しかし、その多くは「夏が来れば思い出す」的な年中行事であって、必ずしも現実の国際的軍縮動向を踏まえた政策論議を促すものになっていないことも事実だ。

　より政策指向の非政府活動となると、日本における主体はぐっと少なくなる。日本では、軍縮に関する専門知識を有するNGOは片手に余るほどの数しかない。大学や政府系の研究所に専門家はある程度いる。しかし、市民社会を巻き込んだ軍縮の政策論争を起こすほどの社会的影響力を持っていない。草の根に根付いた核廃絶世論と現実の軍縮政策の間には大きな溝があり、この溝を埋めるような主体形成が、今後の日本の市民社会の第一の優先課題だろう。

### (2) 軍縮教育

　そのためにまず、軍縮教育の役割を考えたい。日本政府は、2007年の

NPT再検討準備委員会(ウィーン)で「軍縮教育の新たなイニシアチブ」の立ち上げを表明した。具体的には、麻生外相(当時)の意向を受けた「マンガを活用した軍縮教育」と、世界の学生を招待した軍縮ディベート杯の実施というものだ。このとき政府代表団は、会議場の一室で原爆映画を上映したり、マンガ「はだしのゲン」の英語版を配布したりした。

　政府が軍縮教育に本腰を入れるのなら歓迎すべきだが、問題はその方向性である。日本の軍縮教育の課題としては、公的制度化と国際化の二つが挙げられよう。第一の「公的制度化」とは、裾野を広げるために小中高のカリキュラムに軍縮問題を公式に取り入れていくことである。そのためには外務省と文科省の協力、非核自治体や被爆者団体、各地の平和博物館等との協力が不可欠だ。

　第二の「国際化」とは、国際的な軍縮政策論議に参加できる人材を高等教育で育成していくことである。それには、核保有国や核実験の被害国、また安全保障上の利害関係の深いアジア諸国など、多くの国の学生とともに教育プログラムを進めることが肝要である。政府のイニシアチブは結構であるが、日本の立場を世界に発信するというような狭い発想は捨てるべきだ。プログラム策定を国際NGOに委託するのも一法だ。学生の国際NGOへのインターン制度をつくることも有益であろう。また、軍縮に関わる科学技術へのきちんとした理解を確立することも重要で、この点で科学者団体の協力が欠かせない。

　広島・長崎両市長が代表をつとめ127国・地域2028都市(2008年1月現在)が加盟する「平和市長会議」は、2020年までの核廃絶達成を掲げて国際的運動を展開している。このようなネットワークと協力して、世界の都市から、国際軍縮活動の担い手を育成していくことを検討できるだろう。

　このような教育プログラムに、日本企業が基金をつくることはできないか。軍縮教育をぶち上げた外務省であるが、実際には「はだしのゲン」の英語版を購入する予算さえなく、出版元に寄贈してもらったのだという。政府が予算化する必要があるのは当然としても、国際的水準の教育プログラムを行うには民間の資金が必要だ。欧米の民間財団が軍縮から遠のいてい

るときに、軍縮教育は、日本の企業・財団が世界的に独自性を発揮する分野の一つになりうる。

(3) 政策対話の深化

1998年に小渕首相(当時)が立ち上げた「核軍縮・不拡散に関する東京フォーラム」を機に、日本の外務省とNGOの間の核軍縮政策をめぐる対話が始まった。以来約10年が経過して対話は定着したが、それによって、日本の軍縮政策がどれほど前進したかといえば、不十分だったといわざるをえない。

第一の問題は、NGO側の層の薄さである。これに関しては上に述べた軍縮教育などを通じて、中長期的に人材育成を図るしかなかろう。

第二の問題は、政府側にどれだけ「やる気」があるのかである。対人地雷のオタワ・プロセスにせよ、クラスター爆弾のオスロ・プロセスにせよ、軍縮を前進させたいという熱意ある政府とNGOが連携することで初めて新地平が開かれた。日本政府には核軍縮を前進させたいという熱い政治的意思があるのか。それよりも、単に日本の政策を市民に説明したい、あるいは説明した実績を作りたいだけなのか。それによって政策対話の質も大きく変わってくる。

第三の問題は、議員の関与の必要性である。ブリクス委員会の提言にもあるように、国会議員が日本の軍縮政策について独自に調査し、質問を展開するという姿勢が求められる。最低限、毎年の国連総会において軍縮関連決議に日本政府がどのような投票を行うのか、その理由は、またそれらの投票が世界からどのように評価されているかといったことにつき、国会で審議すべきである。

日本の国会では、1980年代に国際軍縮促進議員連盟が生まれ、当時約200人の議員が参加したが、その後活動は低調となった。最近では新しい議員連盟として「核軍縮・不拡散議員連盟(PNND)日本」が生まれたが、参加議員は衆参あわせて52人に留まっている(2007年11月現在)[4]。

これらの議員に期待したいことは、情報源を政府に頼らず、独自に調査

する能力をもつことである。政府に聞けば「わが国としては頑張っている」という返答が来るに決まっている。本当にそうなのか。他の政策オプションはなかったのか。日本よりも先進的な政策を打ち出している国はないか。日本の行動を世界はどう評価しているのか。これらのことを国際NGOと連携して独自に調査し、政府に先手をうって質問していけるような体制を各党が準備すべきである。議員が独自に動き刺激を与えることによって、市民と政府の政策対話も厚みを増していくだろう。

(4) 地球規模の軍縮

ここまでNGO、教育、自治体、議員の課題を概観してきたが、これら軍縮の主体形成において共通する重要な点がある。それは、地球規模の軍縮を考える主体を作り出す、という観点である。狭い意味での国益や国家安全保障にとらわれない発想が必要なのである。

軍縮交渉の現場は、政治ブロックの論理で動いている。たとえば、アメリカ対中国・ロシアの新冷戦的な対立。あるいは、アメリカおよび北の先進国と、南の非同盟諸国の対立。北の国々がイランや北朝鮮の拡散問題を非難するのに対して、南の国々は北の大国が軍縮に怠慢であることを糾弾する。と同時に南の国々の主張には、彼ら自身が兵器開発をする「権利」の主張が絡み合う。

このような政治ブロック対立のなかで、市民社会の役割はどこかのブロックを代弁したり応援したりするものであってはならない。軍縮の前進、そして核兵器や非人道兵器の廃絶という大目標に向かって何が必要かを考え、行動する。その観点から、アメリカに対して強く要求することは当然であるし、同時にイランや北朝鮮に対しても、あるいは日本に対しても、きちんと言うべきことを言う。軍縮は、本質的に政治と切っても切り離せない課題であるからこそ、政治ブロックの論理に市民が絡め取られないことが必要だ。あらゆる政府に対して情報の開示を求めていくことは、地球規模の民主主義の促進にもつながる。

その基礎になるのが、軍備の問題を、人間や環境に対する被害の観点か

ら理解する視点である。広島・長崎を経験した日本が世界で主導的な役割を果たせるとすれば、そのような視点が市民社会に一定程度根付いているからである。これを地球規模の行動に結びつける主体の育成が、求められている。

## 4  軍縮の経済規範 ── 企業の課題

### (1) ノルウェー・モデル

　日本の市民社会における第二の重要な課題は、軍縮のための経済規範の確立である。軍縮分野で「企業の社会的責任」(CSR)を考えるとき、企業が何か前向きの貢献をしようとすることよりも、企業が軍備競争に加担したり武力紛争を助長したりしないことの方が、まず必要である。

　日本は憲法で平和主義を定めており、その上に非核三原則や武器輸出三原則をもっている。軍需に頼らず経済発展することが、戦後日本の至上命題だった。実際、武器輸出の原則禁止により、軍備生産を行う日本企業でも、欧米と比べ、軍需依存率はかなり低く抑えられてきた。しかし今、世界的軍事化の波が民間の技術革新と一体化して起きている。もはや日本は、平和主義の「原則」があることに安住してはいられない。これまでの原則が骨抜きにされていくことを防ぐとともに、刻々と変容する国際制度に対して有効な提案を行っていく責任がある。

　このときに一つ参考になるのが、ノルウェー・モデルである。ノルウェー財務省は2006年、同国の石油収入からなる年金基金の投資先から、核兵器およびクラスター爆弾の製造に関わっている企業を排除した。ボーイング、ノースロップ・グラマンなどの保有株式・債権約33億クローネ(580億円)を売却したのである。同基金は、「人権侵害を招くおそれのある企業とは関わりを絶つ。核兵器もしくはクラスター爆弾の部品製造に関わりのある世界の企業17社は基金投資先から除外されている」と説明する。

　ノルウェー年金基金には、「倫理ガイドライン」が設けられており、これを基に投資内容を審査する諮問委員会が設置されている。倫理ガイドライ

ンの基本文書の冒頭には、「限りある石油資源を利用するにあたって、次世代に対して責任を負う」という基本理念が述べられている[5]。

なお筆者は2006年、ピースボートでノルウェー・ベルゲンに入港した際、ベルゲン大学で、この倫理ガイドライン制度設立に関わったNGOメンバーの一人と会うことができた。NGOと政府間の人事交流が活発なのが同国の特徴で、「ノルウェー最大のNGOはノルウェー政府だ」というジョークがあるほどだ。この訪問の際に聞いた、次の言葉が印象的であった。「軍事産業の問題では、わが国での構図は政府対NGOではないんです。政府とNGOが一体となって、企業と対峙しているのです」。

### (2) 経済規範と法規範

しかしこうした非軍事の経済規範について、言うは易く行うは難しであることもまた事実だ。経済活動に足かせをはめるには、普遍的で説得力のある根拠が必要だからだ。国連グローバル・コンパクトは人権、労働、環境、腐敗防止に関して企業の行動規範を定めているが、その基礎には世界人権宣言、国際労働機関(ILO)宣言、地球環境リオ宣言、国連腐敗防止条約などの普遍的規範がある。しかし、軍縮や平和に関してはこれに明確に該当するような普遍的規範が存在しないから、軍縮や平和を基準に企業を規制することは困難だ、という見方がある。

だが、この見方は必ずしも正確ではない。第一に、国連憲章は、第26条で「資源の軍備への転用を最小化する」という軍縮義務を明確に定めている。第二に、大量破壊兵器や特定の通常兵器については、兵器の種類ごとに禁止や規制する国際条約が存在する。生物・化学兵器は国際条約で全面禁止されている。核兵器については全面禁止ではないが不拡散条約が存在し、保有国に対しても軍縮義務を課している。ジュネーブ議定書や、対人地雷、特定通常兵器といったさまざまな枠組みのなかで、戦争の手段には制限が課せられている。武器貿易に関しても、新しい規制条約が生まれようとしている。

第三に、国際条約になっていなくても、各国ごとに独自の規範を設定す

ることは可能だ。日本の平和憲法や、非核三原則、武器輸出三原則等はその好例である。先に紹介したノルウェーの例でも、同国は、独自の基準で核兵器とクラスター爆弾を禁止対象にしたのである。実際には、核兵器禁止条約は存在せず、核保有国が核兵器を製造すること自身は国際法違反ではない。クラスター爆弾の禁止条約も存在しない（同国は禁止条約実現のために率先して活動している）。これらの兵器が自国の経済において禁止されなければならないというのは、ノルウェーなりの「人道主義」に基づく独自判断なのである。

つまり、軍縮に関する規範が存在しないから経済活動を制約できないというのは誤りで、実際には規範は不完全ながらもいろいろとあるのに、それを有効活用する意思と共通認識が確立されていないのだ。経済を非軍事的な方向に律していくための規範づくりを主導できるのは、企業そのものよりも、政治や、労働者や、消費者といった市民社会の諸アクターであろう。これらのアクターが企業も巻き込みながら、未来志向の規範をつくっていくことが期待される。

### (3) 日本がとりうる道

日本が貢献できることは数多くある。第一は、やはり核兵器廃絶の分野だ。日本は一般論または精神論としての核兵器廃絶は主張してきたが、それを法規範にしていく努力をする必要がある。日本政府は、核兵器禁止条約を交渉するという国連提案に対して「非現実的」という立場を一貫してとってきたが、このような消極姿勢は見直すべきだ[6]。ブリクス委員会も「核兵器の非合法化のための準備を開始せよ」と提言している[7]。即時全面条約化は無理でも、核兵器の非合法化への具体的道筋を計画すべきだ。

同時に、日本企業が核拡散を助長していないかという監視も重要である。2001年にはレンズメーカーHOYAの米現地法人が、核兵器研究施設に部品を納品していることが明るみに出て、国会でも問題になった[8]。また、日本によるアジアへの原子力関連輸出と核拡散の関係についても、注意が必要である。

第二に、東アジアが世界的な一大兵器市場として成長しているなかで、軍備競争に加担しないことを日本企業の指針として確立すべきである。現在、日韓台におけるミサイル防衛導入の動きと、中国における軍備近代化の流れが、宇宙空間の軍備競争の危険をはらみながら進行している。日本にとどまらず、東アジアの企業が、こうした軍事技術競争に何らかの歯止めをかけるメカニズムを構想することが求められている。

　東アジアは、中国の急速な発展や地域内の格差拡大を抱えながら、事実上の経済統合に向かう激動期にある。転換点にある東アジア経済が、軍事との一体化のなかで発展の活路を見いだすのか、それとも、軍事とは一線を画した発展モデルを追求するのか。戦後日本が問われた選択が、今世紀に入り、地域大で問われている。東アジア経済の行く末は、世界の他地域への影響も大きい。

　それなのに日本の経済界のなかから「日本の技術革新のためには武器輸出禁止原則を見直せ」という声が上がっている。世界的不安をかき立てる動きだ。反対に、大量破壊兵器拡散防止のための兵器関連物資・技術の国際取引強化の流れがあるのだから、これを好機としつつ、より普遍的な兵器移転取り締まり体制を構築すべきである。

　第三に、武力紛争を助長しない、あるいは紛争被害者を拡大させないという規範を強化したい。対人地雷やクラスター爆弾の場合、紛争のなかで被害者を生んでいる状況に対する人道的反応が、軍縮プロセスを推進させる動力になった。日本は「人間の安全保障」に立脚した途上国支援策を掲げているのだから、政府開発援助(ODA)や日本企業の活動が紛争を助長させていないかどうか監視するメカニズムを強化すべきだ[9]。これは、途上国と関わりをもつ企業が、自ら主体的に取り組める分野でもある。開発と軍縮は車の両輪であるとの国連専門家研究もある。日本は政治・経済界をあげてこのような観点の実現を探求すべきである[10]。

　第四に、軍備に関連する企業が政治的意思決定に不当に介入することのないよう、透明化措置が必要である。折しも日本では、防衛省と軍需商社(米軍事産業代理店)との癒着・汚職問題が明るみに出たところだ[11]。徹底的

な解明と、透明化の向上が求められる。

## 5 「持続可能な平和」を求めて

　企業を含む市民社会が軍縮にコミットするのは、容易なことではない。軍縮によって市民社会がえられる経済的・社会的利益は、いずれも中長期的なものであって、短期的な利益が見えるものではないからだ。結局問われるのは、自らの経済・社会が軍備に依存していくことを是とするのか、また、過度に軍備に依存した経済・社会体制が長期にわたり持続可能と考えるのか、という問題だ。こうした論議に、経済学者にも積極的に参加してほしいと思う。

　ローマクラブが「成長の限界」を掲げ、人類がこのまま環境を破壊し続ければ未来はない、と警鐘を鳴らしたのは1972年であった。それから35年以上が経ち、「持続可能な開発」は国際社会の共通規範となった。今や先進国の企業は「環境にやさしい」ことを標榜しなければ生き残れない。2007年、地球温暖化が平和の脅威であると訴えたアル・ゴア氏がノーベル平和賞を受賞した。「経済発展のためには、環境は犠牲になっても仕方がない」という命題はもはや有効でないことが明白となり、環境問題は市民社会の共通の課題となった。

　では、「平和のためには、国家が軍備を増強するのは仕方がない」という命題は、人類社会にいつまで生き残るのだろうか。地球規模の平和のためには軍備の撤廃を求めることが不可欠だという考え方や、強大な軍備を求める政治経済は長続きできないという考え方が、市民社会の共通認識になるまでに、あと何十年要するのだろうか。市民社会が軍縮を主導するということは、そのような地球規模の規範を作り上げるための、一歩ずつの積み重ねに他ならない。

　なお、本章では紙幅の関係で焦点を当てることはできなかったが、直接軍縮に関係しなくても、軍縮が可能になるような社会変革を促す取り組みを、市民社会が主導することはできる。米ソ冷戦終結には、西欧の反核平

和運動と東欧の人権運動が重要な役割を果たした。東西ドイツ統一にあたっては、両国民を統合するために企業・市民社会が果たした役割が大きかった。かつて核兵器を開発した南アフリカは、アパルトヘイトを終焉させ民主化を達成した直後に、核兵器の放棄を断行し非核化を世界に宣言した。その後同国は、アフリカ非核地帯を実現し、現在では世界の核軍縮を主導する存在となった。

朝鮮半島では、2007年の南北サミットが「平和繁栄共同体」を打ち出した。韓国企業による北朝鮮・金剛山の観光開発に代表されるように、南北の経済交流が、いずれ来る統一に向けた平和の基礎となるという考え方がそこにはある[12]。これらのいずれもが、十年先、数十年先を見越した市民社会のイニシアチブである。

新たな信頼関係が生まれ軍事対立が不要になる時代を予見して、世界の市民社会リーダーらは行動している。日本の私たちもまた、未来の平和を切り開くための長期ビジョンをもたねばなるまい。

[注]
1　日本経済団体連合会「今後の防衛力整備のあり方について——防衛生産・技術基盤の強化に向けて」2004年7月20日
2　大量破壊兵器委員会、西原正監修・川崎哲ほか訳『大量破壊兵器　廃絶のための60の提言』(岩波書店、2007年)。非政府主体の役割については、p.146-152.
3　データは、日本非核宣言自治体協議会調べ。なお、日本の非核自治体の動向は、ピースデポ『イアブック　核軍縮と平和』(高文研)に詳しい。
4　核軍縮・不拡散議員連盟(PNND)日本：http://www.pnnd.jp/
5　ノルウェー大使館「次世代に引き継ぐ石油遺産」
　　http://www.norway.or.jp/news_events/2006/pensionfund.htm
6　日本政府は、核兵器禁止条約への交渉開始を求める国連総会決議(マレーシアなど提案)に棄権を続けている。2007年10月の国連総会第一委員会では、このような条約交渉の開始は「時期尚早である」との投票説明演説を行っている。そして、日本としては「現実的かつ漸進的」なアプローチをとっている、と説明している。
7　このほかにも、キッシンジャー、シュルツ元米国務長官らが2007年1月にウォールストリート・ジャーナルに核兵器廃絶を掲げる論説を寄せ、注目された。
8　田窪雅文「核兵器に協力するメガネのHOYA」岩波書店『世界』2001年7月号。
9　2006年6月、日本政府はマラッカ海峡の「テロ対策」として、ODAで初めて武器輸出三

原則の「適用除外」として、巡視艇3隻をインドネシアに供与することを決定し、2007年11月に引き渡した。
10　軍縮と開発に関する国連の研究については、国連軍縮部のウェブサイトを参照。http://disarmament.un.org/cab/d&d.html
11　2007年11月、守屋武昌防衛省元事務次官が軍事専門商社・山田洋行からの収賄容疑で逮捕された。
12　韓国・現代アサンによる金剛山開発は1998年に開始され、2006年までに130万人の韓国人がこの北朝鮮の観光地を訪れた。北朝鮮の労働者が雇用されている。

# 3章　国連平和活動へのビジネスの参画

上杉　勇司

## はじめに

　本章は、紛争を解決し平和な社会を構築することを目指す国連の平和活動にビジネスがいかにかかわっていくのか、という論点について問題提起をおこなうものである。平和維持や平和構築の現場を実際に歩き見てきた者として、紛争地でのビジネスの正負の役割を具体的な視点から分析し、ビジネスが紛争解決や平和構築において生産的な役割を担うための現実的なアプローチを提案する。ビジネスの分析単位としては、企業(トヨタ)、業界(自動車業界)、経済界(経済団体連合会)といった三つのレベルが可能であり、それぞれで役割や可能性も異なってくる。また、企業を分析単位とした場合でも、多国籍企業、紛争地の企業、あるいは非紛争地(援助国)の企業と大きく三つのアクターを想定できる。いずれの場合も、企業は営利を目的として経済活動を営む組織体として定義づけられるが、各アクターの国連平和活動へのかかわりかたは、それぞれ異なるであろう。そこで本章では、これらのビジネス・アクターの負のインパクトを抑制するアプローチと正のインパクトを助長するアプローチという二つの観点から、国連平和活動とビジネスのかかわりを分析していく。

　本章を通じてもっとも主張したいことは、国連平和活動へのビジネスの積極的な参画を促すためには、平和活動への参画をビジネスとする、すなわち「平和ビジネス」をキーワードにビジネスの役割と可能性を検討しなく

てはならない、という点である。ビジネスの属性は営利追求である。したがって、ビジネスが紛争解決や平和構築に生産的な貢献をするためには、第一にビジネスの属性である営利追求と合致する協力や貢献のありかたを目指さなくてはならない。少なくとも平和を通じて企業と人々が共栄できる道を探さなくては、国連平和活動へのビジネスによる貢献の飛躍的な拡大は望めない。規制、監視、ネガティブ・キャンペーンを通じた企業の行動の囲い込みにとどまらず、ビジネスの企業市民(corporate citizenship)への志向を歓迎し、企業の「平和ビジネス」を促すことで、企業に企業市民としての責任を果たすように働きかけることが効果的であろう。

では、なぜそもそも国連平和活動とビジネスの関係を論じなくてはならないのだろうか。なぜ国連はビジネスとのパートナーシップを模索し始めたのだろうか。その理由は大きく二つある。一つは、「グローバリゼーションの進展の結果」に伴い、ビジネスが紛争と平和に及ぼす影響力を看過することができなくなったことがある。ビジネスの活動範囲と影響力の拡大が、国際の平和と安全にもたらす正負のインパクトは、今や計り知れない。しかも、石油・鉱物資源ビジネスや小型武器ビジネスに留まらず、あらゆる業種にこのことは関連しつつある。さらに、グローバル・コンパクトに代表されるような、ビジネスに企業市民として国連との価値観と目標の共有を求めていく動きが活発化したことも大きく影響している。この背景には、国連や国家だけでは国際の平和と安全および人類の繁栄を担うことはできないといった認識がある。

　「ビジネスは、もはや単に利益を上げ、税金を納め、人々を雇用し、法律を遵守するだけでは十分ではなくなったのだ。今やビジネスは責任のある行動をとり、広義の社会的な目標の達成のために貢献することをますます多くの消費者、投資家、従業員、政府や市民たちから期待されるようになった。それも慈善活動や地域貢献活動としてではなく、企業の本業を通じて国内や国際的な枠組み、組織、価値観を形づくっていくことが求められている」(Nelson, 2002)。

本章では、このような論点を以下の順で検討していく。まず、本章の焦点と分析枠組みを確認し、国連とビジネスとのパートナーシップが求められるようになった背景を振り返る。次に、ビジネスの負のインパクトを抑制するアプローチを分析し、その後にビジネスの正のインパクトを引き出す条件を検討していく。最後に、ビジネスが紛争解決や平和構築に積極的に貢献することを期待するのであれば、利潤追求というビジネスの観点からも長期的にはメリットとなる国連平和活動とのパートナーシップのありかたが重要であると主張し、その具体的な可能性を提示する。

## 1　本章の焦点と分析枠組み

　国連憲章第1条にあるように、国連は国際の平和と安全を維持することを目的として設立された。したがって、国連が取り組む様々な活動は、広い意味ではすべてが平和の実現に向けたものである。このような設立趣旨に合致するような国連の取り組みを、本章では広義の「国連平和活動」と呼ぶことにする。他方、狭義の国際平和の実現に向けた取り組みとしては、国連安全保障理事会や国連事務総長による活動、国連平和維持活動(PKO)や国連難民高等弁務官事務所(UNHCR)などの国連機関を通じた紛争の現場における活動を想起することができる。本章では広義の国連平和活動を排除することはしないものの、議論の力点は狭義の国連平和活動に集中させることにしたい。さらに、本書の他章との関係から、本章では、狭義の国連平和活動の中でも、紛争の終結に向けた和平達成努力(peace making)、国連PKO(peace keeping)、国連機関による人道支援活動(humanitarian activity)の三点に焦点を絞ることにしたい。ビジネスの生産的な関与がもっとも期待できる紛争後の復興や平和構築の文脈でのビジネスの役割については第1章に、広義の国連平和活動に含まれる平和・軍縮分野における政府と非政府アクターの協働に関しては第2章に、そして国連と企業の接点であるグローバル・コンパクトに国連平和活動に対する企業の協力要請の項目が入っていないことについては序章とこれらの2つの章に譲りたい。

本章のねらいは、このような狭い意味での国連による平和の実現に向けた取り組みとビジネスの関係を論じることにある。これまでは、平和維持や平和構築の文脈では国連とNGOの関係についての研究が多く、同じ非国家主体であってもビジネスの役割について深く分析したものは少なかった。『ブラッド・ダイヤモンド』というアフリカの紛争とダイヤモンド取引の密接な関係を描いた映画が公開され、一般の間でも、ビジネスと紛争の負の連関の側面が注目されるようになった。また、対人地雷禁止レジーム形成の過程などに代表されるような小型武器を規制する取り組みに対しては、武器輸出大国と軍需産業が結託した抵抗を目撃することになった。このように国連平和活動の文脈でのビジネスは、概して否定的な役割を演じてきているという印象が拭えない。実際に2005年サミット総会において採択された「成果文書」では、国連平和活動に対してビジネスが意義のある貢献をする能力があることも、参画する義務があることもまったく言及されなかった(功刀・内田、19頁)。

　しかしながら、紛争解決や紛争予防におけるビジネスの建設的な役割に関する研究も増えてきている。そこで、本章ではビジネスの負の側面だけでなく、ビジネスが紛争解決と平和の実現に寄与する可能性についても考察していく。紛争地に展開する国連平和活動とビジネスのオペレーショナルな局面での相互関係を中心に検討し、概念、価値観、規範、枠組み、政策といった領域での協力の可能性については踏み込まない。その際に、ネルソン(Jane Nelson)による二つの先駆的な業績(*The Business of Peace*と*Building Partnerships*)を参考にしながら分析をおこなう[1]。まず、*The Business of Peace* において提示された分類枠組みを用いつつ、軍需産業のように紛争で利益をあげるのではなく、平和で利益をあげる平和産業を目指す、をキーワードに①企業の社会的責任(Corporate Social Responsibility: CSR)としての Do-No-Harm[2]、②企業の本業を通じた貢献、③平和で儲ける平和産業の基盤整備のための先行投資、の三つの柱で分析する。第一の柱では、ビジネスの負のインパクトを規制していく試みを検討する。紛争の要因を作らない、あるいは紛争の長期化や悪化を助長しない企業行動のありかたを考

える。第二と第三の柱では、*Building Partnerships* で示された国連とビジネスの具体的な協力の実績を参照しながら、いかにビジネスの正のインパクトを引き出していくのかを検討する[3]。

## 2 なぜ国連はビジネスとのパートナーシップが必要なのか

　国際の平和と安全の維持という国連の主要な活動領域において、国連が市民社会や企業のような非国家主体とパートナーシップを結ぶことの重要性が唱えられるようになったのは、多国籍企業に代表されるビジネスの影響力が、国際の平和と安全の維持の領域にまで拡大してきたからである。エネルギー資源や鉱石資源に関するビジネス、地雷や小銃などの小型武器取引に関するビジネス、あるいは民間戦争請負会社と呼ばれる傭兵ビジネスが及ぼす負のインパクトをもはや看過することはできない。

　このような流れの中で、国連は企業市民という概念を使って企業と目標を共有することに腐心している。CSRといった概念の普及も追い風となっている。また、市民や消費者のリテラシーが高まることで悪徳企業の不買運動などのネガティブ・キャンペーンも実施されるようになった。さらにはダイヤモンドに関してはキンバリー・プロセスと呼ばれる認定スキームが確立する例が見られるなど、企業を取り巻く環境は変わりつつある。もちろん、ビジネスは人間の欲望と深いかかわりあいがあり、欲望が主要な原因となって続く紛争においては、紛争当事者と企業の利害とが連鎖し、火に油を注ぐ役割を演じるケースがあったことは否めない。だが、本来ビジネスは人々に求められるもの、役立つものを創造し提供するという役割を持っていて、創造力や活力を備えていることも事実である。ここにビジネスによる平和貢献の可能性が潜んでいるのである。

　最近では、ビジネスの負のインパクトに対する規制だけでなく、ビジネスが紛争解決や平和構築に生産的な貢献ができるのではないかという問題提起が盛んになされるようになり、紛争解決の阻害要因としてのビジネスという認識から、紛争解決の促進要因としてのビジネスの可能性を模索す

る動きが活発になってきた。例えば、先に述べた*Building Partnerships*でネルソンは、ビジネスとのパートナーシップを国連が求める理由を、次のようにまとめている(36頁、一部割愛)。

1. ビジネスは、雇用を創出し、所得や税収を生み出し、貿易による収益や経済的機会を提供するので、紛争地の成長、生産性の向上、富の創造を期待することができる。
2. ビジネスは、企業研修や職場での福利厚生などを通じて人的資源の発展に寄与する。
3. ビジネスを通じて、通信・運輸から法律・金融といった分野における物理的なインフラの整備が期待される。国際的な企業との提携により現地ビジネスが育成される。特に現地の中小企業の育成にこのような提携が役立つ。
4. ビジネスを通じて技術移転が見込まれる。特に情報、技術、環境といった現地に適用可能な分野の技術移転は有益である。
5. 現地が必要とするが必ずしも現地調達が可能でない物資やサービスの提供をビジネスは可能にする。医薬品、エネルギー、水といった生活に不可欠な資源をビジネスはもたらすことができる。
6. ビジネスが商行為をおこなうことで現地に税収入が見込まれる。

　物資調達、輸送物流、警備といった様々な業種では、「本業を通じた国連とビジネスの協力関係は、人道支援活動、国連PKO、平和構築支援の現場で常に見られる光景である」。そしてその場合には概して企業にとってもっとも健全な動機である「営利目的」をパートナーシップの論理に組み入れることで、ビジネス側の積極的な協力が得られているといえよう。以上のような背景を理解したうえで、次に①CSRとしてのDo-No-Harm、②企業の本業を通じた貢献、③平和産業の基盤整備のための先行投資、の三点から国連平和活動とビジネスのパートナーシップを検討してみよう。

## 3　CSRとしてのDo-No-Harm
### 紛争の継続を助長するビジネスの責任の追及

　ここでは、紛争の継続を助長するビジネスの責任について分析する。まず、これまで紛争地における国際機関やNGOに適用されてきたDo-No-Harmの行動指針をビジネスにも援用していくことが重要である。

　簡潔にDo-No-Harmの行動指針を説明すると、この行動指針は、1996年にアンダーソン（Mary Anderson）が援助と紛争の相関関係を論じた *Do No Harm* というタイトルの書籍が出版されて以来、国際的な援助関係者の間で広く共有されるようになった（邦訳は大平剛訳『諸刃の援助』）。「国際的な援助が、暴力を伴う紛争状況下にもたらされると、援助はその状況の一部となってしまい、そのために紛争の一部ともなる」といった認識のもと、援助を受ける社会に害をもたらさず、適切な援助をおこなうための具体的な方策を、これまでの経験から導き出したのが、Do-No-Harmの行動指針である。指針では、人々を分断し戦争へと向かう力と、人々を繋ぎ止め平和へと向かう力を見極めて援助を計画・実施・監視すべきであるとする。援助物資が略奪され、戦闘継続のための資金繰りに利用されることがよくあるが、それで援助そのものを停止するのではなく、略奪されない工夫を試みるといった点がDo-No-Harmの行動指針の特徴といえる[4]。

　では次に、紛争の継続を助長するビジネスの責任について考えてみよう。シエラレオネの内戦の継続を助長した「ブラッド・ダイヤモンド（紛争ダイヤモンド）」の例はもっとも分かりやすい負のインパクトの事例である。紛争当事者が戦闘を継続するためには、兵士を雇い（外国の傭兵や軍事顧問も含む）、武器・弾薬・燃料を購入しなくてはならない。つまり、ビジネスが引き金をひいたわけではなくとも、紛争当事者との取引を続けることが、結果として紛争の長期化や激化を招き、多くの無辜の人々の命を奪ってしまう、という事例である。

　さらに問題な点は、紛争下のビジネスが結果として紛争の長期化につながっているだけでなく、場合によっては、紛争下の違法取引による収入そ

のものが目的と化し戦闘が開始・継続されることもある点だ。違法取引、あるいは紛争下の混乱に乗じた闇経済の存在は、和平を妨害する抵抗勢力（スポイラー）をはびこらせる動機や理由を提供し続けている。例えば映画『ブラッド・ダイヤモンド』はこのような問題点を描いており、ビジネスが紛争に与える否定的な影響に対して一般の人々の関心も喚起された。あるいは映画『ロード・オブ・ウォー』なども、世界各地の紛争を陰で支える武器商人の役割を描くなど、紛争とビジネスをめぐる問題点が広く認識されるようになった。レノ（William Reno）が主張してきたように、アフリカの破綻国家においては、ダイヤモンドなどの貴重な鉱物や石油などの天然資源をめぐり紛争が勃発・長期化・泥沼化した場合が多く、その背後にはつねに資源ビジネスや武器ビジネスの姿がある（Reno, 1997）。

　これまでも、政府による武器の売買や軍事援助といった分野は、市民団体や専門機関がモニタリングをすることがあった。しかし、一企業が結んでいる取引の一つひとつを監視し、紛争との関連性を追及するような仕組みは、そもそも存在しない。武器や麻薬などの不正取引だけでなく、合法的な取引を通じても紛争の継続を助長する恐れはあるため、企業活動の紛争への影響の監視や因果関係の特定が、きわめて困難な領域であることは確かである。また、単に紛争を助長するようなビジネスの他にも、紛争の土壌づくりに寄与するビジネスも存在することが問題を複雑にしている。例えば、ビジネスを通じて国内の格差を生み出すことがある。ビジネスを通じて生まれた地域、民族、階級間の格差が原因で紛争が勃発することもある。あるいは、現地政府との安定的な契約関係の維持を必要とするために、独裁政権や人権侵害が甚だしい政権への援助をおこなう企業もある。このような企業の活動も規制していかないと、長期的には紛争の温床となってしまう。

　近年の開発援助の分野では、援助がもたらす正負のインパクトを検証し、紛争予防配慮をすることが重視されるようになったが、このような考え方を企業活動にも援用することができればよいのではないか。例えば、紛争地や脆弱な国家において活動する企業には、自らの商行為が地域に及ぼす

インパクトを紛争予防や紛争解決の観点から点検するよう促すとよいだろう。故意に紛争の要因を作ったり、紛争を勃発させたり、継続させるために暗躍する企業もある。このような企業に対しては法律による規制と国際協調による取り締まりが一つの対応措置となる。ただし、合法的かつ無意識のうちに、企業活動が紛争を助長してしまうこともある。紛争予防配慮に欠けば、自らの行動によって紛争を発生させたり悪化させたりするかもしれず、それは平和を前提に活動する企業にとっても目指したものからはそれる結果となる。したがって、紛争地における営利追求の観点からも、紛争予防配慮をビジネス慣習として確立しなければならない。

紛争予防配慮に関しては、Do-No-Harm 行動指針がもっとも適切ではないだろうか。紛争地で取引をする企業の社会的責任として、慈善活動や地域貢献活動をするのではなく、Do-No-Harm 行動指針に則った企業活動をおこなうことが、企業の最低限の役割であると位置づけていくことが大切である。さらに、Do-No-Harm 行動指針にもとづく企業活動は、違法取引をおこなう企業だけでなく、合法的に経済活動を展開する企業にも適用しなくてはならない。

CSRの中に、紛争の長期化を助長するような経済活動を自制することを明確に位置づけることによって、紛争を継続するために不可欠な資金源を断つことができる。そのうえ、国際的な業界のアライアンスを形成することができれば、紛争勢力が代替取引ルートを開拓することも防ぐことができる。闇取引を取り締まる輸出入規制の国際枠組みとの関連において国連と企業の連携の可能性もあろう。9.11以降、核物質など大量破壊兵器の製造につながる物品の国際的な輸出入管理や規制のネットワークは優先的に整備されている。紛争の長期化につながるような資源(鉱石、石油、木材、麻薬、人身売買)などの闇取引を取り締まるレジーム強化での国連と企業の連携も必要になってくる。

しかし、CSRの一環として、Do-No-Harm 行動指針を企業倫理に根づかせるのは容易ではない。さらに違反者に対する処罰を科すといった体制を構築するには大変な困難が伴う。熾烈な企業間の競争が展開される中で、

企業にとって Do-No-Harm 行動指針に従うことでビジネス上不利になる可能性もあるからである。Do-No-Harm 行動指針を尊重したがために競合先にビジネスチャンスを奪われるような事態が発生しないとも限らない。それでは、最低限の企業の社会的責任である Do-No-Harm 行動指針にもとづいた活動をしない企業に対して制裁を科すことは可能なのだろうか。そもそも、企業活動に関する情報収集や監視活動を誰がどのようにおこなうのか、といった問題も解決しなければならない。

　ダイヤモンド取引に関してはキンバリー・プロセス認定制度があるし、対人地雷禁止条約(オタワ条約)のような取り組みも生まれている。このような取り組みをビジネス一般に広げていくことも一つの方法であろう。ただし、ダイヤモンドや対人地雷の場合には具体的な規制対象を絞ることと国際的な市民運動が連動することで、規制の枠組みが実現した経緯がある。したがって、紛争地におけるビジネスという個別具体性を欠いた規制の試みが結実するかどうかは疑わしい。

　法的規制を確立する前に、企業や消費者のリテラシーを向上させる必要があるだろう。例えば、Do-No-Harm 行動指針に反した企業は消費者の信用を失い、企業イメージを損ねるとなれば、抜け駆けに対するある程度の抑制になるだろう。だが、紛争の現場での違法取引の実態は一般消費者には把握しにくく、紛争地や破綻国家における企業行動の情報もきわめて限られる。それに、自覚もなく紛争の長期化に加担してしまっている企業も少なくないだろう。まずは、現地に展開する国連機関や国連PKOを通じて違法取引を監視・追及したり、消費者や企業のリテラシーを高めたりするキャンペーンを、国連、企業、マスコミ、NGOなどの連携で実施することから始める必要がある。

## 4　紛争の終結にビジネスが寄与する可能性

　次に、紛争終結にビジネスが寄与する可能性について、第1節で示したように、紛争へのビジネスの正のインパクトを、企業の本業を通じた貢献

と、平和産業の基盤整備のための先行投資に分けて検討する。

### (1) 企業の本業を通じた貢献

　紛争地における国連の活動(国連PKO、国連機関による支援活動)に協力するビジネスについては、本業を通じたビジネスの平和貢献を、①国連PKOや人道支援活動などのフィールド・サービスにおけるビジネスと国連との関係、②国連機関・世界銀行・政府開発援助(ODA)等の事業請負におけるビジネスと国連の関係、の二つに分けて考えてみよう[5]。

　必ずしも紛争地の国連の活動に限定されたものではないが、調達・専門サービスに関しては、次のような統計がある。2000年に無償資金援助を財源とする支出総額は36億ドル、世界銀行等の借款では300億ドルのビジネス機会があり、年間135,000件の契約や取引が企業と国連との間で交わされ、世界銀行を加えれば、さらに40,000件が結ばれている(Nelson, 2002, 48)。国連がビジネスから調達・購入する物品やサービスは38種類にのぼる多様なものとなっている(Nelson, 2002, 49)。国連PKOや国連機関による人道支援活動にとっては、例えば、ロジスティック(兵站)支援サービス、車両等の交通手段と部品、安全管理装備・警備サービス、空輸サービス、通信機材・通信サービス、翻訳・通訳サービスなどは欠くことができないサービスである。

　とりわけ、国連PKOのフィールド・サービス(ロジスティックや調達)部分に関しては、これまでもビジネス(商社や民間軍事会社)が関与してきているし、今後の国連PKOにおける兵員・物資の輸送や施設管理運営などは民間会社に外注していく可能性もある。さらに、紛争地で支援活動を行っている国連スタッフの安全管理のために警備会社(民間軍事会社)に警護を依頼する事例も増えてきている。このような例はビジネスが直接的に紛争の終結に寄与しているわけではないが、平和維持、人道支援、紛争解決、平和構築といった活動に従事する人々を後方支援することになり、少なくとも間接的には一定の役割を担っているといえよう。

　次に「事業請負」については、例えば、企業は世界銀行が用意しているス

キームを利用して紛争地においてビジネスを展開することができる。あるいは、企業にとって国連機関の事業を請け負うことも可能である。また、国連と企業の直接的なパートナーシップではないが、各国政府のODAの案件を受注することもまた「事業請負」を通じて企業が平和貢献できる道である。一般に、この領域で関与できる業界は開発コンサルやインフラ整備を担うことができる建設業界に限定される。しかし、最近ではODAの案件に地雷除去、教育、医療、法整備といったソフト面の協力も増えており、今後はこのような分野での企業と国連とのパートナーシップも生まれてくるに違いない。

　アフガニスタンの復興を例に挙げれば、首都カブールと地方の主要都市を結ぶ幹線道路の建設やカブール空港の整備といった大規模な復興のための公共事業から、小学校や病院の建設といった比較的小規模の案件まで、多様な事業請負の機会があった。武装解除に応じた元兵士に対する職業訓練といった分野での事業請負もみられた。学校建設や市場の整備といった比較的小規模の公共事業であれば、NGOが請け負うことが多いが、幹線道路、空港・港湾設備、発電施設など大規模インフラの場合は、どうしても企業の経験、技術力、専門性などが必要とされる。これらの事業も、調達と同様に、紛争解決を目的として企業が受注するわけではないが、紛争で荒廃した地域の復興に関与することで、平和を定着させる環境整備に企業が間接的に貢献できる領域である。

(2)　平和産業の基盤整備のための先行投資

　さらに、ビジネスは、和平プロセスを始動させたり牽引したりするために必要な社会投資をおこなうことで、紛争解決に貢献することが可能である。あるいは暫定統治や移行期と呼ばれる、治安、政情が流動的で、通常の商業（貿易や投資を含む）を営むにはリスクが高い状況下で、平和の基盤を作るための投資をすることにより、紛争を終結させたり、情勢の安定化に寄与したりすることもできる。もちろん、営利追求を行動指針とする企業にとって、リターンの見込みがない中でリスクを冒すことはあり得ない

が、その場合でも、平和産業の基盤整備のための先行投資と位置づけることがもし可能であるならば、CSRの枠を超えたレベルで企業の株主、経営者、従業員に対する説明責任を果たせることになる。つまり、平和ビジネスのための先行投資として位置づけるのである。

2000年のデータになるが、ODAの総額が約570億ドルで毎年縮小傾向にあるのに対し、海外直接投資(FDI)の総額が2,400億ドルにまで達し、毎年右肩上がりで伸びている(Jane, 2002, 19)。この点を考慮すると、企業による海外直接投資が、途上国の経済にいかにインパクトを持っているのかが分かるであろう。前節で検討した企業の本業を通じた貢献である「調達・サービス提供」や「事業請負」の総額の約8倍の経済規模が海外直接投資にはあり、その潜在性は高い。

さらに、企業の本業を通じた貢献においては、直接ビジネスとしてかかわりあいが生まれる業種には限りがあったが、平和産業の先行投資であれば、ほぼ全業種に該当するため、国連とビジネスのパートナーシップの裾野が広がるといった利点も考えられる。企業が活動するうえでは、平和と安定はなくてはならぬ前提条件であり、紛争地や脆弱国家において治安の改善や紛争の終結といったことに貢献するような取り組みは、一般企業にとってもビジネス・チャンスを拡大するための先行投資として位置づけられるのではないか。

もちろん、この点に関しては「フリーライダー」の問題がある。必ずしも先行投資をおこなった企業だけが平和の恩恵を受けるわけではないので、リスクが高い段階であえて先行投資に踏み切るにたる十分な動機づけが必要となる。紛争中や治安が流動的な段階で、現地に入ってくる企業には、政情に関する最新情報が提供され現地社会との良好な関係や信頼関係を構築する機会が生まれる。しかし、それだけでは企業がリスクを冒してまで平和産業の環境整備のための先行投資をおこなう十分な動機とはいえない。例えば、環境に優しい企業が、イメージアップを図れるのと同じように、平和に貢献する企業には平和に優しい企業というイメージを売り込むことができれば、消費者のリテラシーが高い地域を市場とする企業にとっては

よい動機づけとなるだろう。平和の分野でのグローバル・コンパクトや国連による「平和に優しい企業の認定」制度などを設けることで、国連とビジネスのパートナーシップは促進されることになろう。

　国連平和活動とビジネスのパートナーシップがもっとも顕著に発揮できる領域は、紛争後の平和構築である。これに関しては本章の射程外に位置づけているため、簡潔に触れるだけに留める。紛争後の社会が内戦へ逆戻りしないためには、産業の振興と経済的な発展が重要である。内戦後の平和構築において、経済活動を通じた社会経済分野の安定化は、治安の安定化にも資することになる。復興当初はどうしても公共事業や援助経済のプレゼンスが大きく、また紛争が再発するリスクも高いため、ビジネスを通じた経済復興が看過される傾向になる。しかし、持続可能な産業の振興と経済発展を考えるうえでは、ビジネスを通じての経済活動の存在を欠かすことはできない。平和構築の戦略の中に、ビジネスを通じた経済復興を位置づけるにあたって、平和産業の基盤整備のための先行投資という概念を用いることは、国連平和活動とビジネスのパートナーシップを促進することに役立つであろう。

## おわりに

　ビジネスは、紛争に対して正負のインパクトを持っている。そして、直接的、あるいは間接的に紛争の勃発や長期化を助長することもあれば、紛争解決や平和構築に資する活動もある。これまでは、資源ビジネスや武器ビジネスと破綻国家とのリンクが強調され、ビジネスを平和に対する脅威としてとらえる傾きがあったが、逆にビジネスの平和貢献の可能性に関しては十分に検討がなされてこなかった。

　本章では、ビジネスの否定的な影響を最小限に抑えるために、Do-No-Harmの行動指針をビジネスの行動規範に位置づけていくことを提案した。国連は、マスコミや市民社会と連携しつつ、ビジネス・アクターの企業市民としての志向を支援するとともに、紛争地や脆弱国家における企業活動

の監視体制を構築していくことの重要性も指摘した。Do-No-Harm の行動指針をCSRの中に位置づけていくことで、企業のリテラシーを高めること、またブラッド・ダイヤモンドや対人地雷規制の取り組みから学び、市民社会・消費者のリテラシーも合わせて高めていくことの大切さにも触れた。

　他方、ビジネスの生産的な影響を引き出し、活性化させる試みとして「平和活動への参画をビジネスとする」論理に合致した方法を検討し、企業が本業を通じて平和に貢献する場合と平和産業の環境整備のための先行投資としての平和貢献とをみてきた。本業を通じて進める平和への貢献は、業種が絞られるものの、国連とビジネスが正の関係を築いてきた領域である。今後、国連とビジネスのパートナーシップをさらに拡大していくためには、平和産業の基盤整備のための先行投資の領域において、国連とビジネスの協力関係を開拓していく必要があるだろう。


[注]
*1* Jane Nelson, *The Business of Peace: The private sector as a partner in conflict prevention and resolution*(The Prince of Wales Business Leaders Forum, International Alert, and Council on Economic Priorities, 2000); and Jane Nelson, *Building Partnership: Cooperation between the United Nations system and the private sector*(UN,2002).
*2* 援助による紛争の悪化や助長を避けるという行動指針。詳しくは、メアリー・B. アンダーソン(大平剛訳)『諸刃の援助─紛争地での援助の二面性』(明石書店、2006年)。
*3* *The Business of Peace*では、ビジネスが紛争予防・危機管理・平和構築に貢献できる活動として、本業(core business activities)、社会投資(social investment)、政策対話(policy dialogue)の3領域を挙げているが、本章では特に危機管理の場面における本業と社会投資の側面に着目して議論を進める。
*4* ある特定の地域において成功した試みが、必ずしも他の場面で通用するとは限らないため、Do No Harm の行動指針では、個別具体的な指針を挙げるのではなく、援助関係者が援助を計画・実施・監視する際に拠り所とすべき判断枠組み(判断の際に考慮すべき事項)を挙げている。
*5* ビジネスは国連を顧客として本業を通じた営利活動を展開しているだけなので、この関係をパートナーシップと呼ぶには抵抗があるかもしれない。フィールド・サービスの一部に安全管理に関連するセキュリティー・サービスが含まれる。ただし、セキュリティー・サービスは、警備保障会社や民間軍事会社が中心となるため、他のフィールド・サービスと比して批判の対象になることが多い。

[参考文献]
- 上杉勇司『変わりゆく国連PKOと紛争解決―平和創造と平和構築とつなぐ』(明石書店、2004年)
- 上杉勇司・青井千由紀編『国家建設における民軍関係―破綻国家再建の理論と実践をつなぐ』(国際書院、2008年)
- 篠田英朗・上杉勇司編『紛争と人間の安全保障―新しい平和構築のアプローチを求めて』(国際書院、2005年)
- 山田満・小川秀樹・野本啓介・上杉勇司編『新しい平和構築論―紛争予防から復興支援まで』(明石書店、2005年)
- 水田愼一「平和構築と企業」、功刀達朗編『公正なグローバル化を求めて―企業、市民社会、国連の相互作用』(国際協力研究会、2007年)
- 功刀達朗「NGOと市民社会の黎明」、功刀達朗・毛利勝彦編『国際NGOが世界を変える―地球市民社会の黎明』(東信堂、2006年)
- 功刀達朗「国連のアイデンティティ・クライシス」、功刀達朗・内田孟男編『国連と地球市民社会の新しい地平』(東信堂、2006年)
- 横田匡紀「企業」、庄司真理子・宮脇昇『グローバル公共政策』(晃洋書房、2007年)
- メアリー・B. アンダーソン(大平剛訳)『諸刃の援助―紛争地での援助の二面性』(明石書店、2006年)。
- Jane Nelson, *The Business of Peace: The private sector as a partner in conflict prevention and resolution*(The Prince of Wales Business Leaders Forum, International Alert, and Council on Economic Priorities, 2000)
- Jane Nelson, *Building Partnership: Cooperation between the United Nations and the business community*, 2002
- William Reno, "African Weak States and Commercial Alliance," *African Affairs*(1997), 96, 165-185

# 第2部　広がる社会的責任の裾野

GCの第3回リーダーズ・サミット。フランス外相、コカコーラ社長、アムネスティ、自由労連代理表らと共に開会する潘基文事務総長　　　UN Photo/Eskinder Debebe

2007年ISO26000ウィーン総会で意見交換するエクスパート達。中央は関正雄　　　経団連エクスパート撮影

# 4章　格差と環境危機が求める経営革新

フレデリック・デュビー

## はじめに

　本章の目的は、企業経営をめぐる考え方や事業展開に影響を与えている一連の出来事や発展について、その概要を示すことにある。この短い論文を書くにあたって私は、かなり文献を利用している。それと同時に、私自身の30年あまりにわたる国際自動車産業での経験、また、ビジネスと構造的暴力との関係、新しいビジネスモデルを中心とする平和と開発の分野に関する学問的な探求、さらに、国連グローバル・コンパクトの展開にアドボカシーおよび参加という形で長く関わってきたことを通して得た視点を取り込むことにも努めた。

　フィンランドに住む一カナダ人として、私は、ビジネス、政府、企業、市民社会、労働組合、そして、アジアとくに中国の学者・研究者たちと長く共に仕事する機会を得た。さらにインド、日本そして韓国で起こっていることを研究する機会も得た。この経験によって私はこれらの諸国にまたがる哲学やビジネスアプローチについての認識を深めたが、今回は英米のビジネスモデルに影響を与えている最近の動向に焦点をあてることにする。それは、このモデルが依然として支配的であり、世界中のビジネス教育に継続的な影響を及ぼしていると考えるからである。

　議論を始めるにあたり、グローバルな文脈について、少し振り返ってみることが必要だと思われる。

―大規模な社会的不平等：極度の富（ごく少数の人々）と貧困（多くの人々）
　―深刻な環境破壊：温暖化による混乱、生物多様性の喪失、エネルギーの減少

　これらは、豊かな国か貧しい国かを問わず、世界中のあらゆる人々にとっての重大でグローバルな脅威になっていると、多くの人々が見なしている。こうした事態は理由もなく発生したわけではないから、考えられる原因について探求を試みることは大事なことだと思う。
　アルバート・アインシュタインは、1949年に発表された記事の中で、「ここしばらく、人間社会はある危機を経験しつつあり、社会の安定がひどく損なわれている」と述べ、その危機の本質は主に「個人の社会に対する関係」にある、と結論している。アインシュタインは、一人ひとりの人間は自分が社会に依存していることをかつてないほどよく理解しているけれども、その社会を、価値あるものとか保護してくれる力としてではなく、自らの「自然権」と「経済的存在」を脅かすものとして経験している、と主張している。
　私はアインシュタインの言葉を引用したが、たとえ彼でなくとも、持続する社会的課題と急速に悪化する環境の問題と、危機の本質としての個人と社会との関係との互いの関連について理解することは可能であろう[1]。
　我々は、マクロとミクロの両極のレベルで、互いの関係、その関係を支える価値観、あるいはそうした価値観を共有する仕方、といった問題を抱えている。こうした事柄は大きな哲学上の問題だと考える人も多いだろう。しかし私は、これらの問題は今日ビジネスが社会で果たしている役割や、我々がビジネスに社会で果たして欲しい、果たすべきだ、と考える役割に反映されていると考える。
　先進国はもはや、社会や環境への脅威を、時間と距離で隔たった途上国でのみ起こる、自分たちからは遠い不快さや不便さとしてはとらえていない。もちろん、いまだに距離であるとか、教育、富、保護主義、さらには

物理的な壁といった様々な形の偏狭さのおかげで、自分たちはこれらの脅威から守られていると考えるごく少数の人々はいる。けれども、最も保守的な人々の思考においてすら、ゆっくりとではあるが、社会や環境への脅威はグローバルな現実であることが理解され始めている。ミレニアム開発目標をめぐっていくらかの進展があったとしても、世界人口の驚くべき割合の人々は依然、ごく基本的な生活必需品すら得ることができないでいる。それに、適切に対処されていない環境課題はあまりにも多い。多大な努力によって驚くような成果を挙げているにもかかわらず、不利益を被っている人々の窮状を救い、将来の世代のニーズを満たすのに必要とするまでの効果はあげていないように見える。

ここで再びアインシュタイン教授の言葉に戻りたい。「どんな問題も、その問題を生じせしめた意識と同じレベルからでは解決されない」。すなわち、明日の課題は、その課題を引き起こした昨日の思考によっては解決できないのである。我々が直面する社会的、環境的課題に実効的かつ迅速に対処するためには、我々は、革新のための新たな意識と思考を必要としているのである。

## 1　ビジネス革新のための新たな意識

すでに述べたように、この論文の焦点はビジネスにある。今日の実社会や実験室、さらには世界中のビジネス教育の場で、最もホットな話題のひとつは革新(innovation)である。しかしながら、革新をはかろうとするビジネスの意思と能力は十分に発揮されていないことが見て取れる。制約の一部は外的要因で、社会的、法的な仕組みからきている。ほかに価値観や報酬からくる制約もあり、さらには優れて内的な要因によるものもある。

革新への最大の妨げの一つは凝り固まった支配的な論理、つまり、思考の収斂や文化的束縛である。思考が収斂することは、現状が続くことが想定されるような場合にはうってつけで、少しずつの変化や違いを扱うのには効果的である。文化的束縛は、重要課題や移ろう変化に対応するうえで

は有害で、対応に制約を課すような世界観を固め、それを永続させてしまうことになる。

　支配的な論理は、ヴィジョンや戦略、体系を形成できるような仮定の現実に立っている。そのような論理は、過去の環境や経験(成功や失敗)を分類するじょうごの役割か、想像しうる将来に枠をはめるレンズの役割を果すので、将来への戦略的行動の幅を狭めてしまうことになる。このような論理は、現実認識の枠組みを作ると同時に、これを受け入れる人間の思考を拘束するので、旧来の思考様式の誤りや限界が明らかになっても、なかなか乗り越えられない。現状のビジネスモデルを、手堅いものだから限られた修正だけすればよいと考えている者と、新たな思考、新たなアプローチ、新たなモデルの確立が緊急の課題であると考えている者の間の緊張関係は、世界中のビジネス会合や会議、ビジネス関連の教科書や論文、ベストセラー、新聞紙上で見られる傾向である[2]。

　過去の成功に支えられた支配的な論理は、しばしば制度化へと進ませ、新たな諸問題に古い解決策で対応しようとするために、結果として新しい問題を無いものとしてしまうことになる。いかにすれば我々は、先見の明の欠如(市場の変化は現実ではない)や傲慢(我々はいつも正しい)、そして自己中心性(賢い者が頂点にいる)といった、企業の思考過程に影響を与える文化的要素で固められた世界観を超えることができるのだろうか？

## 2　支配的な論理を変容させるためのアプローチ

　ビジネスにおいて支配的な論理を変容させ、革新する能力を向上させるためのアプローチとして、以下の三つが考えられる。①異なる優先順位、ニーズ、熱意をもつ多様なステークホルダーの視点を取りこむこと、②企業の目的を、経済的な目的だけでなく社会的および環境的な目的にまで拡大すること、③それぞれ全く異なる市場を、中心的なビジネスモデルに統合すること。

　これらのアプローチは、新しくて力強い企業文化の基礎と定義づけられ

るかもしれない。また多くの人々は、これらの問題にビジネスが関わることを、企業の社会的責任(CSR)として理解するだろう。

マイケル・ポーター(Michael Porter)は、CSRの正当化理由として以下の4点をあげた。

- 道徳的義務──「正しいこと」を行なうこと──人々や環境に対するのと同様に倫理的価値を尊重すること
- 持続可能性──将来の世代が自らのニーズを満たす能力を損なうことなく、現在の人々のニーズを満たすこと
- 営業許可──ビジネスを継続することに対する政府と人々からの許可
- 評判──企業イメージとブランド価値の強化

けれどポーターは、これらの正当化理由では、会社が、自らにとって最も重要で最大のインパクトを与えることのできる問題を特定し、優先的に対応するためにはあまりに役立たない、と主張する。なぜなら4点は会社の戦略と関連付けられていない諸活動の羅列であって、会社が社会で直面する課題にインパクトを与えたり、会社の健全性を向上させるものではないからである。ポーターは、これらの正当化理由は正しいが、もっぱらビジネスと社会の間の緊張関係に焦点をあてているので、それぞれの相互依存関係を理解することがよい出発点になるであろう、と主張する。彼の議論によれば、社会とビジネスの相互依存は必然的なものだと率先して受け入れることが、持続可能なビジネス文化の基礎であり、健全なビジネスの真髄であって、ビジネスの創造性とこれから将来にかけての社会の必要性とを、持続可能な形で調和させる建設的関係の新たな出発点となる[3]。

しかしながら今日、支配的な英米型の株主主導の企業モデルに要約されるビジネスの一般的な方向性と、企業が活動する社会のニーズとの間には対立が存在する。昨年、世論調査の権威であるダニエル・ヤンケロヴィッチ(Daniel Yankelovich)は、マッキンゼー(Mc Kinsey)とのインタビューにおいて、ビジネス上の戦略は以下の二つのテストによって評価されると述べた[4]。

その戦略は、長期的な収益性を向上させるか？
その戦略は、公共善(public good)に貢献するか？

ヤンケロヴィッチは、これら二つのテストは互いに排除し合う基準ではないとも述べている。

ヤンケロヴィッチによる調査結果は、我々が知っているか少なくとも感じていたことを確認するものだった。すなわち「ビジネスとの間に結ばれた社会契約は、流動状態にある」ということである。この調査の結果として彼は、もし新たな社会契約を形成する場合に、経営者にとって重要なのは、四半期毎の収益性の確保という暴圧に閉じ込められないで、株主だけでなく全てのステークホルダーを対象とした新しい価値の文化を築く方法を見つけることだ、と提起したのである。

ジョエル・ベイカン(Joel Bakan)は著作「ザ・コーポレーション」で会社の法的構造を分析しているが、その中で彼は、企業は法によって、他者の利益よりも自らの利益を優先するよう求められているために、法規則や道徳の限界に関わりなく他者を搾取するようになる、と断定している。株主に対する価値を創造し、収益に転換させ、将来への投資を犠牲にしてまでも四半期毎の結果を出すことが大事であるかに見えていた。その結果、企業は基礎から遊離し、本物の持続可能な価値ではなく、直ぐに認められる価値を生み出すようになる。なぜなら直ぐに認められる価値こそが株式市場の求めるものだからである。将来への投資を行なわないことの結果は、R&Dの減少あるいは、現行の四半期毎の利益ではなく将来にわたっての収益を生んでいくための先行投資の削減にとどまるものではない。これらの側面は重要ではあるが二次的でしかない。もっと大事なのは、短期的利益のために、ブランド価値を低下させ、ステークホルダーとの信頼関係が失われるということである[5]。

ミルトン・フリードマンがかつて提起した、企業は株主に対して利益を最大化するモラル上の義務(かつてはビジネスが基礎付けられた規則における神聖な前提であった)を負うという主張は、疑問視されるようになっただけでなく、攻撃の対象ともなった[6]。戦略上また操業上の決定にあたり、明

確で妥協を知らない方向と基準を示す過去のルールは、いまや絶対的真理としては受け入れられなくなっている。したがって、支配的なビジネスモデルと社会の間の対立によって引き起こされる緊張関係に加えて、モデルの間にも、またモデルとビジネス社会全体との間にも一連の緊張関係が存在する。

　我々は流動状態の中にいるが、このような状態の下では互いの関係性がますます高く評価されるようになっている。関係性は信頼に基づく。信頼する、もしくは信頼しないことのレベル及び度合いが、関係性の質と実効性と価値を決定する。関係性というものは目的に達するための単なる手段以上の本質的な価値なのである。

　75年にわたる調査結果をもとに、ヤンケロヴィッチは、この75年間にビジネス及び他の機関に対する米国民の不信を高めた三つの重要な出来事を挙げた。それらは、大恐慌、ウォータゲート／ベトナム戦争、そしてエンロンに象徴される不祥事であるが、社会的モラルの低下と経済様式の変化として受けとめられ、主たる攻撃対象となったのはビジネスと政府であった。そしてこのモラルの低下は続いているように思われる。2002年のエンロン事件の当時、ビジネス・リーダーはほぼいつでも正しい行動をとれると考える米国民は36％いたが、2006年には28％まで減少した。そしてこの不信は、消費者、被雇用者、株主たちに等しく共有されているように思われる。2002年1月末の『ビジネスウィーク』誌は、「エンロンの大失敗の広がりによって、現代のビジネス文化の信用性は蝕まれている。今こそ基本に立ち戻ろうではないか」という見出しを掲げた。

　ビジネスを最も簡単に言えば、インプットに比例したアウトプット、もしくは費やされたエネルギーと価値の増減の関係として理解される活動もしくはプロセスである。アウトプットがインプットの総量よりも少ない実りのない過程であれば、それは、持続させるだけの価値を十分に付加できないすべての活動と同じで、衰退するしかないのである。

　さらに言えば、持続可能であるためには、その活動は関係する全ての人々のニーズと期待に応えるものでなくてはならない。つまり、その活動

は、費やしたエネルギーとか、賭けたリスクといった、一人ひとりのインプットに見合う対価を生み、今後の成長と発展に投資できる黒字を確保しなくてはならない。努力やリスクに見合う適切な対価という倫理的な観点、努力やリスクへの不適切な対価は投資を逃すことになる、というビジネスモデルとしての観点、のそれぞれからの議論ができよう。要するに、ビジネスは相乗効果として、つまり部分部分の合計よりも総量が大きくなるモデルとして、理解されるのである。

　資本を適切に活用できないビジネスは投資を呼び込めない。投資家の基準にそって資本を活用できるビジネスは、量、質ともによりよい資金を得ることができる。顧客のニーズと期待に応えられないビジネスは、次第に支持を失う。同様の論理は雇用者をはじめ他の価値連鎖（ヴァリューチェーン）の要素にも当てはまる。顧客なしでは、会社はいかなる経済的インプットも得ることはできず、従業員なしではいかなる経済的アウトプットも生み出せない。そして操業許可なしでは会社は消え去るしかない。

　関係性が信頼によって定義されるものであるとすれば、信頼するには透明性が必要であり、透明性とは尊重するということを意味する。ある製薬産業の年次報告（2006）において、アーンスト・アンド・ヤングは、グローバルな潜在的可能性を実現するための重要な要素として、価値連鎖経営と新興市場における成長に加えて「ステークホルダーの信頼向上」ということに言及した[7]。ポーターが提示した、緊張関係と相互依存のそれぞれどこを強調するかという問いかけは、いまや密接に関連し合っており、単なる理論上の問題ではなくなっている。

　ここでビジネスと社会の相互依存の概念に照らして二つの主張を検討したい。

- 土地、水、エネルギー、そして他の自然資源の効率的な利用は、ビジネスの生産性を向上させる。
- 社会の犠牲の上に自らの目標を達成しようとするビジネスは、まやかしで一時的な成功しか得られない。

これらの主張は、相互依存の一側面の理解を促すもので、ビジネスが環境に対して負っている責任が、「良いことをする」といったレベルをはるかに超え、材料と燃料コストおよび会社が長期にわたって操業する能力といった核心部分にまでインパクトを与えることを示している。外部からのインパクトを理解することによって、我々は新たなビジネス文化を発展させる考え方を探求することが出来るのである。

　最近の流れを見ると、今後5年以内に、相互依存の特質である、環境、社会、ガバナンス（ESG）に考慮した基準が、企業のパフォーマンスや持続可能性の評価において主流となり、ESG基準を取り込むことが当たり前の企業慣行となることをうかがわせる。世界中で、汚職は高いコスト、予見可能性の欠如、不公平な条件、競争の減少などによって、正直な入札者を遠ざける結果、経済的活動に大きな影響をもたらすと考えられている。汚職は、貧困緩和のための資源を減らし、グローバル・ガバナンスの失敗の一要因と見なされる。こうして、かつては盲目的に四半期毎の結果と短期的な利益を求め、自己利益の拡大を図っていた金融界が、ビジネスの全ての側面に影響を与える文化的な変化を推し進めるようになったのである。

　国連事務総長の働きかけによって、国連環境計画・金融イニシアチブ（UNEP　FI）と国連グローバル・コンパクトの支援を受けた機関投資家からなるグループが、2006年4月27日、責任投資原則を発表した。「この原則は、より優れた長期的な投資効果と、より持続的な金融市場を実現するための枠組みを提供するものである。本原則は、環境、社会、およびガバナンスの基準を、投資分析及びオーナーシップの実行に統合させる道筋を提供する。本原則によって運用業界の慣習がより国連の目的と緊密に提携できるようになり、より安定的で、排他的でない、包括的なグローバル経済の構築に貢献できるだろう」[8]。

　現在までのところ、総運用額が10兆ドルを超える多くのファンド・マネジャーや機関投資家がPRIを支持し、原則の実施に向けて協働している。

## 3　企業文化をステークホルダーと共に変える努力

　ここでグローバル・コンパクトについて、いくつか指摘を行いたい。グローバル・コンパクトは、ステークホルダーのコミットメントと努力によって、いまや世界最大で最も重要な自主的企業責任イニシアチブとなっている。現在、世界中から5000を越える会社と他のステークホルダーがグローバル・コンパクトを支持している。

　グローバル・コンパクトに参加し、かつ、グローバル・コンパクトを戦略上の枠組みとして利用するというビジネス・リーダー達の決断は、根本的かつ極めて重要なものである。一見したところグローバル・コンパクトへの参加は、たいした変化をもたらさないように思われるかもしれないが、実際には、ビジネスモデルに深くて積極的な影響をもたらすような文化的変化をもたらすコミットメントなのである。

　1999年1月、世界経済フォーラムにおいて当時の国連事務総長であったコフィ・アナンがグローバル・コンパクトの概念を発表したとき、彼は社会的、経済的問題にもっと真剣に取り組まなければ、グローバルな経済はより脆弱になると警告した。別の見方をすれば、より衡平で包括的な世界

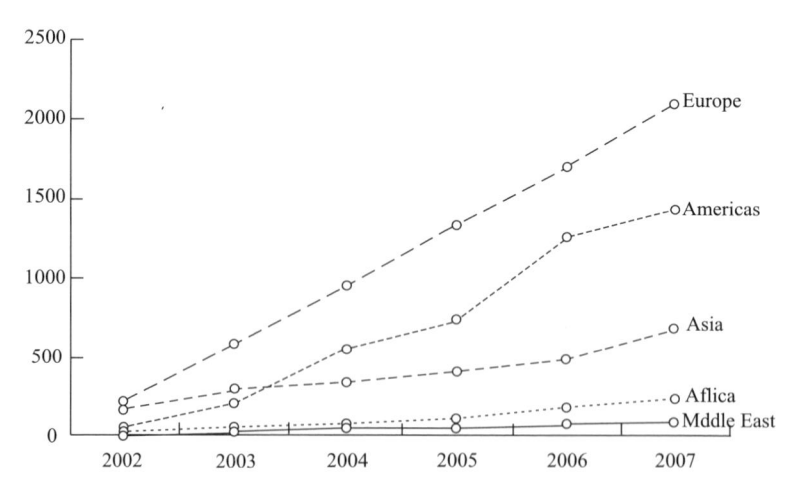

**図-1　地域別グローバル・コンパクト・ステークホルダー数(2002-2007年)**

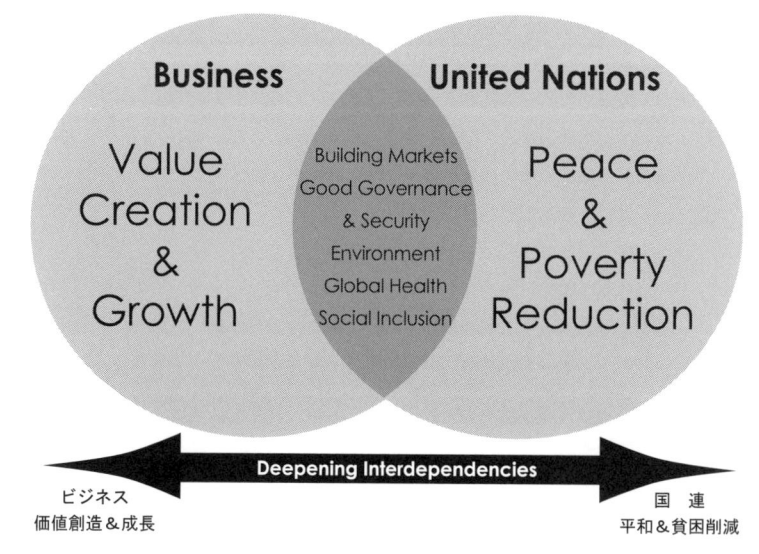

4章 格差と環境危機が求める経営革新　81

```
                Business                     United Nations

              Value              Building Markets         Peace
            Creation           Good Governance             &
               &                    & Security         Poverty
             Growth              Environment          Reduction
                                 Global Health
                                Social Inclusion

       ←――――――――― Deepening Interdependencies ―――――――――→
       ビジネス                                              国　連
       価値創造＆成長                                         平和＆貧困削減
```

**図-2　深まる相互依存**

　経済は、持続可能なだけでなく、世界の増大する人口に対し機会と尊厳を与えることによって、生活の質の向上をももたらすことになる。それにより、平和を前進させ、市場の安定と成長を促すであろう。ビジネスと国連の目的は異なるかもしれないが、他方で目的が重なり合う部分もあり、深化する相互依存によってビジネスの責任のより広い側面が明確化されるのである。

　アナンは、責任ある企業市民としてのモラルおよびビジネス上の事例の概略を示すことで、世界中のビジネス・リーダー達に、国連の主要な目標を支持し、人権、労働、環境、そして腐敗防止の分野における一連の普遍的な原則を実施することによって、より安定したグローバルな市場作りに貢献するよう求めた。

　グローバル・コンパクトは企業に対して、10原則を、戦略的ヴィジョンと日々の操業、日常的な意思決定に組み込み、国連の目的を支持する行動をとるよう促す。この試みを支援するために、グローバル・コンパクトは、政策対話、ラーニング（学習）、地域ネットワークやプロジェクトといった

**表-1 グローバル・コンパクトの10原則**

| 人権 | 1 | 企業は国際的に宣言されている人権の保護を支持し、尊重する。 |
|---|---|---|
| | 2 | 人権侵害に加担しない。 |
| 労働 | 3 | 組合結成の自由と団体交渉の権利を実効あるものにする。 |
| | 4 | あらゆる形態の強制労働を排除する。 |
| | 5 | 児童労働を実効的に廃止する。 |
| | 6 | 雇用と職業に関する差別を撤廃する。 |
| 環境 | 7 | 環境問題の予防的なアプローチを支持する。 |
| | 8 | 環境に関して一層の責任を担うためのイニシアチブをとる。 |
| | 9 | 環境にやさしい技術の開発と普及を促進する。 |
| 腐敗防止 | 10 | 強要と賄賂を含むあらゆる形態の腐敗を防止するために取り組む。 |

メカニズムを設けている。

　事務総長は、グローバル・コンパクトを深い組織的変化をもたらすダイナミックなプラットフォームとして提示したが、これは変化の過程が緊張関係をもたらすこと、またリーダーシップなしでは起こりえないことを、よく理解したうえでの行動であった。

　すでに広く知られているように、グローバル・コンパクトは、一群の基準もしくは規制の枠組みではなく、学んだ教訓や価値、そして原則を共有するための自主的かつ行動を重視したコミットメントである。国連は、グローバル・コンパクトを通じ、責任ある企業市民の育成を目指している。ビジネスが、他の社会的アクターとの協働によって、より協調性の高い社会を目指し、国家およびグローバルなレベルにおける包括的かつ持続可能な経済を築いていく上で適切な役割を果たすことを望んでいるのである。

　グローバル・コンパクトは、全ての適切な社会的アクターを包含する。これらのアクターは、グローバル・コンパクトのイニシアチブが基づく原則を定義する政府、グローバル・コンパクトの対象となる企業、グローバルな生産過程を握る労働者、多様なステークホルダーの共同体を代表する市民社会、権威ある主催者であり進行役でもある世界唯一の真にグローバルな政治的フォーラムを提供する国連から構成される。

すでに検討したように、ビジネス、環境、そして社会の間の根本的な関係および相互依存を理解することは、ビジネス経営の重要な要素となってきている。複雑さと相互依存の深まりは、環境、社会、そしてガバナンスに関する懸念を戦略的思考や日々の企業活動に取り込む、新たなアプローチと統合的な経営ツールを必要としているのである。ビジネスは、これらの問題をビジネスの中心に取り込み、ステークホルダーとの対話に取り組み、自らの活動を報告するために支援を必要としている。ビジネスは、組織上の目的と株主に対する法的な義務を満たすだけでない、ビジネスの更なる影響と可能性を社会における積極的な力として活用する準備のある才能と倫理観をもったリーダーを必要としている[9]。

研究機関は、ビジネス教育、調査、経営開発プログラム、トレーニング、そして新しい価値と思想のアドボカシーといったもっと幅広い活動によって、ビジネス・リーダー達の姿勢と思考の形成に貢献することができる。これらの手段によって研究機関は、企業と社会の双方が繁栄する世界の形成を促す、積極的変化の波を生み出す力を持っている。世界中の主要なビジネス・スクールや研究機関は、「責任ある経営教育原則」を通して、研究機関による貢献をガイドし支援する強力な戦略上のプラットフォームを創造するというグローバル・コンパクトの流れに参加したのである。責任ある経営教育原則の採択と実施は、国際ビジネス教育の最先端にあり、学界が、より調和のとれた世界のために重要な役割を果たすというコミットメントの表明でもある。

## 4  社会的責任に関する中国の新公共政策

もう一つ、大事な動輪となるものとして公共政策があげられる。ここでいう公共政策は、ビジネス界が社会の先導的な一員としての役割を果たすことのできる環境だけでなく、そうするよう促す誘因も提供しなければならない。そうした例は世界に数多くあるが、ここでは中国のある民間企業と国営企業における例を取り上げよう。

中国経済が成長し始めようとしていた1994年、少数の民間ビジネス・リーダー達が「栄光プログラム」と名づけた小さなイニシアチブを発足させた。このプログラムの一つの前提は、責任を適切かつ相乗的に分かち合えるように、すべてのステークホルダーと共に働くこと、そして何よりも、中国の最も貧しい地域における持続可能なビジネスの発展を支援する公共政策の発展のために働くことだった。今日では、栄光プログラムは、政府や市民社会の協力も得て、16,000を超える中国の企業を巻き込み、中国で最も恵まれない地域において10,000以上の持続可能なビジネスを創出している。この取り組みは、貧困の問題に目覚しくかつ持続可能な影響を与えているだけでなく、以前なら考えられないような大変な利益を生み出す市場を発展させるうえで、新しいヴィジョン、新たな協調、そしてステークホルダーの指向が及ぼす力を示すものである。これに付随する結果として、この社会、環境、経済の目的に着目したマルチ・ステークホルダーによるアプローチは、新たな市場おける産品およびサービスの探求という、イノベーションのための強力なプラットフォームと刺激を提供している。

　2008年1月4日、中国国有資産管理監督委員会(SASAC)によって、「国営企業の社会的責任に関する指針」が発表された。この指針は、企業と社会と環境の調和のとれた持続可能な発展を実現し、調和のとれた社会の建設と科学的発展の実施にあたって、国有企業(SOE)が負う責任と重要性を強調している[10]。「指針」は社会的責任について、国営企業の使命および責任だけを対象とするのではなく、社会全体によって期待され、求められるものであると述べている。社会的責任の概念を企業の戦略、活動、文化に組み込むことは、イノベーション、ブランド構築、誠実性や結束、さらには品質と業績を向上させるための鍵となる。

　「指針」は実施のための基本原則を示し、かつ経済的パフォーマンスと同様に環境と社会、ガバナンスの側面にも着目した社会的責任の条件を打ち出している。特に、社会的調和、労働、環境、さらに健全なコーポレート・ガバナンスの権利と必要とを強調している。また、企業責任は付加的なものではなく、戦略、計画、実施および経営構造に組み込まれなければなら

ない、と強調している。国営企業に対しては、その社会的責任を向上させるための計画と今後の措置と同様に、現状について報告するよう求めている。さらに、透明性の向上と内外のあらゆるステークホルダーとの対話、経験の共有と学習の促進を目的とした国際機関との協力が奨励されている。

民間企業、国営企業のいずれの例も、ビジネスと社会との緊張関係にではなく相互依存関係に力点を置くべきだとするポーターの呼びかけと、ヤンケロビッチによる、社会契約は進化しており、長期的収益性と公共善への貢献という二つの試練があるという観察とを、積極的に評価したことを示す証左であろう。

## 5　インドにおける戦略的ビジョンと政策、実施への10原則の統合

インドにおける企業責任は、かなり以前から、社会貢献あるいはガンジー流の受託者モデルといった形で示されてきた。スッド（Sood）とアローラ（Arora）は、「インドにおける企業責任の政治経済」という論文において、「社会貢献は、インドでは19世紀半ばから大事なものとされてきた。それは概ね、共同体の影響や商人から企業家となった者たちの間で見られた家族主義的経営という強固な伝統に起因するものであった」と結論づけている[11]。

マンモハン・シン（Manmohan Singh）首相はインド産業連盟における「包括的成長―インド実業界の課題」と題する演説で、インド社会の恵まれた層に対し、「経済成長の過程をより包括的なものにする必要性」を理解するよう求めた。その上で、企業の社会的責任は、「企業の活動の場である社会と地域の必要性を考慮した企業哲学の枠組みの中で定義されるべきである。企業の社会的責任は西欧から輸入された経営理念ではなく、我々の文化的遺産の一部なのだ」と述べている[12]。そこで首相が焦点を当てた諸点は、労働者を大事にする、恵まれない人を積極雇用する、差別を撤廃する、経営者の過大な報酬を控える、環境に優しい技術に投資する、あらゆるレベルでの腐敗と戦う、等々である。

企業の社会的責任を戦略に取り組むというレベルでは、インドは素晴ら

しい例を多く提供する。ハウジング・ディベロップメント・ファイナンス・コープ（HDFC）は民間企業だが、最も恵まれない層を含む数多くのインド人に対し、自分の家を持つことを実現可能なものにしている。また、ニルマ（Nirma）は、効率的で環境にもやさしい洗剤を提供することで、経済的に恵まれない層のより衛生的な環境へのアクセスを劇的に向上させている。そしてタタ（Tata）は、かつてないほど多くの人々に、効率的かつ安全なエネルギーを使い、環境にもやさしい交通手段へのアクセスを提供しようと努力している。

　実施のレベルでは、バーラト重電（BHEL）は、あらゆるレベルで全従業員を社会的責任にコミットさせるための教育プログラムを実施している。同社は、全従業員にグローバル・コンパクトの10原則が印刷された小さなプラスチック・カードを配布し、訓練し、諸原則と実際の行動の間のギャップを報告するよう奨励している。同時に、管理職や重役に対しては、経営開発プログラムの中で、特定された問題を受け入れ、関係ある全てのステークホルダーと一緒になって解決にあたることが出来るよう訓練している。

　公共政策およびこれらの実業界における一連の事例は、インドにおいて、ビジネスに対するより持続的で包括的なアプローチを発展させる上での強力な第一歩である。シン首相の言葉によれば、「企業の社会的責任はチャリティではない。それは、我々すべてにとっての未来への投資である」。この投資と、それが体現する新しい現実と向上心が、インドにおけるビジネスの本質を変化させつつある。

## おわりに

　結論として、2007年7月5日にジュネーブで開催されたグローバル・コンパクト・リーダーズ・サミットにおいて潘基文事務総長が述べた言葉を引用したい。

　　「ますます多くの企業が、グローバル・コンパクトに応じるように

なっていますが、これは良い広報になるとか、間違いを犯す対価を払ったといった理由からではありません。あなた方企業は、相互依存の深まったこのような世界においては、環境、社会、そしてガバナンス上の問題に対するリーダーシップを発揮しないビジネス上のリーダーシップは正統なものとは認められないがゆえに、グローバル・コンパクトに参加しているのです。

　相互依存は、重要な理解を促します。権力は責任と一体です。ビジネスが成長を維持するためには、信頼と正統性が必要です。市場が持続可能な方法によって拡大するためには、市場から排除された者に対し、彼らの暮らしを向上させるよりよい機会を提供しなくてはなりません。

　我々はこの理解を行動に移す第一歩を踏み出したばかりなのです」。

[注]
1  Einstein, A. "Why Socialism" *Monthly Review* (1949) 1 (1).
2  更なる議論は以下の文献を参照。Von Krogh,G., Erat P., Macus M. "Exploring the Link between Dominant Logic and Company Performance" *Creativity and Innovation Management* (2000) 9 (2), pp 82-93.
3  Porter, M and Kramer M. "Strategy and Society: The Link between Competitive Advantage and Corporate Social Responsiblitiy" *Harvard Business Review* (Dec. 2006), pp78-94.
4  Mendonca, L. and Miller, M. "Exploring Business's Social Contract: An Interview with Daniel Yankelovich" *The McKinsey Quarterly* (2007) (2).
5  Bakan, J. *The Corporation – the Pathological Pursuit of Profit and Power*, Free press New York (2004).
6  Friedman, M. "The Responsibility of Business to Increase Profits" *New York Time Magazine* (Sep. 13, 1970).
7  Progressions 2006 – The Ernest & Young Annual Global Pharmaceutical Report, The Ernest & Young Global Pharmaceutical Center.
8  Kofi Annan's statement is quoted in UN Global Compact, The Principles of Responsible Investment (www.unglobalcompact.org).
9  同上参照。
10 People's Republic of China, SASAC No.01, 2008: State Owned Assets Supervision and Administration Commission of the State Council, "Notification on Issuance of "the Guideline

on fulfilling Social Responsibility by State Owned Enterprises"".
*11* Sood, A. and B. Arora, "Political Economy of Corporate Responsibility in India", United Nations Research Institute for Social Development (2006).
*12* Manmohan Singh, "Inclusive Growth – Challenge for Corporate India" Speech to the Confederation of Indian Industry (May 27, 2007).

(翻訳：久保田有香)

# 5章　日本企業の伝統とGCの普遍的原則

有馬　利男

## はじめに

　私は、長年富士ゼロックスの経営に携わってきた。多くは営業や企画などの仕事であったが、近年は、米国Xerox Corp.とのあいだで作った、米国合弁企業の社長を6年間、続いて日本に帰ってきて富士ゼロックスの社長を5年間経験した。2007年夏に社長を退いたが、同じ時期に国連グローバル・コンパクト（Global Compact=UNGC）のボードメンバーに選任され、UNGCにかかわることとなった。

　CSRには、富士ゼロックスの経営幹部として長年かかわってきたが、この寄稿は私のこのような経験を踏まえた企業経営の視点と、UNGCのボードメンバーとして新たに加わった視点からのCSRに関する私の考え方であることを最初にお断りしておきたい。

## 私の論点

　　　この寄稿の論点を要約すると以下のようなものである。
- 日本のCSRは一部の担当者だけがやっている企業のお飾り的なものが多いと、長年指摘されてきた。日本企業がグローバル化するとともに、サプライチェーンはアジアから世界へと展開し、幅広い社会問題に直面するなかで企業の責任は益々重くなっている。グローバリゼーショ

ンと少子高齢化の進むなかで、日本企業がCSRのリーダーシップを強め、国内外の信頼を高めることは、今まさに重要な課題となっている。
- 過去CSRはブームとなっては衰えていった。昨今のひきもきらぬ企業不祥事や不正、そして官民癒着などを見るとき、改めて今回のCSRへの高まりを本物にしなければならないと思う。それには2つ課題がある。

　①CSRをビジネスプロセスやビジネスモデルと統合し"サステナブルな"CSRにすること。

　②企業が政治やパブリックと共同で社会システムやルールの構築を進め、戦略性と社会性を持つCSRを実現すること。それには企業の内輪の論理ではなく社会を原点とした発想で取り組む必要がある。

- CSRの目指すものは、日本の商いにおいて重要とされてきた伝統的な価値観と共通するものであり、ビジネスに携わる者にとって世界共通の普遍的な価値であるといえる。UNGCは、幅広い視点とグローバルなアプローチによって、日本のCSRの課題を解決する上で大きな助けとなる。
- これらの実現のためには、技術と経営プロセスのイノベーションを継続する企業の強さと変革力が求められる。厳しい状況に自らを追い込み、正しい課題の解決に挑戦するなかからイノベーションは生まれる。それを導くものは企業とそのリーダーの持つ経営理念であり経営哲学である。

## 1　日本のCSRの現状

### (1)　企業経営とCSR

　企業は何のために存在するのか？　最近では株主のためと単純に言い切る向きは少なくなったが、それでも、コンプライアンス(法令順守)も、社会貢献や環境保護も、最終的には「株主の利益に貢献するため」であるとする言い分は根強い。しかし、私は、「企業は世の中に有用な価値を提供するために存在する」と考えている。株主は結果的にその恩恵を受ける者の一人であると考える。企業のそのような構造を解説した岩井克人教授の説が

わかりやすく参考になる[1]。そのような企業が社会に有用な価値を提供し続けるためには、社会から受け入れられなければならないことは自明のことである。

　CSRは基本的な法律や規制をきちんと守る、いわゆるコンプライアンスと、規制やルールを先取りして、社会にとって必要な貢献をすることとに分けて捉えられることが多い。麗澤大学高巖教授の説明がわかりやすく参考になる[2]。

　経済同友会が2007年5月に発行した「CSRイノベーション」[3]は、次の4つの目的分類で日本企業の事例を取り上げている。
　　①顧客の立場に立った商品とサービス(ユニバーサルデザインなど)
　　②従業員が働き易い職場(ダイバーシティーなど)
　　③地域社会との共存(街づくりなど)
　　④環境ビジネスの推進(リサイクルビジネスなど)
　延べ総数で156社の事例が紹介されていて、内容は極めて多岐に亘っている。その多くはそれぞれの企業の特徴を活かした個性的で、文化的、社会的なCSRの展開となっている。日本のCSRも大いに実績を積み始めていると言えるであろう。

(2)　日本企業のCSRの問題点

(2)-1　企業不祥事の続発

　しかし一方では、連日のように報道される企業不祥事、官・民の癒着など、本来企業や組織が守るべきことすら守られていないことも事実である。近年のCSRの高まりが人々の意識を高め、内部からの通報などを増加させた結果、このように多数の報道に至っているとすると、苦い経験ではあるが日本社会が進歩の過程にある表れとも言えるわけである。

　露顕した不祥事は長年継続的に続けられてきたことが多く、また、それらは氷山の一角であるとの解説もある。何故これほど多くの企業の経営者が、また、一部ではあろうが従業員も、不正と承知していながら長年続け

るのであろうか？　謝罪記者会見の様子を見ると、不正と承知しつつも会社のために皆でやってしまったというケースが多い。日本企業は、このような企業の内輪の論理による企業統治から、社会性のある毅然とした論理と行動へと脱皮してゆかなければならないと思うのは、私だけではあるまい。

(2)-2　グローバルな視野

　UNGCのサミットやボードミーティングなどの議論に参加すると、日ごろの日本の経営ではとりあげられない水の枯渇や貧困、差別労働、腐敗行為の問題などが、グローバル企業の経営者やNGO代表者などのあいだで侃々諤々語られる。改めて自社を振り返ってみると、サプライチェーンがアジアから世界に展開しているなかで、このような問題は、すでに避けて通れないものとなっていることに気付かされる。いかに長年、企業の内側からしかものを見てこなかったかを、私自身、いま痛切に感じている。

　2007年末に開かれたCOP13では、日本が数値目標に最後まで反対した結果、アメリカ、カナダと並んで名指しで非難され、その背後にある様々な理由が報道された。ことは地球全体、人類の未来にかかわる話であるから、大局的な視野から、もっと創造的で統合的な議論になってほしかったと思う。

　自らの内向きの視点を反省していながらも、「自分達の内輪の論理」に固執するあり方が、不祥事の問題にとどまらず、日本が本当の意味でグローバル化してゆく上での足かせになるのではないかと懸念するところである。

## 2　日本の伝統的な商いの倫理とグローバル・コンパクト(GC)の理念

### (1)　伝統的な日本の商いの精神

　既に多くの指摘があるが、CSRの求める社会性や人間性は、江戸時代からの、商いの常道として教えさとされてきたものと共通するところが多い。その代表的なものは、近江商人の、「売り手よし、買い手よし、世間よし」

の「三方よし」という教えであるとされている⁴。売り買いであるから、当然売り手と買い手の満足がなければ成立しないが、全国各地を股にかけて商いをした近江商人は、訪れた先の世間でも認められなければ長い商売はできないことを身にしみて悟っていたということである。

また、渋沢栄一の「論語とそろばんの一致」もしばしば引用され、経済性と道徳性とを統合する理念として高い評価を得ている。

渋沢の場合、その究極のねらいは、国を富ますことにあり、「商業上の真意義は自利・利他である。そして、私利即ち公益である」⁵と言っている。渋沢は、企業経営を通じて明治日本の発展を思い描いたといわれ、日本資本主義経済の創始者と言われるほど多くの企業や公的機関を立ち上げながら、自らの財閥は築かなかったことにそれがよく表れている。儲けて株主にたくさん還元することが目的であるなどという、最近の一部経営論への厳しいアンチテーゼであることは指摘するまでもない。

近江商人の教えも、渋沢の理念も、商いのあり方として、社会性や人間性、徳の大切さを認識し、それを欠くと社会から受け入れられない、従ってそれらを大事にしなければならないことを説いている。しかし、欧米流のステークホルダーの考え方から発するCSRと対比して考えると、日本の場合、基本的には商いをする側のあり方を説いているもので、ステークホルダー側からの要請や期待を原点に置いた発想ではないといえる。

### (2) 国連グローバル・コンパクト(UNGC)の視点

UNGCは、人権、労働、環境、腐敗防止の4つの分野にわたって10の原則を掲げている。1990年代、アメリカ一極化のもとで、ビジネスの急激なグローバリゼーションが進行したが、それが反面では、環境、労働、腐敗などにおいて多くのネガティブな事象を引き起こした。

当時の国連事務総長アナンは、民間企業の力を強く認識するとともに、グローバル化による世界経済の成長を秩序あるものにしたいとの願いのもと、1999年のダボス会議において、国連と民間が手を組んで、「人間の顔を

持ったグローバル化を」と訴えて、GCの概念を提唱したわけである[6]。

UNGCの10の原則は、社会性、地球環境、人間性という三つの切り口、すなわち、トリプル・ボトムラインで構成されており、加盟企業の年次報告(COP:コミュニケーション・オン・プログレス)では、トリプル・ボトムラインの考え方に沿って作られたGRI(グローバル・レポーティング・イニシアチブ)のサステナビリティ・ガイドラインの使用を推奨している[7]。

しかしもうすこし見ていくと、その視点は伝統的な日本のそれとは少し異なっていることが分かる。UNGCが想定しているアプローチは、10の原則に照らして、社会が何を求めているのか、何をすべきなのかといった視点から企業がなすべきことを定め、同じ視点をもつ企業同士が連携してイニシアチブを展開するといったものである。

もうひとつは、UNGCも倫理性や義務感に根ざしていることに違いはないが、その上で、ビジネス性と社会性・人間性を統合すること、それを実

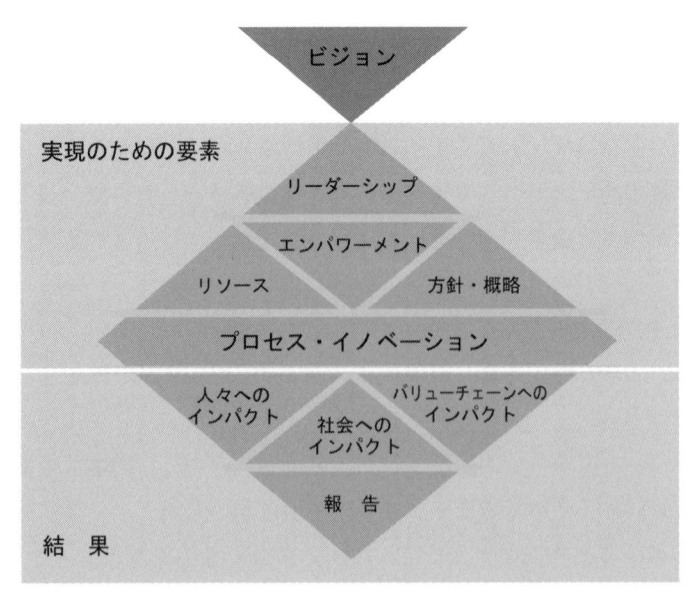

図-1　グローバル・コンパクトの狙い　企業の成長と社会の発展と両立すべきもの

現する上でプロセスイノベーションが核であることを明確に指摘している点である。それはGCの年度レビューで使用された下図(図-1)によく示されている。

　例えば、水資源の枯渇に取り組んでいるのは、コカコーラやリーバイスなど、水を多く費消する企業である。彼らは、水資源の枯渇に対応する、イニシアチブを立ち上げ、業界を超えて課題解決に取り組むことを通じて、その成果を自らの事業に取り込もうとしている[8]。

## 3　日本のCSRの課題と、進化のためになすべきこと

### (1)　日本のCSRの課題

　振り返ってみると、日本でも、1973年に、当時の木川田一隆経済同友会代表幹事は所見で、「企業に原点を置いて社会を見ると言う態度から、社会に原点を置いて企業のあり方を考えると言う発想」をすべきであるという、きわめて先進的で高い見識のCSRを説いている[9]。しかし、それは実践としてはあまり普及せず、日本のCSRはその後80年代のバブル期にはメセナ全盛となり、バブル崩壊で経営が厳しくなるともに下火になってしまった。

　何故そのようになったのであろうか。

　既に述べたように、CSRとして社会性と経済性をあわせて見るという点では、伝統的な日本の商いの考え方や、それに根ざした日本のCSRとグローバルなCSRの基本的な価値観は共通している。しかし、以下に示すようにその実践には違いが見られる。そして、そこから日本のCSRのこれからの課題が浮かび上がってくる。

**日本のCSRの課題**

①CSRを経営者の倫理観や義務感で捉える傾向が強く、経済行為としての位置づけが弱い。そのため景気や業績が悪化すると、簡単に活動が低下する。"しぶとい""サステナブルな"CSRにならない。

②視点が企業のなかから外を見ているため企業の内輪の価値の範囲での

CSRになる。そのため、本当の社会ニーズに根ざし、社会システムを巻き込んだ大きなスケールのCSRにならない。

### (2) 新しい「社会ビジネスモデル」の模索

　例えば排出権取引のことを考えてみよう。この原稿を書いている2008年の初頭までは、日本はCap and Tradeに猛反対しており、それと併せて、目標値設定にも反対している。「Capのかけ方が公平にできない」、「今までさぼっていた者が得をする」、などの理由があるようだ。確かにそういうこともあるだろうが、日本がそのようなテクニカルな議論に目を奪われている間に、EUが主導して、社会や地球全体を対象にした新しい経済メカニズムの構築をどんどん進めている。アメリカも排出権取引のメカニズムを構築し始め、EU追撃を開始したともいわれる。

　考えてみるとこれは、われわれ日本企業が顧客第一主義と言って、顧客の声に耳を傾け、顧客のニーズに合わせた「マーケットイン」[10]の手法で商品やサービスを提供することと基本的な手法は同じではないか。もっとも、ここでは対象が顧客から社会に広がっているわけであるが。

　実際に10年先や20年先のニーズを顧客に聞いても顧客もわからない。答えは社会の変化と社会のニーズにある。EUの彼らは、むしろ、社会の声に耳を傾け、社会のニーズに合わせて、新しいサービスや商品を作り出そうとしていると言える。新しい通貨ともいうべき$CO_2$と環境などの社会問題、地球環境問題とを組み合わせると、新しく壮大な課題とニーズがつかみ出され、そこに向かって膨大な資金の流れが形成される。これは社会を巻き込んだ、新しいマーケットメカニズムを作り上げるという、新市場創出におけるイノベーションであると言っても良いのではないかと思う。

　一方で、そこに投機的な動機や活動が見られることも指摘されるが[11]、大きく見ると、本質的にそれが社会の課題を解決し、新しい成長メカニズムを促すとするならば、これら付随する問題は次第に是正されてゆくであろうし、むしろそのような発展にむけて、日本がリーダーシップを発揮す

べきではないのか。社会性とビジネスとを統合化させる壮大な試みに対し、日本はそれをただ傍観しているように筆者には見える。

### (3) CSRの社会性と経済性の統合

では、日本企業としてこれらの課題にどのように対応してゆけばよいのか。

日本のCSRが、長年の伝統に根ざす部分を多くもっているとすれば、簡単な解はなさそうであるが、やはり、個々の企業が新しいCSRの発想を取り入れて変革していくしか方法はないのであろう。その意味で筆者は、CSRの多岐に亘る活動を社会性の視点と経済性の視点からマッピングしてみることが、議論の出発点として有効なのではないかと思っている。

この考え方を反映した**図-2**は、私自身がGCでの議論に刺激を受けて、新しい視点として取り入れてみたものである。これから幅広く事例を反映

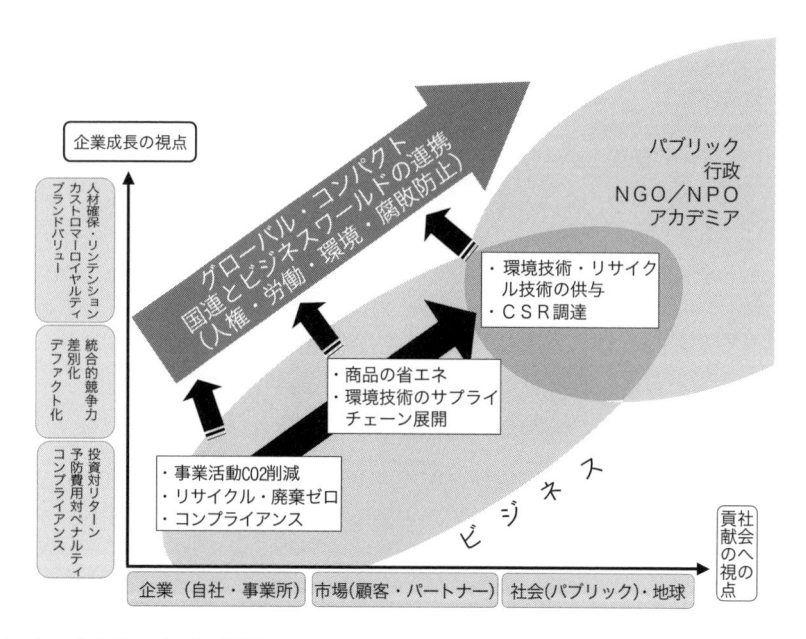

図-2　CSRの広がり発展

しながら検証し、コンセプトを成長させていきたいと思っているが、まずはここで考え方を紹介してみたい。このアプローチは、図-2に示すように、企業と市場そして社会性の視点をベースにCSRを捉え、更にそれが、企業のビジネスモデルやビジネスプロセスと、どのように統合して行くのかを考える流れである。

　以下、図-2の説明を加える。
　横軸に、CSRの活動を三つの視点から整理する。
1. 企業の事業活動として必須なもの
2. 市場全体に影響を与えるもの、市場として必要とされるもの
3. 社会全体に影響を与えるもの、社会が必要としているもの

　縦軸は、ビジネスプロセスやモデルとしての視点から見て、三段階に分けてセグメントしてある。
1. 投資対リターン、あるいは、予防費用対ペナルティーによる評価
2. 投資対差別化効果、あるいはデファクト化による差別化、新しい規制に対する対応力による評価
3. ブランド効果や人材面での効果による評価

　縦軸と横軸の交点にはCSR活動が記述される。

　個々の活動について先ず純粋に社会の視点から何が求められているのかを考えることによって、社会からのニーズや位置づけが見えてくる。
　同じように、企業の経済性の視点できちんと見る。その両方から、どのような活動をすべきか、統合的な効果として何を認識すべきか、といったことがよく見えてくるのではないかと思っている。

　わかり易くするために、図-2のなかには富士ゼロックスの活動を例示的に入れ込んである。横軸の自社・事業所に位置づけられるものにもいくつ

かあり、コンプライアンスのようにMustでやるべきもの、事業所におけるCO$_2$削減や廃棄ゼロ化など、ある程度、投資対ペナルティーとしてみることができるもの、機械やカートリッジのリユース・リサイクル、廃棄ゼロなどのように単独のプロセスとし投資対効果が見えるもの、などに分けて考えることができる。

　富士ゼロックスの事例を使ってもう少し解説してみたい。
　富士ゼロックスも他社と同様に、国内外の全事業所でISO14001を取得するなど、自社事業所の省エネに全面的な取り組みを展開しているが、ここではお客様との接点を中心に事例を取り上げたい。

(3)-1　横軸の2段目、お客様、市場に貢献する活動
　富士ゼロックスが提供する商品とサービスは、お客様のところで電力を消費して使用される。電力はお客様もちであるので、その削減効果は、お客様のCO$_2$削減数値に算入される。例えば2000年に市場導入された旧機種をそのまま2006年でも使用した場合と、実際に新機種の省エネ商品[12]に入れ替えた場合のCO$_2$削減量を比較すると、2006年の1年間で約800,000トンのCO$_2$削減に繋がった（業界で標準的に使われる電力消費量算定方式TEC法[13]で計算）。年間約800,000トンのCO$_2$排出とは、家庭が電力消費から排出するCO$_2$の2.13トン／年で換算すれば、37万6千世帯の年間電力消費に該当する。37万6千世帯といえば、香川県一県分の世帯数に該当し、その社会的な意味合いは極めて大きいといえる。

(3)-2　横軸の1段目、自社内に貢献する活動
　実は、お客様の省エネを実現するには、古い商品を新しい技術を盛り込んだ商品に入れ替える必要がある。その際にリプレースされた旧機は、そのまま何もしなければ無駄なごみになってしまう。富士ゼロックスはその旧機や使い終わったカートリッジを全て引き取って、リユースとリサイクルをすることで廃棄ゼロとCO$_2$の削減を実現している。例えば、2006年にリサイクルによって削減したCO$_2$は日本国内で約22,000トン、これは自社の削減数値に算入された。

このリサイクルの仕組みは、1995年に導入したが、当初は新しい部品で新機を作るほうがずっと安く作れた。しかし色々な工夫を加えた結果、2003年にはリサイクル機のほうが安く製造できるようになった。

今は、それだけで採算の取れるものになっており、すでに、アジア全域、中国全域にも展開している。この仕組みを展開することによって、我々の現地法人は、リサイクルビジネスによる収益と内部的な$CO_2$削減効果を得ているが、それに加えて、アジア、中国においても、スムーズに新技術を盛り込んだ新型機を投入することによって、お客様の省エネに貢献することや、リサイクルを通じて、廃棄ゼロ化や雇用創出などに貢献している。これらは社会的な貢献と位置づけることができる。

### (3)-3　横軸の3段目、社会に貢献する活動

富士ゼロックスのCSR調達は、中国などのサプライヤーである、パートナーと手を組んで、パートナー側の部品の品質、安全性、$CO_2$削減、労働環境、人材教育などを改善するものである。それを通じて富士ゼロックスには原価低減と安全性リスクの軽減などの効果があるが、それに加えて、パートナー側も多くのメリットを得ることができ、また、このような活動を通じてパートナー企業の競争力が高まり、地域の雇用創出にも繋がる。さらには、こうした効果の当社への跳ね返りなども併せて評価することができる。

このCSR調達は1年半ほどの試行のあと、2007年半ばに全面実施が始まったばかりである。まだ本格的な展開にはいたっていないし、効果も測定できてはいない。しかし、世界的な電子機器企業が主導しているEICCの基準[14]もカバーしており、今後世界的な普及が図られるものと考えている。これも、世の中の基準を先取りするCSR活動の一つと言えるであろう。

このように、市場や社会の面から自らのCSR活動の価値を見極めることによって、それらのビジネス上の意味合いを明確にしていくことができる。そのことによって、CSR活動の個々のねらい目が定まり、より高い社会的

な意味づけと経済性との統合を実現する、新しい発想と工夫が生まれてくるのではないかと考えている。

　社会性に関して更に付言すると、多くの日本企業においては、貧困や不正労働などは、余り身近な問題と受け止めていないのではないかと感じる。GCの掲げる理念のうち、環境に対しては、日本企業の共感度は高い。しかし、貧困、腐敗、労働については、どちらかと言うと違和感があるとの反応が多い。最近でこそ、偽装請負や日雇い二重派遣、官民の汚職など、不正労働や貧困、腐敗の問題が顕在化してきているが、それらは、あくまで限られた特定の企業の問題であって、大半の日本企業が、自分たちはきちんとやっているから問題はないと受け止めているのではないか。

　しかし、これを日本の社会全体の視点で捉えると、ワーキングプアと言われる年収200万円以下の労働者は、2006年には21年ぶりに、1000万人を突破した。スポット派遣やネットカフェ難民と言われる日収6000円で生きている若年の日雇い労働者が増加する中で、生活保護世帯も、90年代には60万世帯で推移していたものが、2006年に108万世帯に急増し、貯蓄のない世帯も90年代の10％から2006年には23％に跳ね上がった。これには、企業における賃金や雇用の政策が強く影響しており、一部には1700万人と言われる非正規社員を全員正規社員にすべきであるという非現実的な議論もあるようである。

　確かに、業務が全く同じでありながら正規と非正規に分けられ処遇が異なることには合理性がなく、既にパート社員の正社員化が動き始めた。しかし、業務内容が異なるケースも含めて、全てを正規社員化するということは非現実的であろう。現実には、非正規社員は日本の労働市場を支える構造として、なくてはならないものとなってきている。問題は、正規社員とのあいだで流動性がないこと、生活の安定に対するセーフティーネットがないことであろう。また、10万人を超えると言われる日雇い労働については更に多くの問題をはらんでおり、早急に是正されなければならない。

少子高齢化が進行するなかで、日本がグローバルな競争力を維持し、成長を続けるためには、総量としての労働力と生産性をあげていかなければならない。そのためには、女性、高齢者、外国人、そして非正規化している若年層を本格的に戦力化しなければならない。そのためにも、労働や貧困、腐敗などの問題は、日本企業が労働者や官と協業しながら至急取り組まなければならないテーマである。

既に指摘したが、日本企業がアジアを中心にサプライチェーンを広げていくなかで、貧困、労働、腐敗は日々直面する問題であり、日本企業にとって避けて通れない問題である。

日本企業が、グローバルでサステナブルな競争力を保持するには、地球環境の問題にとどまらず、労働、貧困、腐敗にも正面から向き合わなければならないと考える所以である。

### (4) 経営理念の統合

このようにCSRの社会的な意義や価値を明確にし、それとビジネスプロセスやモデルを統合する。そして更には、社会制度やメカニズムとリンクすれば、簡単には崩せないビジネス構造と市場差別性をもった"しぶとい"そして"サステナブル"かつ、社会的なインパクトの大きいCSRが実現するであろう。

しかし、このようなCSRを実践するのは、どの企業にとっても容易なことではない。厳しい競争の中で少しでもコストアップにつながることは避けたいのが、万人の心理である。しかしこのような厳しさを乗り超えるところに新しいチャレンジが生み出されてゆくのも事実である。「厳しさがイノベーションを生み出す」と言われるが、私はそのとおりであると思う。

富士ゼロックスのリユース・リサイクルの場合、社会性の目的を果たしながら黒字化を必死で追い求めるという厳しさの中から、200件もの特許が生み出された。業界では既にリユース・リサイクルが当たり前のこととして市場からも受け入れられるデファクト・スタンダードとなってきている。

このような経験から言えることは、厳しいチャレンジを実行する上で、企業としての経営理念、経営哲学を確立し、組織にしみこませていくことが最も重要であるということである。経営者と従業員が、まさに本当のCSRとして納得できる指導理念が必要である。

みんながやるからCSRをやろう、というわけにはいかない。

次に、富士ゼロックスの「企業品質」を例に引いて、このような厳しいチャレンジを組織全体で展開するにあたって重要な、経営理念と哲学について触れておきたい。

富士ゼロックスには、創業以来少しずつ表現を変えながら掲げている企業理念があるが、その企業理念と日常の活動を束ねていくものとして「企業品質」というコンセプトがある。「企業品質」とは、簡単に言えば企業には品質があり、それは社会性、人間性、経済性が高いレベルで統合化されて、はじめて実現するものであるという考え方である。企業品質は各個人の仕事の品質や商品、サービスなどの品質の総和であるから、日常の活動がこの三つの価値の統合に向かっていなければならない。三つのバランスを取って、そのそれぞれを、そこそこやるというのではない。

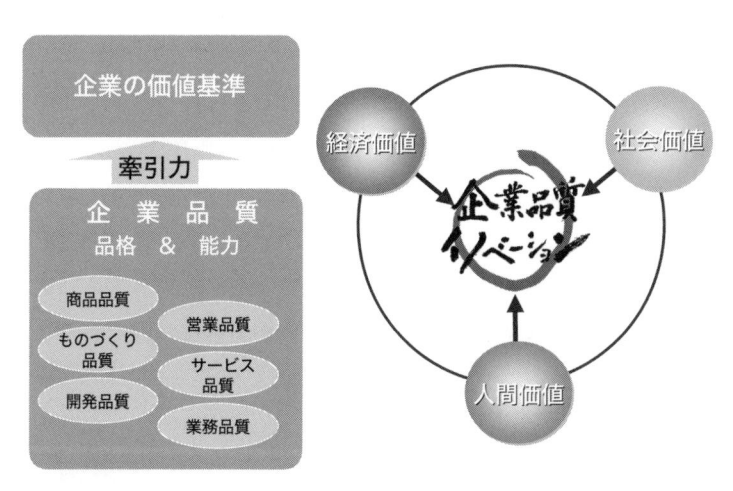

**図-3 企業品質の考え方**

統合化とは、それぞれを妥協のない形で追求し、相互のあいだで相乗効果を発揮させる、その厳しさのなかから統合化を可能とするイノベーションが生まれ、サステナブルなCSRが実現する、という考え方である(図-3)。

## おわりに

日本のCSRの課題として、企業の内向きの論理でものを見ていて、社会性の原点から発想しないこと、そして、精神論や義務感で捉えていて、ビジネスとの統合性が薄いこと、そのことによって、日本のCSRが、"しぶとい""サステナブル"な、かつ社会全体を巻き込んだスケールの大きいものになっていかないという問題点を提起した。企業によっては一部の担当者だけがやっていて、悪く言えばお飾り的なCSRになっていることも事実で、逆にそこからの脱皮を模索している経営者も多いのではないかと思う。

経営の体質は長い歴史や風土に根ざすものであるから、一朝一夕に変わるものでもあるまい。しかし、日本だけが自国の論理やものさしに固執するということは、このグローバルに開かれネットワーク化された世界では、もはや通用せず、置いてきぼりを食って落ちこぼれていくだけであろう。

改めて$CO_2$排出権に触れると、排出権そのものは、さまざまな形を取って普及していくであろう。すでに述べたように、EUは社会のニーズを正面から捉え、新たなゲームのルールを設けることに、産業界と政府が手を携えている。そのことを通じて新しいマーケットメカニズムを創出し、新しいビジネスモデルを作り、その結果、CSRが社会全体を変え、壮大な意義を持つものになっていくというような動きがこれから起こっていくであろう。

このような動きができることこそ、長い歴史のなかで、強いステークホルダーに鍛え上げられてきたEU企業の強みなのかもしれない。しかし、今後このメカニズムができ上がっていくとすると、グローバル化した世界

において、日本企業もそのゲームのルールに即してやっていくしかない。しかし、他人の作ったルールにあとから乗ってゲームをやれば、勝敗の行方は最初からわかっている。

　日本企業の持つ地球環境に関する技術力と品質能力は世界においてもトップクラスであると言われる。しかし、それも時間とともに低落してきていることも事実である。

　残された時間はあまりない。

　日本企業が社会ニーズに原点をもち、ビジネス性を強固に兼ね備えた新しいCSRと社会ルールの創出に向かい、新しい価値の創造をリードすることができれば、21世紀における日本もあながち悲観すべきものではないであろう。それには企業の経営者が社会のニーズに目を向け、経営活動に統合されたCSRの実現に自らコミットし、率先垂範していくことが必要である。そのためのプラットフォームとしてグローバル・コンパクトが有効に機能するよう、現在さまざまな強化策を練っているところである。

[注]
1　岩井克人著『会社は誰のものか』(平凡社、2005年)
2　高巖著『「誠実さ」を貫く経営』(日本経済新聞社、2006年)
3　経済同友会編『CSRイノベーション—事業活動を通じたCSRによる新たな価値創造—日本企業のグッド・プラクティス2007』
4　http://www.shigeplaza.or.jp/sanpou/ethos/ethos.html
5　童門冬二『論語とソロバン—渋沢栄一に学ぶ日本資本主義の明日』(祥伝社、2000年)
6　http://www.unic.or.jp/globalcomp/glo_01.htm
7　http://www.unic.or.jp/globalcomp/glo_compro.pdf
8　http://www.unglobalcompact.org/Issues/Environment/Water_sustainability/index.html
9　岡崎哲二他著『戦後日本経済と経済同友会』(岩波書店、1996年)
10　マーケットイン：企業が商品、サービスの調達・開発・提供・販売を行うに際して、市場や顧客のニーズを汲み取った上でそれらの事業活動に取り込んでいく考え方。売れるものを作るという考え方。プロダクトアウトの反意語。
11　北村慶『「温暖化」がカネになる—環境と経済学のホントの関係』(PHP研究所、2007年)
12　プリンターや複合機、カラー・モノクロ、高速・低速を問わず、すべてのラインナッ

プの新機種に省エネルギー技術を投入し、消費電力の大きい旧機種と代替することによって、お客様使用時の電力消費をトータルで削減することを目指している。
*13* 2007年4月改定のエネルギースター基準に採用されるTEC法(実使用状態を想定した時の消費電力量算出法)による測定方法により、1週間あたりのエネルギー消費量を算出。
*14* 2004年に米国の電気電子業界が制定したサプライヤー向けの行動規範。

# 6章　金融が仲介する官民パートナーシップ

末吉　竹二郎

## はじめに

　地球社会は、多くの困難な課題に直面している。地球温暖化、貧困問題、人権問題、性差別、感染症など、いずれをとっても難問ばかりだ。しかも、それらは解決に向かうどころか、時を経るごとに深刻さを増すばかりである。一方、地球社会は、残念ながらそれらを解決する有力な手段を持っていない。かつて社会や地域の抱える課題の解決は、専ら中央政府や地方自治体、つまり「官」の責任と権限に頼ってきた。ところが、その肝心な官の力に相対的衰えが始まり、官のみでの解決は覚束ないのが実態である。

　では、社会が抱える課題は、放っておいていいのか。勿論、答えは"No"である。どうすればよいのか。そもそも解決できるアクターは、我々の身近にいるのだろうか。世界が模索を続ける中で、俄かに注目を集めているのがビジネスである。グローバリゼーションの進展に伴い、国をも凌ぐパワーを得たのが、ビジネスだからだ。そのビジネスのパワーを、地球社会が抱える問題解決に活用できないのだろうか。ビジネスがそのポテンシャリティを提供してくれたら、問題が解決するかもしれない。いや、すぐに完全解決にはならずとも、少なくとも解決の糸口が掴めるのではないのか。そんな社会からの悲痛とも言える期待が高まっているのが、今日の世界である。

　様々な課題を克服し、現代世代が将来世代にその責任として"Sustainable Society"を残すには、官と民のコラボレーションができればうまくいくに違

いない。とはいえ、放っておいて官と民が簡単に結びつくものではない。そのためには、何らかのチャンネルないしは接着剤が必要である。誰がそれをやるのか。それは「金融」ではないのか。「金融」がその役割に目覚め、その機能を活用すべきでは。そんな視点から、官民の協力のあり方を考えてみたい。

## 1 国連環境計画・金融イニシアチブ

　サステナブルな社会を創るには官民パートナーシップが必要だといっても、実際にそんなものがありうるのだろうか。答えは"Yes"。その典型例として、筆者が関係する「国連環境計画・金融イニシアチブ(UNEP FI)」に触れてみたい。日本ではあまり知られていないが、FIは世界の環境金融推進の中心にいる。その活動を覗いてみよう。

　FIは、UNEPと世界の金融機関が「環境配慮型金融」の拡大を目指して始めたパートナーシップだ。1992年のリオ・サミットを契機に、欧州の銀行6行とUNEPとの間で始まった。やがて地球環境問題など多くの世界的課題が深刻化するにつれ、パートナーシップの陣容は順調に拡大、今では180もの有力金融機関が参加している。国連の持つパートナーシップの中では最大である。環境に配慮した金融活動を世界に広めるのがミッション。調査・分析、セミナー、国際会議、教育など様々な活動を展開している。

　UNEP FIが始まった直接のきっかけが面白い。1992年のリオ・サミットの事務局として準備に当たっていたUNEP内から、こんな意見が出た。UNEPが1972年に始まって以来、プライベートセクターといろいろ協調してきたが、銀行員は一人も顔を見せない。協力は、全て産業界からだ。なぜ銀行員は現れないのか。「これはおかしい」となり、欧州の銀行に呼びかけたのが始まりだという。一見、銀行と環境問題は結び付きにくい。だが、よく考えると、関係は大有りである。あらゆる経済行為が環境に大なり小なり影響を与える。その経済行為に世の中のお金の流れを通じて関わるのが金融である。とすれば、環境問題の解決に役立ちたいと思う金融はその融資判断のプロセスに環境の視点を反映させるのは至極当然なのである。

環境保全の視点から融資のあり方を見直せば、環境問題の解決の糸口が見出せる。お金の流れが変わらねば、何の変化も起きない。そう考えた欧州の銀行6行が「すぐに手伝いたい」と申し出て、環境に配慮した金融を広げる運動がスタートしたのである。

現在では、日本からは3大金融グループをはじめ18もの金融機関が名を連ね、一国としては最大の国の一つとなっている。商業銀行、地方銀行、信託銀行、損保、生保、証券、投資信託など、幅広い金融機関が18機関、参加している。

## 2 広がるFIのテーマ

もともと環境問題から始まったFIであるが、その後テーマは大きく広がることになる。2007年10月に豪州はメルボルンで開催されたRound Table Meeting（FI主催の国際会議）での議題を見ると、例えば、"Water（水問題）"。世界の人々に安全な水を供給するのは喫緊の世界的課題だが、日本の金融機関の間ではまだまだ関心は低い。"Biodiversity（生物の多様性）"も、非常に重要なテーマだ。それから"Human rights（人権問題）"と続く。環境から始まった対象は次第にその周辺部分に新しく浮上す課題を取り上げ、世界の流れに乗り遅れない金融機関のあり方を追及しているのである。

ここで、具体的な活動を1～2紹介したい。FIのメンバーが一同に会するのは、年一回開かれる年次総会である。だがFIの中心的活動はワーキンググループが受け持っている。

例えば、アセットマネージメント・ワーキンググループというのがある。非常に活発なグループの一つだ。世界の大手投資信託や証券会社約10社がメンバーとなり資産運用に直接かかわる問題、例えば「気候変動問題が投資に及ぼす影響」などのテーマで勉強し、その結果をレポートする。最近のレポートの一つが、"Material Report ⅠⅡ"である。materialというのは「非常に影響が大きい、甚大な」という意味だが、この言葉を使用した背景には、「環境問題、なかんずく地球温暖化問題、さらには企業の社会的責任、そ

してガバナンスといった非・財務的要因が投資パフォーマンスにマテリアルな影響を与え始めた。そんな時代には投資は何を考えて行動すべきか」という問題意識がある。換言すれば、「企業や産業や社会が温暖化問題などにもっと真剣に取り組むようにするには、投資のあり方、投資判断のあり方を見直すべきだ。では一体何が投資判断に新しく反映されるべきか」という問題提起である。現在、世界で投資のパフォーマンスにmaterialityを与え始めた環境や、社会的責任など（これらを総称してESG問題という）の新しいファクターをどう反映させるべきか。現実に企業がその方向で動き始めているのであれば、capital marketはそれをどう受けとめて投資の判断に反映させていくのか。このようなことが議論されているのである。

## 3　世界の問題はどういうプロセスで提起されるのか

　もう少しFIの活動の仕方を紹介したい。ワーキンググループが扱うテーマは「これは非常に重要。専門チームを設置し、予算もつけて活動させよう」というレベルのものである。だが世界には、顕在化し注目されるには至ってないが、先々必ず重要テーマになると予想される予備軍的課題が山積している。時間が経てば間違いなくそうなると専門家は見ているが、世間はまだそこまでには至っていない。だからそのまま放置していいのかというと、決してそうではない。早く世の中に警鐘を鳴らしたい。早く行動し、問題の広がりを少しでも抑えたい。問題発生は回避できなくとも、深刻化は防ぎたい。そのような問題意識で、世界の将来の課題を扱うのが、英語で"work stream"と呼ばれる勉強会である。いわばワーキンググループの卵だ。FIでは、そのような思いで、安全な水の問題や人権問題、生物の多様性が議論されているのである。

## 4　世界の良心

　ここで触れておきたいことがある。こういった活動を支える献身的なボ

ランテイアについてである。つまり、ワークストリームの参加者は手弁当だということである。世界に散らばる人々が、ある時は電話会議をやり、ある時にはどこかに集まり議論する。そしてまた別れて半年後に会う、ということで問題解決への道筋が作られていく。このような活動、いわばアヒルの水かきを見ていると、世界には、自らの時間とエネルギーとお金も負担しながら、世界の問題を自分たちの問題として取り上げ、その成果を皆でシェアしていくという素晴らしい人びとによる水面下の献身的活動があるのがよく分かるのである。いま、世界には問題が山積している。暗澹たる気持ちになることもないではない。だが、そんな気持ちを吹き飛ばす良心を持ち、対価を求めず世界のために汗を流す人たちもまたたくさんいるのである。我々は、こういった陰で世界を支える人々のことを忘れてはならない。「このような人々がいるからこそ、世界は保たれている」と言っても、決して過言ではない。

2007年、アル・ゴア元米副大統領と共にノーベル平和賞を贈られたIPCC（気候変動に関する政府間パネル）という組織がある。IPCCは、1988年に地球温暖化問題を科学者の立場から研究し、国連加盟国の政策決定者にその成果を提供するという任務を負っている。日本からも多くの科学者がその活動に参加しているが、このメンバーも実は手弁当なのだそうだ。インド出身で、髭をたくわえた独特な風貌で、いまや世界の顔となった感のあるパチャウリ議長も、ボランティアで活動している。世界を飛び回り、あれだけ時間を割いても、それに対する報酬が出ない。このような献身的な人々が、世界を裏から支えている。言葉で表せぬ素晴らしさだ。

こういった国際社会における活動の裏面を知ることは、これから日本において官と民が協力を進める上で参考になることが多いのではないだろうか。

## 5　なぜ、官民パートナーシップが必要か

ところで、官民パートナーシップはなぜ必要になってきたのだろうか。なぜ要求されるようになったのだろうか。現代社会を取り巻く状況として、

第一は、地球社会の直面する課題は、時間の経過と共に深刻さ、複雑さを増してきていることがある。課題は簡単に解決できないのである。
　第二は、解決能力を持った主体がなかなか見つからないことである。社会が明らかに解決能力を失いつつあるのだ。現代社会には、3つのアクター、官と市民とビジネスが存在する。近年、3つのアクター間の力のバランスが崩れてきたということが、問題解決を難しくしている。歴史的には課題解決の主体の責任を負ってきた政府、地方自治体、「官」のパワーが、非常に衰えてきた。かつては政府の声一つで問題が解決できたのが、いまではもう問題解決できない状況が生まれているのである。
　そうした事態に対し、力を得てきたのがビジネスである。言うまでもなく、グローバルにオペレートしているビジネスは、地球上の多くの国よりも、はるかに資金を持ち、技術もあり、人材も揃っている。ビジネスのキャパシティが国をも凌ぐ時代になったのである。加えてもう一つのアクターである市民の意識も、大きくかつ急速に変わり始めた。こんな社会の変化こそ、官民パートナーシップを求める背景ではなかろうか。

## 6　NGOの役割

　ビル・クリントンがこう述べたことがある。大統領職を終えた後のインタビューの中で、「大統領、20世紀を振り返ってみて最も歴史的に大きな変化は何だと思われますか」という質問に対して、「それはNGOの台頭だ」と即座に答えた。彼の目から見ると、20世紀の歴史の中で最も特筆すべき展開は、NGOの登場だというのである。日本が生んだ有名な歴史学者も著書の中で、「21世紀を動かすのはNGOだ」という趣旨を述べておられる。こういった発言を待つまでもなく、これからは世界はNGO抜きには動かない。社会も変われない。とすれば、NGOをどう活かすかということが、これからの日本の社会の大きなテーマとなってくる。日本社会がキャパシティの大きいNGOをどう育てていくのか。どうしたら強いNGOを持てるのか。良いNGOを持たない社会こそ不幸だと思うようになるのか。良い

NGOの存在の意義は、市民社会だけに止まらない。絶えず市民社会、消費者の目線からビジネスを見てくれるNGOが、その健全な発展にとっても欠かせないのである。

ここまでNGOの存在を社会の中心に押し上げた要因は、なんと言ってもインターネットの発達である。フラット化する世界では、情報は一夜にして全世界に共有される。これは、政治やビジネスにとってリスク要因だ。例えば、ある企業がNGOからターゲットにされると、一夜にして世界中が敵になる。逆も然りだ。あっという間に味方が世界中に広がるということもある。最早NGOは、社会のコアなのだ。

## 7　ビジネスの新しい責任とは

このような状況の中で、ビジネスが負うべき新しい責任を考えてみたい。最近の新しい流れで表現すれば、「企業は社会とインタレストを共有すべき」ということになる。社会の直面する問題を脇においたまま、ビジネスだけが自らの利益のみを追求し続けていてよいのかという問題提起である。それはこういうことである。世界の問題を考えるのがUNだとすると、UNが直面している課題は世界の課題となる。とすれば、ビジネスがUNの直面する課題、すなわち世界の課題をどこまで自分たちの課題として認識し危機感を共有化できるのか、という問題提起がなされていることになる。例えば、毎年スイスで開かれるダボス会議は、いま世界が何を考え、何を心配しているのかという空気を読むには絶好の場といわれている。そこで採り上げられるテーマは、地球温暖化問題や貧困問題、あるいはアフリカ問題である。日本のビジネス界ではあまり話題になりえないようなテーマが、実は世界のビジネス・リーダーの間では語られている。この流れが進めば進むほど、UNなど官が抱える課題とビジネスが抱える課題が徐々に近づき、円の重なりが次第に大きくなってくる。やがては同心円になっていく。そういう時代に入ったという認識が日本のビジネスに強く求められているのである。

## 8　企業はなぜ特典を与えられているのか

　ここで企業の社会の中におけるあり方を考えてみたい。そもそも企業はなぜ存在が許されているのかと言う問題である。普段はなかなか実感することないのだが、企業はビジネスを行う上で様々な特典やライセンスを政府などからもらっている。当たり前のことではあるが、なぜそのライセンスや特典は、ビジネスに与えられているのだろうか。

　企業には、個人では絶対もらえない特典がたくさん与えられている。例えば国籍。国民は普通パスポートは1冊しか持っていない。つまり、日本人は国籍は1つしか与えられていない。では、企業はどうだろうか。多国籍企業は決して珍しくない。普通といっていいだろう。なぜ社会は、最も大切な存在である人間には1枚しか与えないパスポートを、企業だけには複数与えるのだろうか。

　もう一つの例をみてみよう。個人事業で損失が発生すると、その弁済は最後の1円までその個人にふりかかってくる。個人破産するまで、借金の返済が追いかけてくる。一方、株式会社でビジネスをすると、いかに借金を作り会社を倒産させようとも、いくら負債が残ろうとも、その返済義務は株式への出資金が消えるだけでおしまいとなる。働いている人は社長であれ、従業員であれ、有限責任で終わる。なぜ株式会社にはそのような特典があり、個人には負債が負いかぶさってくるのだろうか。

　例に挙げたような特典がビジネスに与えられるのは、ビジネスと社会の間に「暗黙の契約」があるからだというのが、欧米での考え方である。株式会社がライセンスや特典をもらうことを許されるのは、「究極的には社会のためになる」からこそである。会社法の手続きを満たしたからではない。「暗黙の契約」をバックに、政府関係者や当局が付与している。彼らは一見あたかも自分の権限で付与しているように見えるが、本当の付与権限者は社会そのものである。当局者の裏には絶えず国民がいて市民がいて、それらの人々が政府を通じてビジネスにライセンスを与えているのだ。このライセンスは、"A Social License to Operate" といえよう。このように考えると、社会

の問題を自らの問題として考えないビジネスはありえないということになる。

地球や社会やコミュニティが病気になれば、そこで行われるビジネスが健康でいられるはずがない。それは、銀行であれ何の商売であれ、同じである。このように考えると、「ビジネスは社会とインタレストを共有すべき」という社会からの要請は、当然のこととなる。

## 9　金融の社会的責任

社会からの要請が高まっているのは、普通のビジネスに限ったことではない。金融の世界にも、様々な新しい要求が出てきた。その流れを表す2つの言葉を紹介したい。一つは、"Not with my money"である。「私のお金を使わないで」という意味だ。一般的に、預金者が銀行に預けたお金は、銀行の判断一つで様々な事業や企業に融資される。これは、預金者の目の届かないところで、お金の行く先が決められていることを意味する。ところが、「そのお金の貸出先が企業であれプロジェクトであれ、環境を破壊する、社会を壊してしまう、そういうことに使われているとしたら、私はそんなのは嫌ですよ」という声が出始めたのである。これまでは、銀行に預けた

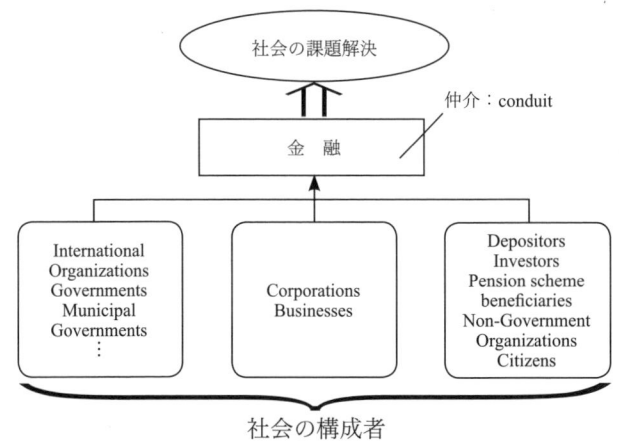

**図-1　金融の新しい役割**

お金の使われ方より、元本が必ず返ってくるかとか金利はいくらかが大事なポイントであり、どこにどう使われようと関心はなかった。ところがここへきて、「私が預けたお金は、社会のためになることに使ってほしい」、「社会のためにならないことには、私のお金を使ってほしくない」という社会からの要求が強く出始めたのである。極めて健全な社会からの声である。

　もう一つは、"People's savings meet society's goals"だ。市民や国民や消費者が一生懸命働いて、その中から蓄えたお金、一番の良い例は年金基金であるが、年金は将来のためにセーブするお金だ。そのお金を蓄えた人々が構成する社会の将来の目的に合致するようなものに使ってほしい、ということである。年金のお金は、将来の年金支払いのために、株式などの金融資産に投資され、運用される。銀行預金と同じく、年金加入者は自分のお金がどこに投資されているのか、これまで関心を持ってこなかった。日本の公的・私的年金の元本は約200兆円とも言われるが、そのような巨額のお金が一体何のために使われているのか、どこで運用されているのかということを、もっとみんな知ろうじゃないか。できれば、そのお金を温暖化防止のビジネスやプロジェクトに使えないのか。市民は、もっと自分達のお金の使われ方に疑問や関心を持とう。世界では、このような変化が出てきている。

## 10　市民の役割は？

　市民は、実に様々な役割を担っている。タックスペイヤーであり、投票もする。全ての人が消費者である。預金者であったり、投資家であったりもする。中には選挙に出て議員になる人もいる。このように考えると、市民も、社会における様々な役割に応じた新しい責任を考えるべきではないだろうか。タックスペイヤーの立場に立てば、自分が納めた税金は一体何に使われているのかは、当然の疑問である。そこで、その回答を政府に求める。仮にその回答に満足しないのであれば、違った政策・政治を求めて、今度は投票者の立場で行動する。つまり選挙で投票するのだ。

2007年11月に行なわれた豪州の総選挙で、労働党政権が11年ぶりに政権に返り咲いた。その背景には、ここ数年続いた干ばつが国民の温暖化問題への意識を大きく変えたようである。筆者も選挙直前にメルボルンを訪ねた折に、地元の人々から、ここ数年の干ばつが国民の意識を変えてしまったとの声を、多く聞いた。ハワード首相の政策は、温暖化に一歩も二歩も距離をおいていた。京都議定書のグループIの先進国で、議定書を外れたのはアメリカとオーストラリアなどわずかだ。温暖化に熱心でなかったハワード首相を、温暖化に目覚めた国民は落選させ、政権党を変えたのである。

いま"Green Vote"、すなわち環境の視点から政党や候補者を決めるという流れが、静かにパワーを持ち始めている。豪州のケースは、初めての「気候変動選挙」といわれている。日本の投票者も、そのような意識をどこまで持てるか。消費者という立場で、環境対応に努める、あるいは$CO_2$を減らそうと努力する企業の商品やサービスを購入することで、そのビジネスや企業をどう支援していくのか。このようなことが、非常に重要になってくるであろう。

## 11　政治の役割

中央政府や地方自治体の責任は社会が向かう方向をはっきりと示すことである。

政治が方向性を示すことは、特にビジネスにとって極めて重要である。多くの事業はその成否の判断には長期間を要する。大型プロジェクトなど巨額の投資を必要とする場合、投資家や事業家は、政治が長期の方向を示さねば、なかなか投資判断することが出来ない。大型プロジェクトは、事業のライフタイムが非常に長い。5年どころか10年、20年、30年の長期にわたって大型投資を回収するということも少なくない。とすれば、ライフタイム中に政策が右に左に頻繁に変わるようであれば、誰も投資できない。数年後に政策が逆転する心配があれば、絶対長期投資は実行されない。こう考えると、社会が進む方向を示すことは、政府の責任として重いことが

よくわかる。

## 12 地方自治体と金融の協力

　周知の通り、東京都は、このところきわめて意欲的に環境問題に取り組んでいる。特に、地球温暖化問題では「10年後の東京」のあるべき姿を示し、そこへの政策誘導を始めた。東京都は2020年までに電力エネルギーソースの20％を自然エネルギーに置き替えると公約した。さらに、2020年までに、東京都の$CO_2$排出量を25％削減するということも宣言した。その実現を目指して、大口排出事業者に削減義務を課すとともに、経済効率性の高い制度にするために排出権市場を導入するとも宣言した。「中央政府が動かないからこそ、自分たちがやる」と宣言して、その方向に動き始めている。

　その東京都が金融機関との協力を始めた。東京都が環境行政に方向性を示し、それに沿うように都内の民間金融機関が金融商品の開発で側面支援をする。これが世界で初めての「環境金融プロジェクト」だ。一例だが、都内に新しいマンションが建つと、都は環境格付けをする。最もハイランクの格付けを得たマンションの購入者が、銀行に住宅ローンを申し込むと、一般より金利が安くなる。つまり、東京都がマンションの環境格付け向上を推進するために、高い格付けを与える。それを買いたいという人に、金融機関が金利を安くして、買いやすい状況を作る。このようなコラボレーションが、もうすでに始まっている。

## 13　SEFIの動き

　次に、自然エネルギーの推進における金融界の動きを紹介したい。"Sustainable Energy Finance Initiative (SEFI)"というのがある。UNEPが外部のNGOと一緒になり、Sustainable Energyを推進する上で金融に何ができるのか、自然エネルギーへの金融支援が求める法律や社会的システムはなにか。そのようなことを研究し、その結果を広めようとして始まった。な

6章　金融が仲介する官民パートナーシップ　119

```
□技術革新の促進
　商業化以前の金融ギャップを
　公的資金で埋める仕組み

〈SEFI Japanの狙い〉
　地方自治体、金融、産業界、学会、NGO、他
```

図-2　SEFI Public Finance Network

かにはSustainable Energyを進めていく上で公的資金、つまり税金の果たす役割は何かなども議論されている。先般、パリで1回目の会議が開かれた。これに倣い、日本でもSEFI Japanともいうべき活動が始まった。日本においてSustainable Energyを進めていく上でどのような障壁があるのか。行政上どのような問題があるのか。銀行がお金を出していく上で、どのような問題を解決しなければいけないのか。メーカーが風力発電、太陽光発電を広めていく上で、何が問題になってくるのか。住宅産業からどのような意見がでるべきなのか。このようなことを議論する場としての役割が、期待されている。話が横道にそれるが、このような会議体は、欧米では普通にある。多くの関係者が同業他社もふくめて社会全体のために議論する場だ。残念ながら、日本にはそういう場が殆どない。SEFI Japanが、その役割を果たせればよいと思う。

## 14　「責任投資原則(PRI)」の登場

　この稿を終えるに当たり、官と民のコラボレーションのあり方の一つを示す動きを紹介したい。「責任投資原則(PRI)」である。2006年4月、コフィ・アナン前国連事務総長が発表した原則である。世界で大きなお金を動かしている機関投資家、すなわち年金基金等の大口投資家が、株式を買うか買わないかの判断に、お金だけではなく「環境(E)、社会的責任(S)、ガバナンス(G)」を考慮していく。お金で換算できない重要なファクターを、投

資判断に反映させていこうではないかという原則が生まれた。

　これは国連主導で話を進めたが、この原則策定の作業には世界の大手金融機関20社と専門家80名が参集し、1年半もの時間をかけて作り上げた。当初、65機関、彼らの持つ運用資産が2兆ドルで始まったのだが、2008年1月では300機関に、そして運用資産は13兆ドルを超えた。「責任投資原則（PRI）」は急速に世界に広まっており、やがて投資の世界でのバイブルになっていくだろう。これも官民パートナーシップの1つの形態ではないだろうか。

## おわりに

　21世紀の地球社会は、解決困難な課題に直面している。そのような社会では、全てのアクターが、それぞれ一歩前に出て、コラボレートしていく。3つのアクターの中心に新しいコモンズの領域を作り、皆で問題解決にあたる。そんな官民パートナーシップなしには、もう課題解決はできなくなってきたのではなかろうか。

［参考文献］
末吉竹二郎『日本新生　21世紀の切り札はCSR（企業の社会的責任）』（北星堂書店、2004年）
末吉竹二郎・井田徹治『カーボンリスク―$CO_2$・地球温暖化で世界のビジネス・ルールが変わる』（北星堂書店、2006年）
末吉竹二郎『有害連鎖』（幻冬舎、2007年）

# 7章 ISO26000(社会的責任規格)策定とその意義

関　正雄

## 1　ISOとサステナビリティ

　ISO (International Organization for Standardization : 国際標準化機構) は1947年に設立された民間組織である。フィルムの感度やネジのサイズ、非常口表示の視覚デザインなど、生活に密着したさまざまな規格を生み出してきた。既に約16,000の規格が存在し、今でも毎年1,000もの新規格を生み続けていると言われている。その結果、技術的な互換性、信頼性、効率向上などの効用だけではなく、標準化による新たな知識の普及、技術進歩の共有、生活水準と利便性の向上などの社会的価値をも生み出してきた。

　そのISOが、2010年の発行をめざして社会的責任の規格ISO26000の開発に取り組んでいる。その意図について規格開発を提案したISO副会長、イスラエルのジバ・パティール氏は、ISO26000の広報資料のなかで「我々は皆、持続可能で公正なよりよい世界に住みたいと願っている。しかしそのために我々は個人として、組織として、社会として、何をしているだろうか？」と問いかけ、さらに「ISOはグローバルな相互関連性を強める政策を展開してきたが、今日、社会的責任以上にグローバルな関連性の強い分野はほとんどない」とその開発の意義を訴えている。

　ISOとパティール氏がいう「持続可能性」や「公正」とは一見結びつきにくいが、実は2004年に策定されたISOの戦略プランでは、その副題に「持続可能な世界への国際標準」を掲げ、国際標準化においてサステナビリティ

経団連エキスパート撮影　2007年ウィーンで開かれたISO26000総会

という視点をもつことを組織として宣言している[1]。さらに、2007年の技術管理評議会決議のなかではISOとサステナビリティとの関係について言及し、ISOとしてこの問題をどう取り扱うか戦略的なタスクフォースを設置して議論を深めることを決定している。

　こうした動きの背景のひとつには、ステークホルダーによる働きかけもある。例えばISOのもつ影響力を持続可能な発展に活用できないか、という問題意識で活動しているのがNGOのネットワーク、INNI (International NGO Network on ISO) である。早くから主に環境分野でのISOの影響力に着目し、その開発・改定プロセスへのNGOなどステークホルダーの参画を働きかけてきた。INNIのコア・メンバーは今回のISO26000規格策定作業部会にも参画し、積極的に規格策定に貢献している。

## 2　ISO26000開発の経緯

　これまでにもISOはその対象領域を技術標準から次第に拡大し、消費者保護や環境保全など特定の分野で社会的価値実現をめざす組織マネジメントの領域に踏み込んできた。しかし、持続可能性や公平といった普遍的な理念そのものを対象としてその実現をめざす規格づくりに乗り出すことは、ISOにとっても新たな、大きなチャレンジである。

従って、規格策定の可否や実現可能性をめぐる長い予備的な検討が行われた。2001年4月、ISO理事会では企業の社会的責任(CSR: Corporate Social Responsibility)規格作成の検討を消費者政策委員会(COPOLCO)に要請した。その後同委員会の報告を受け、2002年9月には高等諮問委員会(SAG)を設置し、規格化への検討をより深めることとなった。SAGの議論の中では当初CSRという言葉を使用していたが、その活動が労働者、地域社会、環境その他に社会的影響を及ぼす組織は何も企業だけではなく、また幅広い組織への適用がこの規格の重要度・意義を増すとして、最終報告書ではSR(Social Responsibility)となった。

その後2004年6月にストックホルムで開催されたISO国際会議では、経済発展と世界市場への進出をもくろむ途上国グループが、乱立するCSR規格への適合を求められる現状は非関税障壁だとして統一基準の策定を歓迎し、一斉に賛成にまわったことが規格開発の意思決定に大きなモメンタムとなった。翌2005年の3月、ブラジル・サルバドールで開催された第1回会議から規格策定の作業部会がスタートしている。

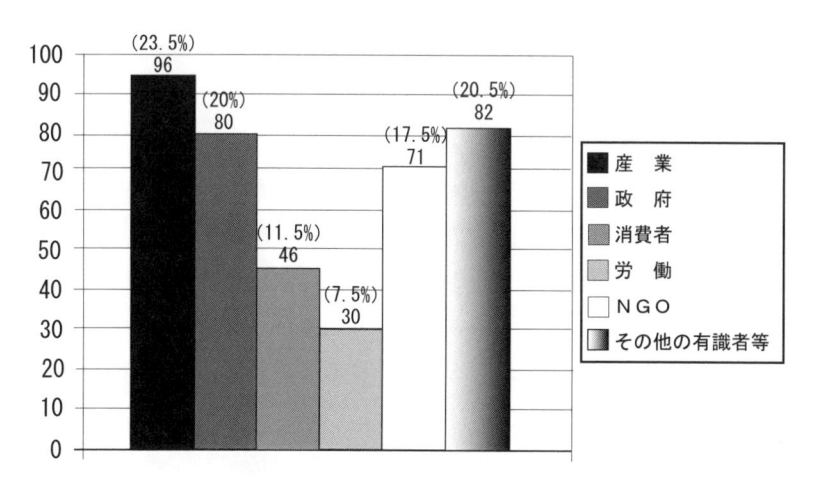

図-1　ステークホルダー別のエキスパート人数

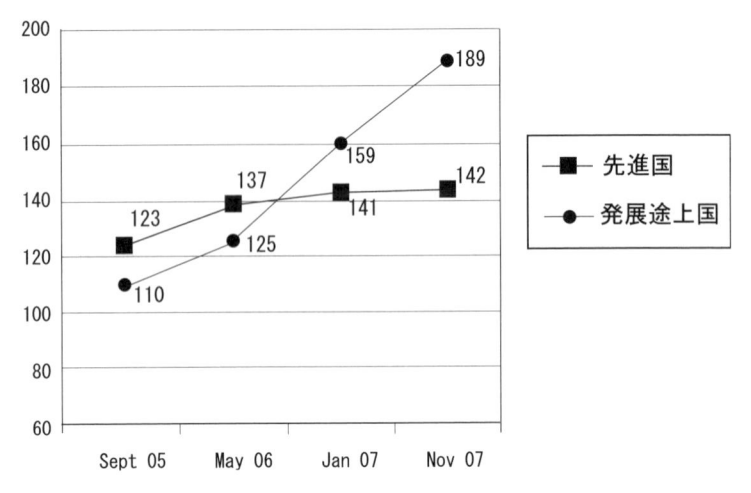

図-2　先進国・途上国別のエキスパート人数

## 3　策定プロセスの特徴

規格策定の作業部会にはISOとして全く初めての革新的な試みが取り入れられている。それは、「政府・労働・企業・消費者・NGO・その他有識者等」[2]という6つのカテゴリーからなるステークホルダー・グループが、どのグループも優越的な地位を占めることがないように特別な構造をもった作業部会を設置し、全ステークホルダー・グループの合意に至るまで議論を尽くすという、ユニークなマルチ・ステークホルダー対話による規格開発プロセスである（図-1）。また、途上国の参加にも特別な配慮がなされている。途上国エキスパート（作業部会委員）の会議参加旅費を支援するファンドが設立されているほか、途上国エキスパート向けの啓発セミナーを作業部会の都度、併設開催している。また、議長団は先進国と途上国がペアで務めるツイニング方式が採用されている。こうした配慮もあって過去に例がないほど多くの途上国が参画し、作業部会の都度増えてきた途上国エキスパートの数は、2007年2月に開催された第4回シドニー作業部会でついに先進国を上回った（図-2）。

2007年11月現在、78ケ国、37国際団体（UN、OECD、ILO、GRI、WBCSD等）か

ら395名というISO史上最多の登録エキスパートによって規格策定作業が進んでいる。「多様性」はこの作業部会のキーワードであり、様々な小規模の内部検討チームを設置するたびに、6つのステークホルダー・グループと先進国／途上国という2つの軸でメンバーを選出する。従って代表メンバーを構成する最小の単位は12人である。また、選出された代表メンバーの地域やジェンダーのバランスも常に意識されている。ISOにとってもこのような多様なステークホルダーと多くの途上国代表が参画する作業部会の運営は初めてのことであり、規格策定作業の傍ら必要な作業部会の運営ルールをその都度、いわば走りながら競技のルールを決めるような形で作ってきた。

## 4　現段階での規格草案の概要

2005年2月の第1回サルバドール会議以降これまでに5回の作業部会が開催され、第3次草案にまで至っている[3]。しかしまだボリューム圧縮、分担執筆した草案の一貫性やトーン統一などの改善が必要であり、作業部会での草案採択までには時間を要する。従ってその後の国ごとの国際投票による承認を経て発行されるのは、当初予定よりも遅れて2010年9月となる見通しである。

ISO26000規格開発の前提は、
(1) すべての組織に適用可能な
(2) 第三者認証を目的としない
(3) ガイダンス文書

である。よって、環境ISO14001のように規格要求事項への適合性を第三者が審査する、いわゆる認証規格ではなく、組織の主体的な取組を促し導く手引き書と性格づけられている。

最新の第3次草案で述べられている規格の内容は、策定の背景、社会的責任の定義、重要な原則の解説に始まり、「環境」「人権」など7つの「核となる社会的責任の課題」(表-1)を解説し、最後に組織が実践するための方法

**表-1 核となる社会的責任の課題**

> 1．組織のガバナンス
> 2．人権
> 3．労働慣行
> 4．環境
> 5．公正な事業活動
> 6．消費者課題
> 7．コミュニティと社会の開発

を示したものとなっている。特に、「核となる社会的責任の課題」は社会的責任の中身を示すものであり、規格の中でもとりわけ重要な部分である。課題は2階層で記述されており、それぞれの核となる課題の下には、数個の具体的な課題を示している。実はこの課題の整理と合意には1年半以上にわたる議論を要した。優先課題は地域や国情によって異なるし、ステークホルダーの立場によっても切実な課題は異なる。ちなみに第3回リスボン会議では、第1レベルの核となる課題を暫定合意した後に第2レベルの具体的な課題候補をブレーンストーミング的に列挙してみた。エキスパートからの発言が相次ぎ、あっと言う間にその数はそれぞれ40～50にものぼった。ここからグローバルな規範としてとりあげるのにふさわしい課題を抽出しさらにグルーピングして、数個の具体的な課題に絞り込んでいったわけである。

例えば環境の最新草案では日本産業界提案が支持されて「汚染防止」、「持続可能な資源利用」、「気候変動への緩和と適応」、「生態系保全」の4つの具体的課題に収斂したが、この4つで合意するまでに1年以上もの議論を続けてきた。ちなみに、気候変動に関しては、①国内で広く使われている「地球温暖化」に比べてより影響側面に着目した「気候変動」という表現を使い、②温室効果ガスの排出抑制を意味する「緩和」策だけではなく、温暖化した世界に生きていくための「適応」策の重要性を強調している。言うまでもなく人間の安全保障の上からも気候の危機を回避するための緩和策は決定的

に重要であり、世界中の全ての組織が解決への責任を負う、社会的責任課題としては最重要のものともいえるであろう。ただ、気候変動に立ち向かうにはもはや緩和策だけでは十分ではない。既に温暖化の影響は世界各地で顕在化しており、「緩和」と「適応」の両者をバランスよく進めることが必要であるとしている。

## 5 ステークホルダー・エンゲージメントの議論へのひとつの視点

　ISO26000では規格全体を貫く重要概念としてステークホルダーをとりあげており、なかでもステークホルダー・エンゲージメントは社会的責任実践方法の章において詳述され、この規格の特徴となるキーワードといえる。
　一般的に、エンゲージメントはステークホルダー側が組織側に「働きかける」または「意思決定に関与する」こととされる。ステークホルダーが「モノ申す権利」(反面、組織側が「説明する義務」)、と解釈されることも多い。事実、2005年3月の第1回作業部会で設置されたステークホルダー・エンゲージメントのタスクグループで議論をした際には、まずそうした権利義務論にもとづく定義が提案された。確かに、組織を覚醒させ行動変容を促すための、時には激しいステークホルダーからの働きかけも、社会的課題の解決に向けたひとつの手段ではある。しかし、より建設的で新たな価値を創造する次世代のエンゲージメントとは、組織とステークホルダーが双方向に働きかけ、学びあい、課題解決に向けてともに主体的に行動する関係の構築である。それは対話を通じた信頼関係と協働関係の構築プロセスともいえる。上記タスクグループでは議論を重ねた結果、以下のような検討結果をまとめて作業部会に報告している。

(1) ステークホルダー・エンゲージメントとは、意見を交換し、期待を明確にし、相違を示すとともに、共通の基盤を明らかにして問題解決へと導き、信頼を築くような、双方向のメカニズム。
(2) 組織とその全てのステークホルダーズが、互いに受容できる成果

を達成するために、相互に自発的に協力的な関係を構築することをめざすべきである。
(3) これは、重要なステークホルダーが対話し、全ての関係者の社会的責任への期待に沿う前向きな成果を生み出すことによって達成される。
(4) ステークホルダーが自らにとって重要と考えることを述べる機会をもち、また組織はその決定と活動をステークホルダーに説明することが重要4。

　日本産業界ではこうした考えに沿って、2006年3月に独自に提案したISO26000の全文草案の中でステークホルダー・エンゲージメントを次のように定義している。「組織が社会的責任を果たしていく過程において、相互に受け入れ可能な成果を達成するために、対話などを通じてステークホルダーと積極的にかかわりあうプロセス。その目的は相互の自発的な協力関係を築くことであり、意見を交換し、期待を明確にし、相違を述べるとともに共通の基盤を明らかにし、解決方法を生み出し、信頼を築く、双方向のコミュニケーションを含んでいる」。
　気候変動や貧困問題など、現在の地球社会が抱える課題の多くは、原因が複雑でとるべき対策も多岐にわたり、どのセクターも単独では決して解決できない。各セクターの協働のもと、法律の規定や権利義務関係を超えて能動的に取り組まない限り、解決は見えてこない。例えば気候変動でいえば、国連は国家間協議の枠組みを確立し、NGOは政策提言、政府は長期目標設定と政策実施、企業は革新的な技術開発、消費者はライフスタイルの転換、マスコミは啓発活動、といった総力戦で取り組む必要がある。さらに言えば各セクターの力の単純総和で立ち向かうだけでは足りない。お互いが触媒となってそれぞれ相手のセクター内での化学変化をもたらし、プラスアルファの新たな力を生むようなパートナーシップ行動が必要である。また従来型のステークホルダーからの一方向のエンゲージメントではなく、組織からもステークホルダーの行動変容を求める、双方向の

表-2 Stakeholder Engagement / Communication

| | | One way or two way | outcomes |
|---|---|---|---|
| Communication | Disclosure | → | Transparent Information |
| | Feedback | ← | Stakeholder Inputs |
| | Dialogue | ⇄ | Mutual Understanding |
| Engagement | Respective Actions | ⟷ | Trust Building & Partnership |

「働きかけ」や「巻き込み」が必要である。このようにエンゲージメントのめざす成果とプロセスにおける双方向性の重要性を考えると、エンゲージメントの解釈としては、「関与」だけではなく、その語義としてOEDにあるinterlock、つまり「かみ合ってお互いの力が伝わりあう、連動する」ことをも含意すると考えるべきであろう。

こうしたパートナーシップを導くエンゲージメントではまず共通認識の形成がカギであり、問題意識と互いの役割認識が共有されることが前提となる。従ってコミュニケーションはエンゲージメントの必要条件である。その意味で、社会的責任に関するコミュニケーションのための「標準言語」を提供することによってその共通認識形成の一助となるISO26000は、エンゲージメント促進にも大きな役割を果たすことになろう。このように「エンゲージメント」を導くコミュニケーションの重要な役割を理解するための概念整理用に作成した、コミュニケーションとエンゲージメントの関係を示した表を掲げておく(**表-2**)。

## 6　規格の意義をどうとらえるか？

CSRに関しては既に世界中に数百とも言われる、数多くの規格が存在する。しかしそれぞれの規格は課題分野ごと、提唱する団体の立場ごとにさまざまな切り口がある。従って前提となるCSRの解釈はまちまちで、例えばCSRの定義に関しても、これ一つで足れりと言う「世界共通言語」はある

ようでないのが現状である。何故か？　その根本理由は、この分野が発展途上だからである。CSRは環境・社会・経済のトリプル・ボトムラインと同義とされるが、環境はともかく社会のなかで括られる課題は、先に述べた具体的課題候補が多数リストアップされたことからわかるとおり実に多様で、既存規格の力点の置き方も様々である。さらにCSRの推進エンジンとも言うべき、社会的責任報告書やサプライチェーン・マネジメントも、まさに発展途上でどんどん進化を遂げている。また同様にSRI（社会的責任投資）も、伝統的な「社会的信条」を貫く企業評価の手法からサステナビリティを「企業価値に影響する重要な要素」としてとらえる評価手法へと進化を遂げつつある。このように多様な課題が存在し解決手法も進化するダイナミックな環境の下で、企業は先進的な実務事例を積み重ねており、この分野でのイノベーションが次々と生まれている。

そもそも社会的責任行動は組織の強みや特徴を生かして行うべきであり、従って多様かつ個性的であって良い。むしろ、標準化とは矛盾するが、効果的な課題解決のためには型にはまらない柔軟な発想が必要な場合が多いし、「上級者」は標準を認識しつつもそれを超えるイノベーティブな取り組みをしていくべきである。そうした創意工夫に満ちた先進的な取組みが共有され、社会的責任の理解や実践をリードしていく姿が健全である。また組織の行動を規定する経済発展段階、宗教や伝統文化、風土や地域性の違いも考慮されるべきであろう。ISO26000が認証規格になりえない理由は、こうした社会的責任の本質としての多様性と進化するダイナミズムにある。従って規格化は進化を妨げるものであってはならない。むしろ継続的にイノベーションを取り込み、一般化し体系化して選択可能なオプションとして広く世界中の組織に提供する役割を果たしていくべきであろう。

規格開発の意義を考えるうえで重要なのは策定プロセスの特徴である。既存の数百のCSR規格と比べた場合のISO26000の際立った特徴は、その策定へのかつてない参画の幅広さにある。これほど多くの途上国が参加し、本格的なマルチ・ステークホルダー対話によって策定された規格は他にない。発行後はこのISO26000規格はそのまま利用されたり、あるいはより

個別具体的な規格策定の拠り所となるかも知れない。いずれにせよ、影響力の最大の源泉はこの策定プロセスへの参画の幅広さとコミットの深さである。そこから生まれる「自らも参画し、合意した」グローバル規範への当事者としての責任意識が、この規格の存在意義を高めることになろう。

またもうひとつの意義は、普及力をもつISOによって開発されることである。規格の普及に関しては、何といってもISOは人材・組織などのリソースと豊富な経験とをもっている。例えば、作業部会では既にスペイン語、アラビア語、ロシア語など各国語への翻訳タスクがスタートしている。規格発行後速やかに翻訳が進むように、言語を共にする各国間での役割分担や資金集めなどの準備作業に入っている。また、この翻訳タスクは最終ドラフトだけを対象にするのではなく、途上のドラフトも短期間のうちに翻訳している。経過を伝えることで国内関係者の意見を広く求め、規格づくりへの関心と参画を高めようとする意図があるからである。このように、培われた標準化普及のノウハウ、そして既に確立されたISOのブランド力とをもって、先進国のみならず広く世界各国にいち早く浸透させる力は他の組織では真似できないところであろう。

2006年11月に、国連グローバル・コンパクトとISOは、社会的責任基準の普及に関する相互協力の覚書（MOU）を交わした。グローバル・コンパクトはもともと作業部会に参画していたが、加えてこうした連携も、それぞれの基準がより広く浸透するために相乗効果を生むことになろう[5]。特にISO26000は、グローバル・コンパクトの原則を組織が日常業務において実践する際の、具体的で有効なツールとして機能することが期待される。

## 7 企業セクターのリーダーシップの重要性

ISO26000は企業だけではなくすべての組織を対象としたSR規格であり「CSR規格」ではないといえ、企業セクターは当然自らの問題として深く関わるべきである。とりわけ世界の大企業は近年CSR経営を進化させてきた。その実績を活かし、規格策定をリードしていくべきであると考えている。

日本経団連は2004年に「企業行動憲章」をCSRの視点で大幅に見直し、改定した。持続可能性や人権尊重の視点を新たに盛り込み、ステークホルダーとの双方向コミュニケーションを重視する内容に進化させている。さらに「実行の手引き」の充実に加えて新たに事例集を含む「推進ツール」を作成して、実践のヒントとなる先進的な取り組み事例などを紹介している。2007年には実行の手引きの再度の改定を行い、さらにアップ・トゥ・デイトなものになった。海外のCSR団体やNGOなどとの交流の蓄積も反映させて、最新のグローバルな動向をも踏まえた内容になっている。

　こうした経験を生かして、日本産業界はISO26000の作業部会に関して、日本経団連内にタスクチームを組成して積極的に関わっている。規格づくりへのより能動的な関わり方とは、草案の批評者ではなく自ら起草者になることであり、比喩的に言うと「赤ペンでなく黒ペンをもつ」ことである。実際に2006年の第3回リスボン会議では、前述のように日本産業界は規格全文を起草し独自提案として提出した。その主な特徴は①組織の主体的な取り組みを促す現実的で実用的なガイダンスとすることを提案②実効性を高めるカギとしてパートナーシップを導くステークホルダー・エンゲージメントの重要性を強調、などである[6]。ちなみに、規格が実現をめざす本源的価値として次の2点を掲げた。SRにはさまざまな側面があるが、突き詰めていくと、この2つに尽きるのではないかと考えている。

### ①人間の尊厳と多様性の尊重

　人が人としてその生存を保障され、多様な価値を生み、それを享受する主体として尊重される社会。人種・皮膚の色・性別・言語・宗教・思想などの多様性が受容され、それを組織や社会の強みとしていく社会。

### ②持続可能性の追求

　将来の世代のニーズを満たす能力を損なうことなく、今日の世代のニーズを満たす。世代間の公平性が保たれ、社会的に公正で公平な資源配分が行われる持続可能な社会の実現を目指す。

海外に目を転じれば、世界的に進行するCSRへの関心の高まりのなかで、先進企業は早くから社会的責任におけるイニシアチブをとってきた。例えば、そのひとつとしてWBCSD（持続可能な発展のための世界経済人会議）の活動が挙げられる。WBCSDの会員企業は35カ国・20セクターに及び、世界人口の半分に日々製品やサービスを提供していると言われる。1995年の設立以来、政策提言や途上国支援のための活動を続けてきており、この分野における企業の声を代表する機関として評価が高い。調査機関グローブスキャン社によれば、持続可能な発展に貢献する国際機関として、EUに続く第2位の高い評価を得ている。WBCSDでは、メンバー企業のトップが討議して中長期ビジョンと4つの重点分野「エネルギーと気候」「開発」「生態系保全」「企業の役割」を定め、それぞれタスクを立ち上げて政策提言や対話など活発な活動を行っている。たとえば、全世界で大幅なエネルギー効率改善を実現するために、電力・セメントなど産業セクター別に共同研究プロジェクトを設けている。温暖化対策の国際交渉は各国の利害が絡み遅々として進まないが、WBCSDの提唱する国の枠を超えた産業セクター別アプローチは、革新的技術を効率よく世界に伝播することを通じて中長期的に$CO_2$を大幅に削減する可能性を秘めており、バリのCOP13でもその重要性の認識が共有された。また「開発のためのモビリティ」プロジェクトでは、途上国でのモータリゼーションがもたらす環境・社会面での影響や対策に関する共同研究およびステークホルダーとの対話を続け、持続可能なモビリティに向けた途上国政府への政策提言をしている。WBCSDは今回のISO26000作業部会に関しても、エキスパートを派遣して規格策定に積極的に関わっている。ビジネスはイノベーションを生み、社会を変革する力を持っている。持続可能な発展のために今ほどこの力が必要とされる時代はない。また企業はそのイノベーション力を生かすために、政府・市民社会組織・消費者などとのパートナーシップを自ら働きかける必要もあろう。

　企業がこのようにCSRで先行した社会的責任行動における実績や得られ

た知見は、規格づくりに有効活用すべきである。また、そうすることが企業自身にもメリットをもたらす。この規格策定プロセスは、それ自体が数年間にわたる壮大な規模でのステークホルダー対話であり、協働である。幅広いセクターとCSRの実践体験を共有すること、例えばCSR推進現場でどんなジレンマに悩みどう解決してきたかを伝えることは、結果的にCSRの理想と現実への理解を促進する。またステークホルダー側も責任を分かち合い、客体としてではなく自らが主体としてSRの実践を考えること、そしてそれぞれの組織の社会的責任は何が共通で何が固有なのか比較し議論することは、CSRの本質理解につながるであろう。このようにCSRへのステークホルダーの関心と正しい理解が深まる、つまりステークホルダーが成熟することは、企業にとってもプラスに作用するはずである。対話による相互理解は、相互信頼を醸成するからである。

## 8 マルチ・ステークホルダー対話の課題と可能性

今回の規格の特徴である参加型の策定プロセスは、できあがる規格の正統性と影響力の源泉である反面、さまざまな課題も抱えていることは事実である。第3次草案に寄せられた世界中からのコメント数は、ISO史上最高の7,225にものぼった。例えば環境のISO14001の時と比べてみても、今回のコメント数は一桁多い。課題の大きさ、複雑さや関心の高さをも示すものであると同時に、参加国や参加ステークホルダーの多様性を如実に示す数字であろう。これだけの数のコメントを処理しつつ、多数決によらず全ステークホルダーの合意に至るまで議論するので、おのずと時間がかかる。例えば、筆者は環境パートの執筆チームの一員を務めているが、そこにはこの作業部会でのチーム編成の基本である、政府・産業・労働・消費者・NGO・その他有識者、という6つのステークホルダー・グループから先進国・途上国各一人ずつ、計12人のエキスパートが代表として選出されている。フェース・トゥー・フェースの会合はもとより、電話会議、膨大なメールのやりとりを通じてステークホルダー間での合意形成に向け熱心な、時

に激しい議論を続けてきた。直近2007年11月のウィーン会議では、環境パートに寄せられた世界中からの1,015件ものコメントの処理に関して意見を交わし、その反映方針を合意した。コンセンサス・ルールといって、こうした全ステークホルダーの合意をていねいに確認する手順を、作業部会での議論すべてに適用している。

　マルチ・ステークホルダー対話での合意形成には時間と手間がかかる。途上国の意見も含め、辛抱強く全ての意見を傾聴しなければならないし、手続きの透明性と意思決定の説明責任も強く求められる。例えば、1,015件の環境パートへのコメントに対しては、透明性を確保するためにそのひとつひとつにどう対処したかきちんと文書で回答を行い全エキスパートに公開した。

　また、出来上がる規格のクオリティは対話のクオリティにも依存する。多くのステークホルダーが参加する議論をコンセンサスに導くには、議論をリードするそれなりの「技」と参加者側の対話の「作法」が必要である。まず、「技」とはファシリテーション技術である。重要な論点を見いだし議論の拡散を防ぐ、公平な立場でメンバーの意見を引き出す、合意を丹念に確認して文章化する。多様な利害関係者が参加する会議でこうした一連の進行をスムーズに行い、参加者の満足度と求心力を高めつつ納得感のある合意に導くには、高度なファシリテーション技量が必要である。そもそもファシリテータはまず何よりも参加メンバーからの信頼がなければ務まらない。信頼感の元となるのは、均等な発言機会を確保して誰からの意見も公平に聴くこと、意思決定プロセスの透明性を確保すること、そして時には建設的な議論を妨げる意見に対する厳しい態度も必要となる。現在のタスクグループ・リーダー全員が身につけているわけではないが、マルチ・ステークホルダー・プロセスでは特にこうしたファシリテーション能力を問われることになる。

　「作法」では、対話する当事者の建設的な対話姿勢が大きな要素となる。とりわけ重要なのは、誰かに責任を押し付けるのではなく自らも社会的責任を負う主体として発言すること、そして他人の意見を批判するならそれ

を上回る自分自身の提案をもつことである。また、自分の意見が聞き入れられないからと言って同じ意見を繰り返すことはご法度。部分最適よりも全体最適を優先する態度、互いの相違点よりも共通点を多く見いだし、積極的に合意点を探ろうとする態度も重要である。「妥協」という言葉は、こうした対話においては「後退」を意味するのではなく、成果を生むための「前進」と解釈すべきであろう。いかに優秀なファシリテータがいても、参加者が建設的な態度で臨まない限り、実りある合意は期待できない。その意味で、ステークホルダー対話において参加者に求められる能力は、相手と対峙して自己の正しさや優位性を認めさせる「ディベート力」ではなく、共通の未来を見つめ互いに触発されながら解決のアイディアを出しあう「クリエイティブな対話力」[7]である。

　まだ道半ばではあるが、これまで2年半の間幾多の困難を乗り越えて作業部会は合意を積み重ねてきた。この過程で見えてきたマルチ・ステークホルダー対話の課題、そして獲得された「技」と「作法」、その学習効果は貴重な財産として広く共有すべきであろう。

## 9　「CSRからSRへ」の先にあるもの

　冒頭述べたように、SAGの議論にもとづいて企業向けの「CSR規格」はすべての組織を対象とする「SR規格」へと発展的に定義し直された。しかし既にCSRからSRへの流れは内外で実際に始まっている。英国防衛省ではサステナビリティレポートを既に2冊発行しているし、日本でも「大学の社会的責任研究会（USR研究会）」が3年前に設置されて既に研究報告書を2冊出している。日本NPOセンターは「信頼されるNPOの7つの条件」を策定して、透明性や自律性などNPOとしてのガバナンスの浸透を図っている。あらゆる組織が自ら社会的責任課題に取り組み、それぞれのステークホルダーに透明性の高い情報開示を行うことが奨励される時代は、将来の話ではなく既に始まっているとみるべきであろう。

　さらに個々の組織がそれぞれ単独で社会的責任を果たすことに加えて、

サプライチェーンやエンゲージメントを通じて、それらステークホルダーや組織が互いに関わりあい、互いの行動を促して課題解決に取り組むことを目ざすようになってきている。実際、CSRも実践を突きつめていくと、企業だけの力では解決できず、困難な課題であればあるほどステークホルダーの力を必要とすることが多い。前述のWBCSDも、気候変動における政府との政策対話を強く求めているし、消費者をいかに巻き込むか、企業の側からのエンゲージメントに力を入れ始めている。

　ISO社会的責任規格は、基本的には個々の組織内の社会的責任マネジメントへのガイダンスを提供するものであるが、その枠を超えて、このような相互のエンゲージメントによる課題解決への新たなガイダンスともなり得る。そのためには、規格策定への関心をきっかけに、より多くのステークホルダーが各々の役割を議論する機会をもつことだろう。今後規格完成が近づくにつれて関心が高まりこうした議論が活発化すること、そして対話を通じてパートナーシップが理念やお題目ではなく実践されていくことを期待したい。作業部会の議長であるブラジルのジョージ・カジャゼイラ氏も、「社会のすべての人が持続可能性により貢献でき、持続可能性の目標を確認し運用を助ける手段が必要であり、このISO26000規格は『議題を行動へ』と移すための手段を提供するものである」と述べている。

　従来の規格のように少数精鋭の委員だけでつくれば、もっと早くしかもより首尾一貫した規格が完成したに違いない。あえて史上最大のマルチ・ステークホルダー・プロセスという困難な道のりを選択したISOの決断は、ステークホルダー間の対話と協働を促進することによって、その価値が高まるであろう。


[注]
*1* Strategic Plan 2005-2010 (Standards for a Sustainable world) では、ISOのグローバルビジョンとして、
　①世界の交易を促進する
　②品質、安全、安心、環境保護、消費者保護、天然資源の合理的利用を改善する
　③技術やグッドプラクティスを世界中に伝播する

の3点によって経済や社会の発展に貢献する、と謳っている。
2 正式のカテゴリー名称は、グループ自身によってSSRO(Service, support, research and others)と定義されている。
3 最新版を含む各作業ドラフトはISOのホームページで公開されている(http://www.iso.org/sr)。また日本規格協会も日本語訳をWEB上で公開している。
4 ISO26000作業部会の暫定検討タスクの報告書 ITG4 issue paperより。
5 今回のISO社会的責任規格策定へのグローバル・コンパクトによる関与強化、今後の双方の基準開発・改定における事前協議、出版・啓発に関する相互協力、などの条項が盛り込まれている。なお、MOU全文は下記ISO/SRのWEBサイトからダウンロード可能である。http://isotc.iso.org/livelink/livelink?func=ll&objId=547513&objAction=RunReport&InputLabel1=26000
6 日本経団連のホームページにその概要が紹介されている。http://www.keidanren.or.jp/japanese/policy/csr/20060425.pdf
7 齋藤孝(2004)『コミュニケーション力』岩波書店

[参考文献]
デヴィッド・ボーム(2007)『ダイアローグ』英治出版
吉澤正編著(2007)『環境コミュニケーション入門』日本規格協会
原田勝弘・塚本一郎(2006)『ボーダレス化するCSR －企業とNPOの境界を超えて－』同文館出版
谷本寛治編著(2007)『SRIと新しい企業・金融』東洋経済新報社
Stephan Schmidheiny(1992)Changing Course -A Global Business Perspective on Development and the Environment- MIT Press

# 第3部　官と民のシナジーを促進する国連システム

崩れ溶解する南極コリンズ氷河　　UN Photo/Eskinder Debebe

市民集会のため地面を整備する国連ハイチ安定化ミッションのブラジル部隊　　UN Photo/Logan Abassi

# 8章　ディーセント・ワークの実現を目指すILO
### 人権、雇用、格差

長谷川 真一

ジュネーブのILO本部　　　　　　　　© J. Maillard/ILO

　昨今わが国で「格差」に関する議論が盛んである。背景には、一億総中流社会と言われたわが国で格差が広がってきている事実がある。業績好調な大会社のトップ層の収入が大きく伸びる一方、いくら働いてもギリギリの生活を続けざるをえない「ワーキングプア」も増加している。パートタイム、派遣労働などの非正規労働者の若者も増加し、格差の固定化の恐れも指摘されるようになってきた。雇用、労働市場が大きく変化する中で、偽装請負、サービス残業など法に触れる事案も社会問題化しており、働く者の権利を守ることも重要な課題になっている。
　人権、雇用、格差の問題はグローバル化の進展の中で、わが国のみなら

ず、国際的にも大きな議論になっている。ILOの組織した「グローバル化の社会的側面に関する世界委員会」は「公正なグローバル化」と題する報告書(2004年)[1]のなかで、最富裕国と最貧困国との所得格差の拡大という国家間の格差の問題とともに、先進工業諸国をはじめ多くの国で国内的にも所得の不平等が拡大したと指摘している。グローバル化が多くの利益をもたらしている一方、貧困、排除、不平等などが依然として大きな問題であり、これらの社会的問題に取り組む必要性を強調している。

ILO(国際労働機関)は1919年にベルサイユ条約によって国際連盟とともに設立されて以来、「世界の永続する平和は、社会正義を基礎としてのみ確立することができる」(ILO憲章)、「一部の貧困は、全体の繁栄にとって危険である」「労働は商品ではない」(フィラデルフィア宣言、1944年)との立場から、ILO条約などの国際労働基準の策定、監視、技術的な支援を中心に労働者の権利の確保や生活の向上のために多くの活動を行ってきた。またILOの組織面の特徴として、三者構成(政府、使用者、労働者)の機関であることがあげられる。国連の専門機関のなかで政府以外のアクターが意思決定機構に直接参加している唯一の機関である。

本章は、ILOが最近の世界の雇用、労働の変化のなかで発生している様々な課題にどのように取り組んでいるのか、また取り組もうとしているのかについて、特にILO以外のアクターとどのように協働しているのかに焦点をあてて述べていきたい。多くのアクターのなかで、各国の労働組合と使用者団体はILOに直接参加しているという意味において、ILO活動を通じて国際的、社会的責任を負っているといえるのであるが、この現状と課題についても触れてみたい。

## 1 仕事の世界の変化

急速に技術革新が進み、グローバル化が進展している中で世界の仕事の世界はどのように変化しているのか。その主な特徴について簡単に述べる[2]。

世界の失業率は平均6．3％であるが、2005年、6億5700万人の若年労働

力のうち8500万人は失業していた(13.5%)。そして、若年労働者の約半数、3億人が、自分と家族の生活を1日2米ドル相当の水準以上に引き上げることができないワーキングプア(働く貧困層)であった。一方、世界の5－17歳の児童労働者数は2億1800万人(2004年)で、児童の7人に1人が働いている。危険有害業務で働いている児童も1億2600万人に達しており、児童労働の廃絶と若者への雇用機会の創出は重要な課題である。

　世界経済は発展成長を続けているが、その割に雇用機会は十分に創出されていない。また、非典型労働者など脆弱な雇用も少なくない。

　中長期的には世界の人口はこれから高齢化が進む。日本や韓国が先行しているが、少子化は経済の発展や医療水準の向上に伴う世界的傾向である。高齢化が最も進んでいる日本の対応は世界的に注目されている。

　グローバル生産システムの発達などの変化は労働市場にも様々な影響を及ぼしている。農業部門の雇用が徐々に減少し、サービス産業の雇用が増大している。発展途上国では農村から都市への人の移動が増加し、都市のインフォーマル経済が拡大している。たとえば中国では農民工、出稼ぎ労働者の保護が大きな社会問題になっている。世界各地で技能労働者の不足が生じているが、これから高齢化が進むとスキル不足はますます深刻になるおそれがある。

　国際的な労働力の移動も増加している。移民労働者は世界で9000万－9500万人(2005年)と推計されている。一方の極の移民労働者は高い技能を持つ専門職層であるが、他方の極には自国民がやりたがらない、3K(汚い、きつい、危険)といわれる仕事につく移民労働者も多い。農業、清掃やメンテナンス、建設、家事労働など、低賃金で不安定な雇用につき、差別などの問題に直面することもある。移民労働者の10－15％は不法労働者と推測され、最悪のケースでは人身取引とも結びついている。また、家事労働を中心に女性の移民労働者も多く、女性は世界の移民労働者の49％を占めている。

　女性の労働者は増加しているが、男性より正規の賃金雇用についている場合が少ない。そして、女性は同じ種類の仕事であっても男性よりも収入が低いケースが少なくない。

## 2 ディーセント・ワーク(働きがいのある人間らしい仕事)

それでは、このような仕事の世界の変化に対してILOはどのような対応をしているのか。

### (1) ディーセント・ワークとは？

ILOは21世紀におけるILOの使命として「全ての人にディーセント・ワーク(以下「DW」と記述する)を」と主張している。DWは日本語に訳すと「働きがいのある人間らしい仕事」となるが、「まともな仕事」「品格ある仕事」と言ってもいいだろう。

DWは1999年に就任したソマビア事務局長が言い出した新しい言葉であったため当初はILO以外ではあまり使われなかったが、2007年のドイツ、ハイリゲンダムのG8サミットの首脳宣言でも言及されるなど、最近は重要な国際文書で使われるようになってきている。

ディーセントでない仕事としては、質の低い非生産的な仕事、危険な仕事、不安定な所得の仕事、権利が認められていない仕事、男女不平等な仕事などがあげられる。働いてもワーキングプアの生活しかできない仕事、働きすぎて過労死になるような仕事がDWといえないのは言うまでもない。

ILOはDWについて、4つの分野に分けて戦略的な目標を設定している。それは、①仕事の創出(雇用)、②仕事における基本的人権の確保(権利)、③社会的保護の拡充(保護)、④社会対話の推進(対話)である。そして、横断的目標としてジェンダー(男女)平等がある。

### (2) DWに向けての課題

DWの実現のためには、まず雇用機会が創出されなければならない。ILOは経済成長が貧困削減につながる仕事を生み出す傾向が弱くなっていることを懸念している。雇用の創出には適切な経済政策が不可欠であり、ILOはDWと生産的な雇用を経済政策の中心に据えることを主張している。2007年7月の国連経済社会理事会ハイレベル会合の合意ではILOの主張が

**表-1　ILO条約（中核的労働基準）**

| | |
|---|---|
| 1 | 結社の自由及び団体交渉権 |
| | 　　第87号　結社の自由及び団結権保護条約(1948年) |
| | 　　第98号　団結権及び団体交渉権条約(1949年) |
| 2 | 強制労働の撤廃 |
| | 　　第29号　強制労働条約(1930年) |
| | 　　第105号　強制労働廃止条約(1957年) |
| 3 | 児童労働の効果的な廃止 |
| | 　　第138号　最低年齢条約(1973年) |
| | 　　第182号　最悪の形態の児童労働条約(1999年) |
| 4 | 職業・雇用上の差別撤廃 |
| | 　　第100号　同一報酬条約(1951年) |
| | 　　第111号　差別待遇(雇用及び職業)条約(1958年) |

取り入れられ、「完全で生産的な雇用、及び女性と若者を含むすべての人へのDWという諸目標を、ミレニアム開発目標の達成に向けた努力の一環として、関連する国内及び国際の政策並びに貧困削減戦略を含む国の開発戦略の中心的な目的にすることを決意する」とされた。

「権利」の分野ではILOは1998年に「仕事における基本的原則及び権利に関するILO宣言」を採択した。そして、「結社の自由及び団体交渉権」「強制労働」「児童労働」「職業・雇用上の差別」の4分野の8条約（これを、中核的労働基準と呼び、180以上に及ぶILO条約のなかでも基本的な条約とされている。**表-1参照**）については、ILO加盟国は条約を批准していなくてもこれらの原則を尊重、促進、実現する義務を負うこととした。

中核的労働基準は雇用、人権分野の基本的原則として、最近ソフトローと呼ばれる様々な基準のなかでも引用されるようになってきている。国連のグローバル・コンパクトでも労働の分野の基準にはこの中核的労働基準が使われている。ISO（国際標準化機構）で作業中のISO26000（社会的責任規格）でもこの中核的労働基準を中心に議論されている。

### (3)　社会的保護の分野の課題

「社会的保護」の分野は労働条件の最低基準、社会保障、労働安全衛生、労働時間などILOが古くから取り組んできた課題が多い。

年金や医療保険、失業保険や労災保険などの社会保障は先進国ではほとんどの労働者が適用を受けているが、世界全体では人口の半分以上がまったく適用を受けていない。多くの発展途上国にとってインフォーマル経済で働いている労働者への社会保障の拡大は大きな課題である。コミュニティーをベースにした小規模健康保険など様々な試みが行われている。

　毎年200万人以上の労働者が労働災害や仕事に関連した疾病で死亡している。職場の安全衛生の確保はDWの中心的な課題の一つであり、ILOは労働災害を減少させてきた先進国の経験を発展しつつある途上国に生かすことに努力している。世界中の職場で予防的な安全衛生文化を創出し、適用することが重要であり、この点で労使団体、企業の労使が果たすべき役割は大きい。

　HIV／エイズへの対応も大きな問題である。労働年齢にある人々のうち4000万人がHIVに感染しており、この20年間にアフリカを中心に世界で2800万人の労働力が失われたと推計される。ILOは感染の予防と差別からの労働者の保護のために2001年に「HIV／エイズと仕事の世界に関する行動規範」[3]を作成し、広めている。

　移民労働者の社会的保護も重要な課題で、特に不法労働者の増加は差別や劣悪な労働条件につながりやすい。移民の送出国と受入国の双方の発展に移民労働者が積極的に貢献できるような環境整備が必要である。移民労働者に関するILO条約は二つあるが、最近の状況変化を受けてILOは移民労働力のよりよいマネージメントを目指して「労働力移動に対する権利基盤アプローチのための非拘束的な多国間枠組み」[4]を開発し普及に努めている。

### (4) 社会対話とジェンダー平等

　ILOは経済社会の発展のために政府、使用者団体、労働組合が密接に協力することの重要性を強調している。変化の速い現代において安定的かつ公正に経済社会的目標を達成するには政府と労使組織の建設的な対話が必要である。日本でも2007年末に、官房長官や労使のトップが参加して「ワークライフバランス憲章」が策定されたが、仕事の世界の直接の利害関係者の民

主的関与と合意形成は、人々に大きな影響を与える懸案の解決に結びつく。

　ジェンダー（男女）平等も依然としてすべての分野にまたがる重要な課題である。男女間の不平等は世界の貧困の決定的要因の一つであり、5億5000万人にのぼる世界のワーキングプアのうち60％にあたる3億3000万人が女性である。

　DWの実現に向けての様々な課題を述べてきたが、多くの課題、特に最近大きくなっている課題はILOや加盟国政府だけでは解決できないものが多いことを感じていただけたかと思う。様々なアクターとの連携強化、協働はDWの実現に向けてますます必要になっている。そこで、ここからはまず、ILOの直接構成員でもある、労働者、使用者との協働について述べ、次に国際機関や他のアクターとの協働に触れたい。

## 3　労働者と使用者

### （1）　三者構成主義

　ILOは設立以来、政府、使用者、労働者のいわゆる「三者構成主義」を採用している。1919年の時点で民間セクター、労働の現場の当事者の直接参加の組織を作ったことは大変先進的なことであった。ともすれば、国際機関の議論は、一国の中央政府機関と比べても労働の現場の実態から離れる危険性が高いが、三者構成主義は、国際機関であるILOの活動に、変化していく働く現場の情報がより的確に反映する結果を生んだと考えられ、ILOの役割の発揮に大きく貢献してきたといえる。

　ILOは総会などに参加する労働者代表、使用者代表にそれぞれ、全世界のすべての労働者、使用者を代表することを期待している。代表は実際には加盟国の最も代表的な労働組合、使用者団体（日本でいえば、連合と日本経団連）の推薦で決められており、この意味で一国を代表する労使のナショナルセンターの責任は大きいものがある。

　しかし、最近の状況の変化はILOが的確な活動を続けていく上で種々の

問題を生んでいることも否めない。

　第二次大戦後、国連と同じくILOにも多くの発展途上国が新たに加盟国として加わった。これらの国々では一般的に言って、国単位の労使団体はかなり弱体である場合が多い。その国のすべての労働者、使用者を代表する実体を備えているとはなかなか言えない。ILOや先進国の労使団体などが、新しい加盟国などの労使団体の能力強化のために支援活動も展開しているが、道は遠いというのが現実である。

　先進国の労使の状況にも変化がある。労働組合は、一般的に組織率の低下や非正規労働者の増加などで力量が低下し、また、国際問題よりは国内問題、それより組合員の属する企業へと、関心が内向きになりがちな傾向がある。使用者団体はグローバル化のなかで多国籍企業も増加し、国際問題についての一国単位の経済団体の対応も弱くなってきている。

　こうした状況を受けてILOも労使のナショナルセンター以外の労使のアクターとの関係を深めてきつつある。

### (2)　多国籍企業とCSR

　多国籍企業の世界経済への影響力は、グローバル化のなかでますます増大している。グローバル生産システムのなかで、企業にとって最適な国で生産活動を行うため、一国から他国への生産拠点の移動もよく見られる。まさにボーダーレス経済であり、雇用、労働面でも大きな影響を与えている。

　ILOは1977年に「多国籍企業と社会政策に関する原則の三者宣言」[5]を策定するなど、かなり前から多国籍企業に関心を払い、その活動の社会的側面に注目してきた。特に発展途上国において、人権や労働組合の権利が不当に侵害されることがないよう注意してきた。

　21世紀に入り、多国籍企業の側でもコンプライアンスやCSR（企業の社会的責任）への関心が急速に高まってきている。そこでILOの中でもこうした多国籍企業との協働は発展途上国などにおけるDWの実現の上で効果的であるとの意識も生まれてきている。代表的な多国籍企業の経営者がILOの会議や委員会に参加する機会も増えている。

CSRについてILOは、「CSRは企業主導の自主的なイニシアチブであり、法の遵守を上回るとみなされる活動を指す」としており、ILO条約など国際労働基準と直接の関連はないものと整理しているが、CSRや関連している民間の行動規範が国際労働基準と矛盾したものにならないよう注意している。CSRの主要分野として、国際的には人権、環境と並んで労働・社会分野があげられており、SRI(社会的責任投資)の急速な拡大もあり、ILOとしても国際的に普遍的な価値の普及、DWの実現に向けて重要な動きと認識している。

### (3) グローバルユニオン

国際労働運動の世界では、冷戦時代は西側自由主義陣営の労働組合が組織する国際自由労連(ICFTU)と東側の世界労連(WFTU)が並立し、ILOの場でも様々な対立が生じていたが、冷戦後はICFTUの力が圧倒的になり、現在では参加団体も増加して2006年に発足したITUC(国際労働組合総連合)にほぼ一本化している。ITUCの加盟組織は、153カ国305組織、加盟組合員数は1億6800万人である。なお、主要なナショナルセンターでITUCに加盟していないのは、中国の中華全国総工会である。

産業別にはIMF(国際金属労連)やITF(国際運輸労連)などの国際産業別労働組合組織(GUF)があるが、ITUC、GUFとOECD-TUAC(OECD労働組合諮問委員会)がグローバルユニオンとして一緒に様々な場で世界の労働組合を代表して政策提言活動をしている。たとえば、G8サミットの前にグローバルユニオンとG8の労働組合のリーダーが参加してレーバーサミットを行い、そこでまとめた提言をサミット開催国の首相又は大統領に申し入れることが慣習化している。

グローバルユニオンの政策提言は、マクロ経済、雇用、教育、開発援助、男女平等、保健・HIV対策、貿易と投資、CSR・ガバナンス、環境・エネルギーと多岐にわたっているが、DWに関連する事項は多く、ILOとグローバルユニオンとの関係は密接である。

## 4 諸機関、団体との協働

### (1) グローバル・コンパクト等国連との協働

1999年にアナン前国連事務総長のイニシアチブで始まった国連グローバル・コンパクト(GC)は、最近日本企業も参加するところが増加している。GCの10原則の中には労働分野の4原則としてILOの中核的労働基準の4分野が取り上げられており、国連GC事務所と6国際機関で構成される国連GCネットワークの中でもILOは中核的存在である。ILO事務局は労働組合や使用者団体とも協力して広報活動をするなど、GCの促進に協力している。GCは企業の自主的なイニシアチブであり、監視機能が不十分であるなどの意見もあるが、全体としてはGCもDWの普及に大きく寄与していると高く評価する声が多い。

2000年に国連事務局、世界銀行、ILOの共同イニシアチブで始まった若年雇用ネットワーク(YEN)[6]も新しい試みである。若者の雇用問題に関するハイレベルの政策ネットワークで、就業能力、機会の平等、企業家精神、雇用創出の4分野について政策提案を行う。国内行動計画の準備と実行において世界に先んじることを公約したYENリード国は、イギリス、ブラジル、インドネシアなど19カ国にのぼる。

### (2) 児童労働をめぐる様々なアクターとの協働

児童労働の廃絶は中核的労働基準の一分野であり、2つのILO条約があるが、児童労働の原因が、貧困、教育機会の欠如、地域の慣習や親の意識など多岐にわたる以上、条約の批准促進というトップ・ダウン型の活動だけでは目標達成は困難である。ILOは1992年より児童労働撤廃計画(IPEC)という技術協力プログラムを開始し、多くの発展途上国において現場の実態に即した取り組みを進めている[7]。

IPECのパートナーは大変多い。各国の政府機関、使用者団体、労働組合はもちろんであるが、企業、地域の団体、人権や児童参加促進をめざすNGO、メディア、議会、司法、大学、宗教団体、そして子どもたちと家族……。

他の国際機関と活動することも多い。UNICEF、UNESCO、WHO、FAO、UNDP、OHCHRなどが代表的な連携の機関である。

こうした活動の結果、世界における5-17歳の児童労働者数は、2億4600万人（2000年）から2億1800万人（2004年）に11％減少するという成果があがっており、ILOは多くの機関の協働の意義を強調し、その強化を図っている。

児童労働にレッドカード
© J.P. Pouteau/ILO

### (3) 世界委員会とそのフォローアップ

2001年のILO理事会で設置を決定した「グローバル化の社会的側面に関する世界委員会」は、ハロネン・フィンランド大統領、ムカパ・タンザニア大統領（当時）を議長に世界の21人の有識者（日本からは西室泰三・東芝会長（当時）が参加）で議論を重ね、2004年2月に「公正なグローバル化：すべての人々に機会を創り出す」という報告書を発表し、現状の格差、不均衡に警鐘を鳴らし、グローバル化の道筋を変えることを主張した。

この報告書の内容は大変広範なものであり、ILOだけでは取り扱えない提案も多く含まれているので、ILOは報告書のフォローアップ活動のなかで、他の機関との協働を推進している。

国連は2004年の総会で世界委員会の報告書に関する決議を採択した後、2005年の国連世界サミットの成果文書で、公正なグローバル化に支持を表明した。

労働組合やNGOが参加して2001年から毎年開かれている「世界社会フォーラム」では、2005年に世界委員会の報告書を検討し、DW推進に向

けた共同宣言を採択した。また、2007年1月にはディーセントな生活のためのDW（Decent Work for a Decent Life）というグローバルキャンペーンを開始することにした。

ILOも2007年10月、ポルトガル政府と共同で「公正なグローバル化に向けたDWフォーラム」をリスボンで開催し、公正なグローバル化を達成するためにはDWのアプローチが大事であり、DWを諸政策の中心に置くべきことで合意し、DW運動の展開を提唱した。

### (4) 最近のその他の協働

最近の2つの新しい協働について付け加えたい。

ILOと協同組合（Cooperatives）の関係は古い。ILO初代事務局長のトーマが協同組合出身だったこともあり、ILOとICA（国際協同組合同盟）は1919年に協定を締結している。ILOは2002年に新たに「協同組合の促進勧告」を採択したが、これをきっかけにICAとの協力関係の強化に向け2004年に覚書を締結し、ILO新勧告の実行・促進、貧困との戦い、ディーセントな雇用の創出などの分野に関する定期協議、情報交換、取り組みの調整を行うことにした。ILOは特に発展途上国においてコミュニティーレベルの雇用やインフォーマルセクターにおける協同組合の役割に期待をかけている。

地球温暖化の問題が大きな焦点になっているが、2007年ILOは総会の事務局長報告「持続可能な開発に向けたDW」[8]で、環境に優しいグリーン・ジョブへの社会的に公正な移行を推進する「グリーン・ジョブ・イニシアチブ」を打ち出した。環境に優しい仕事の創出、経済的・社会的移行の円滑化、環境に優しい職場づくりなどがテーマである。そして、地球環境対策が雇用（グリーン・ジョブ）を生む可能性について、UNEP、ITUCとの共同研究が進行中である。

## 5　協働の特徴と今後の課題

ILOと他の機関、団体などとの協働は最近、量的にも質的にも急速に深

化している。すでに述べたように様々な形の協働があるが、大きくいって二つの方向の動きが特徴的である。

　一つは、ILOが公正なグローバル化を推進し、グローバル化のもたらしている様々な社会問題への取組みの強化を図り、DWのアプローチを経済社会政策の中心に据えようとするには、国連を中心とした主要な国際機関や各国首脳、経済官庁との関係を強化しなければならないことである。ILOは、その構成員である政労使と協力しつつこうした協働の強化に努めている。一つの国連の動きにILOが積極的に対応しているのもこの問題意識が背景にある。

　もう一つは、ILOとくに事務局の役割に関係がある。ILOは国連機関のなかでは労働の専門機関として、労働、雇用分野の専門性が特徴である。また各国の労働政策当局との関係ではグローバルな情報の収集、分析、対策の立案がILO事務局の比較優位である。仕事の世界が急速に変化していく状況にILOが的確に対応していくためには仕事の現場の情報が重要であり、知的ネットワーク、DWの実現に向けて行動できるネットワークが構築される必要がある。

　ILOはこの点について、一次的には仕事の現場に係わっている各国の労使団体に期待しているわけであるが、仕事の世界の複雑化、グローバル化の状況下では他のアクターとの協働がますます必要になっている。多国籍企業との直接の関係や、台頭するNGO，市民社会との協働の強化も重要である。いわば、ボトム・アップのチャンネルの多様化である。

　しかし、このことは決して三者構成主義の意義を否定するものではない。仕事の世界の直接の利害関係者の参加は引き続きILOにとって基本である。したがってILOに参加する労使代表の国際的、社会的責任は重大である。そしてILOでの労使代表の議論が現実の変化に即応したものになるためには、各国の労使団体の能力強化、知的基盤の強化が必要であり、それを支援するILO事務局も不断の努力が必要になる。

　先進国だけでなく、アジアを中心に発展しつつある中進国、途上国の仕事の世界にも様々な問題が発生し、対応するアクターも生まれつつある。グロー

バル化のなかでますます拡がる雇用、労働問題のニーズに的確に対応できるか、ILOにとっても正念場の時代を迎えているといってもよいだろう。


[注]
*1* 報告書"*A fair globalization - Creating opportunities for all*", ILO, 2004　http://www.ilo.org/fairglobalization/lang--en/index.htm
ILO駐日事務所訳・発行『公正なグローバル化：すべての人々に機会を創り出す』
*2* 報告書"*Changing patterns in the world of work.*" ILO, 2006
http://www.ilo.org/public/japanese/region/asro/tokyo/downloads/2006dgreport.pdf
ILO駐日事務所訳・発行『仕事の世界におけるパターンの変化』2006年第95回ILO総会、事務局長報告、報告書I(C)
*3* "*ILO Code of practice on HIV/AIDS and the world of work*" ILO, 2001　http://www.ilo.org/public/japanese/region/asro/tokyo/downloads/hivcode.pdf
ILO駐日事務所訳・発行『HIV／エイズと働く世界：ILO行動規範』
*4* 報告書"*ILO Multilateral Framework on Labour Migration: Non-binding principles and guidelines for a rights-based approach to labour migration*", ILO, 2006
http://www.ilo.org/public/english/protection/migrant/
ILO駐日事務所訳・発行『ILOの労働力移動に関する多国間枠組み』
*5* "*Tripartite Declaration of Principles concerning Multinational Enterprises and Social Policy*"　http://www.ilo.org/public/japanese/region/asro/tokyo/downloads/multi2007.pdf
ILO駐日事務所訳・発行『多国籍企業及び社会政策に関する原則の三者宣言(第4版)』
*6* 詳しくは下記(英語)
http://www.ilo.org/public/english/employment/strat/yen/index.htm
*7* 詳しくは下記
http://www.ilo.org/public/japanese/region/asro/tokyo/ipec/index.htm
*8* 報告書 "*Decent work for sustainable development*", Report of the Director-General, Report I (A), International Labour Conference, 96th Session, 2007
http://www.ilo.org/public/english/standards/relm/ilc/ilc96/pdf/rep-i-a.pdf

# 9章 「ポスト京都」の情勢変化と企業の温暖化戦略

鈴木政史／蟹江憲史

## 1 「ポスト京都」の国際政治情勢の変化

　気候変動を巡る国際政治情勢はここ数年で大きく変化し、従来のいわゆる「ローポリティクス」の課題から国際政治の根幹にかかわる「ハイポリティクス」の課題へと変貌を遂げつつある(蟹江2007)。2005年に英国が議長国となって開催したG8グレンイーグルスサミット以来、G8サミットでは最重要課題の一つとして毎年取り上げられ続け、2008年洞爺湖サミットでも最重要課題となることが既に決定している。2007年4月17日には、国連安全保障理事会で初めて気候変動問題が議論に付された。同9月上旬にはAPEC(アジア太平洋経済協力会議)でも気候変動が重要課題として取り上げられ、同月下旬には、気候変動をテーマにした国連特別総会が開催されている。これらの動きを象徴的に表しているのが、「不都合な真実」で世論を喚起したアル・ゴア氏とIPCCが2007年のノーベル平和賞を受賞した事である。気候変動はもはや国際政治上の最重要課題の一つとして認知されるに至ったといって過言ではない。そのような中で、2008年からいよいよ京都議定書の遵守期間が始まり、その第一約束期間の終わる2013年以降の気候変動国際制度枠組、いわゆる「ポスト京都」の制度設計論議が加速度を増して進んでいる。

　気候変動に関する近年の国際政治動向を俯瞰すると、極めて多様な政治的フォーラムで気候変動問題が取り上げられていることに気付くであろう。

これら多様な合意形成過程の中心に位置している国際レジームが、国連気候変動枠組条約と京都議定書であるという点を忘れてならないのは言うまでもない。2007年のG8や国連総会でも確認されたように、普遍性を持つグローバルな場こそが問題解決を収斂させる場にふさわしいことは、気候変動問題が国境の壁を厭わないグローバルな普遍的課題である以上、論を待たない。

　経済効率を重視する視点から一見すると、G8やAPEC、あるいはエネルギー安全保障と気候変動に関する主要経済国会合（MEM）といったフォーラムにおいて、経済大国（＝現在のところは巨大排出国）の活動や、巨大排出国の経済的国際競争力のバランス確保に配慮したバイラテラリズムやミニラテラリズムの方が実効力を増すには効果的に写る向きもあろう。しかし、これらのフォーラムは元来経済大国間の経済的利害調整に主眼を置いていたものである以上、危険な気候変動を防ぐという問題の本質ではなく、気候変動問題の経済的側面に焦点を当てる傾向があるのは否めない。他方、気候変動を防ぎこれに対処するという問題の本質から言えば、現在及び過去のGHG排出国はもとより、その被害を受ける脆弱な国々、今後の排出が伸びる途上国などが一堂に会して問題解決を図るマルチラテラリズム（多国間主義）が、最重要かつ最も効果的な議論の場となることは論理的帰結であるといえよう。

　マルチラテラリズムは合意形成に時間がかかるし、地球規模での公平性論議には先進国はフラストレーションが溜まるケースが多いことも確かであろうが、そこに国際社会の現実が映し出されていることから目を背けても、問題は一向に解決されない[1]。気候変動枠組条約及び京都議定書の枠組こそが、気候変動対策の国際枠組を定めるフォーラムであることを十分認識しながら、その傘の下、多様なイニシアチブを補完的メカニズムとして活用し、更なる対策を進めていく。のちに述べるようにこれは最近の制度研究の知見を鑑みても道理の合う制度枠組みであるといえよう。経済的利害調整もその文脈で考えられてしかるべきである。経済と環境の両立は非常に重要なことであるが、そのフレーズを、環境問題を扱う際の経済活

動への過剰な配慮への言い訳としては本末転倒である。エネルギー問題と気候変動問題は表裏一体であることは認識したうえで、気候変動対策では気候変動防止の側面が最重要視される必要がある。

そのような中で、企業もまた温暖化問題に対する方針・戦略を立てることが求められている。気候変動対策においては、実際に温室効果ガスの大幅削減を可能にする対策技術の革新や普及の多くは、産業界や企業が主体となって行われることが期待されている。すなわち、一方で国家中心の国際制度構築のなかにあって、いかに産業界や企業を巻き込みながら国家と企業がパートナーシップ関係を構築していくかが問われている。同時に他方で、企業という行為主体が企業利益のみでなく公共利益に資するような国際制度構築をいかに構築していくべきであるか、ということも、気候変動「ポスト京都」制度では問われているのである。これは企業の側の戦略にも大きく影響を及ぼすものであると考えられる。

日本国内に目を転じると、国内排出権取引制度または炭素税の導入といった経済的・政策的手法の活用に関する議論も活発に行われている。こういった状況の中で企業に焦点を当てたとき、彼らはどのような要因・背景を考慮しながら温暖化の方針・戦略を立てているのであろうか。また企業の立場で考えると、2013年以降の「ポスト京都」に向けて、そしてさらにその先につながる低炭素社会の実現に向けて企業はどのような方針・戦略を立てたらよいのか。本章は企業戦略の理論を引用しながら、この疑問に答え、同時に、企業の立場から温暖化戦略の形成のヒントになると思われる点を指摘することとする。

## 2 「ポスト京都」のレジーム形成

いわゆる「ポスト京都」の論議は、気候変動枠組条約締約国会議(COP)の文脈では、2004年12月にアルゼンチンのブエノスアイレスで開催されたCOP10から本格的に将来の約束検討へむけた論議を活発化させている[2]。翌2005年2月16日には京都議定書が発効し、気候変動ガバナンスの中心と

なるべきレジームが動き出している。これにより、同年11月から12月にかけてのCOPは、京都議定書締約国会議(MOP)を同時開催するCOP/MOPとして開かれることとなった。その結果、一方で京都議定書3条9項の下、先進国のさらなる約束を検討するプロセスとしてアドホック・ワーキング・グループ(AWG)が開始されることとなり、他方、京都議定書非批准国を含んだ将来枠組の検討は、交渉を導かないことを条件に、枠組条約の下で「枠組条約履行強化による気候変動のための長期的協力行動に関する対話」として2006年から2007年の間に合計4回のワークショップを開催することとなった[3]。この流れは2007年末開催のバリでのCOP13/MOP3にも引き継がれている(**図-1**参照)。すなわち現在の「ポスト京都」論議は、気候変動レジームの中心たる議定書と、そのメタ・レジームとして気候変動レジームのヒエラルキー構造の最上位に位置する枠組条約との両方の枠組で進められることとなっている。米国を議論に結びつけておくための苦肉の策であった。

条約・議定書プロセスが進展を見せる一方で、グレンイーグルスG8サミットの準備プロセスやIPCC第4次評価報告書の準備過程で気候変動に関する知見の進展が確認され、気候変動に関する規範が次第に形成・拡大していった。そういった中、世界の約4分の1の二酸化炭素排出量を誇る米国

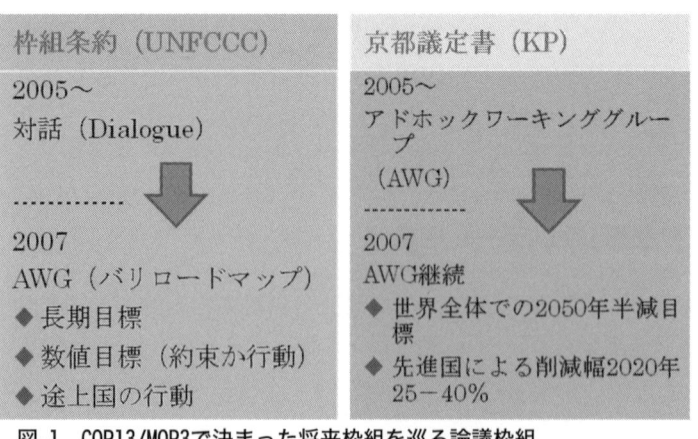

| 枠組条約 (UNFCCC) | 京都議定書 (KP) |
|---|---|
| 2005〜<br>対話 (Dialogue)<br>⬇ | 2005〜<br>アドホックワーキンググループ (AWG)<br>⬇ |
| 2007<br>AWG (バリロードマップ)<br>◆ 長期目標<br>◆ 数値目標 (約束か行動)<br>◆ 途上国の行動 | 2007<br>AWG継続<br>◆ 世界全体での2050年半減目標<br>◆ 先進国による削減幅2020年 25−40% |

**図-1　COP13/MOP3で決まった将来枠組を巡る論議枠組**

を気候変動対策から切り離しておくわけにはいかないという国際世論も根強く育っていった。こうしたことから、京都議定書非批准国の米国や豪州も気候変動に対してただ手をこまねいているわけにもいかない状況が醸成されてきた。そうした動向に呼応するように、将来的にいかに米国や豪州を巻き込んだ気候変動対策を行うべきかの検討も、米国の京都議定書離脱以来行われており、その結果、様々な気候変動関連イニシアチブが起こってきた。これらは国連の枠組に則った多国間協調の形式をとらず、ヨハネスブルグ・サミット以来登録が行われている、いわゆる「タイプ2」パートナーシップ、すなわち、政府を含む多様な行為主体によるパートナーシップの形態をとるものが多い。その多くは、国際交渉を経ない「自主的合意」をベースとした国際協力体制である。Usuiによれば、世論や国際合意の進展等により「阻止連合」形成(第1段階)が困難となったビジネス・産業界は、遵守を超えた環境新基準創出に至る(第3段階)までの間、外部からの規制によるよりも「自主規制」や「自主的合意」によって対策を取ろうとする(第2段階)という。気候変動に関しては、現在のビジネス・産業界はこの段階にいるといってよい(Usui 2003, 2004)。

　アジア太平洋パートナーシップ(AAP)をはじめ、再生可能エネルギーに関するREN21、再生可能エネルギーとエネルギー効率に関するREEEP、あるいはメタン排出削減を目指すMethane to Markets、炭素隔離リーダーシップ・フォーラム(CSLF)や水素経済社会のための国際的パートナーシップなど、枠組条約及び京都議定書プロセス以外のイニシアチブはその多くがパートナーシップ形式を採用しているのが現状である[4]。

## 3　「ポスト京都」の産業界の見解

　こうした中で、産業界の温室効果ガス排出を削減するための政策的手段の導入が議論され、産業界は自主的な削減目標を打ち出して、自主的な努力による温室効果ガスの排出削減を目指している。現在政策的手段として各国で活用されているものは、①炭素税、②国内排出権取引制度、③クリー

ン開発メカニズム（CDM：Clean Development Mechanism）／共同実施（JI：Joint Implementation）がある。炭素税に関しては、フィンランド、ドイツ、オランダ、イギリスを始めとする欧州各国で導入されている。国内排出権取引制度に関しては2005年に欧州で主要エネルギー集約産業をカバーする排出権取引制度（EU ETS: European Union Emissions Trading Scheme）が発足した。ノルウェーも独自の国内排出権取引制度を創設している。日本の産業界に関しては、日本経団連が「環境自主行動計画」を策定し、エネルギー集約産業を中心に自主的な温室効果ガス削減を目指している。一部の日本企業はCDMを活用し、主にアジア（その中でも特に中国）とラテンアメリカから排出権を海外から取得している。「ポスト京都」に向けた政策的な議論が進んでいるが、どのようなレジームが望ましいのかという点で各国政府、産業界、また個別企業の間では未だ合意がとれていない。EUや温暖化の被害を受けやすい一部の途上国政府は京都議定書のしくみ（国ごとに削減目標設定）を継続することを支持しているが（EUは米国及び途上国にこのしくみを拡大することを望んでいる）、アメリカ政府および民間企業の多くを中心として、途上国に削減義務のない京都議定書のしくみの継続に原則的に反対をしており、日本やカナダなどの企業や政府も、そのようなアメリカ政府や企業の立場に同調する姿勢を見せることが多い。また、インドや中国などの大国は、先進国の間の削減目標設定の継続を主張しているが、途上国の削減目標設定に関しては、「共通だが差異ある責任（Common but Differentiated Responsibility）」の原則を掲げ、今でも否定的である。

　京都議定書のしくみを継続しないとすると、どのようなレジームの形態が考えられるのであろうか。削減目標を①産業別または技術別に設定、②強制的または自主的に設定するレジームなどが考えられる[5]。これらは総じてセクトラル・アプローチと呼ばれ、OECDとIEAの環境局が音頭をとる形で、各産業界を巻き込みながらその制度設計に関する研究が盛んに行われている[6]。日本及び欧州の産業界は、日本の経団連の自主行動計画型（削減目標を産業別に自主的に設定する）のレジームを強力に支持している。途上国の産業界もこのような形態のレジームを支持しそうである。実際に、イ

ンドや中国を含む7カ国の産業界と政府のパートナーシップ「クリーン開発と気候に関するアジア太平洋パートナーシップ(APP: Asian Pacific Partnership on Climate Change)」の議論は、産業界の自主的行動と国を超えたパートナーシップを政府がサポートするという形態で進んでおり、2007年9月に米国が中心となってスタートさせた将来国際制度論議の場であるMEMも、同様の方向性を支持している。一方、特定技術別に拘束力のある排出目標を設定するレジームという形になると先進国の企業は受け入れられても、途上国の企業には受け入れない可能性が高い。例えば原単位で排出量のベンチマークを設定した場合(例えば鉄1トンあたり二酸化炭素2トンの排出)、すでに原単位の排出量が少ない日本や欧州の企業は途上国の企業に比べて排出削減努力が少なくてすむという問題が指摘されている。一方、日本の企業は、途上国に対してエネルギー効率の高い技術をもっと売れる可能性が生まれるので、特定技術または原単位で拘束力のある排出目標を設定するレジームを支持する可能性もある。

## 4  企業の温暖化戦略の理論：制度的な要因

　企業はどのような要因・背景を考慮しながら、温暖化戦略を立てているのか。排出権取引など温室効果ガス排出の政策的手段やポスト京都のレジームに対して、どのように方針・戦略を決定するのか。主に①経済的要因、②制度的要因、③技術的要因が挙げられると考える。1点目の経済的要因に関しては、ミクロ経済学を中心とした費用・便益計算に基づいた意思決定の理論で説明されている。この場合、企業は経済的に合理的な活動主体として仮定され、費用・便益計算に基づいた経済的に合理的な意思決定を行うと仮定される。温室効果ガス排出の削減措置に関する経済学的分析は多くあるが、本章においては経済的要因の解説を割愛し、制度的な要因と技術的な要因を解説したい。

　社会学者および組織行動学者の中には制度的な要因が企業の意思決定に大きな影響を与えていると考える者が多い。これらの学者の多くは、企業

を冷徹な投資計算に基づいた意思決定を行う主体とはとらえず、企業を「オープン・システム」ととらえ、企業は絶えず企業内外のステーク・ホルダーの意見・動向に左右されると考える。ステーク・ホルダーとは懸案の問題に直接的・間接的に利害関係を有する主体であり、政府、NGOs、市民社会、消費者団体、金融機関（銀行・保険会社など）の企業外の主体もあれば従業員や労働組内など企業内の主体も考えられる。また、直接的な声を持たない「次世代の子供たち」や「自然環境や野生の動植物」もステーク・ホルダーであると考える人もいる。イエール大学の社会学者ディマジオ氏とパウエル氏は1983年の発表した有名な論文の中で、ステーク・ホルダーの影響を3つに分類した。温暖化問題の文脈に解してこの3つの影響を示すと、①政府規制（例：排出権取引制度）や国際条約（例：京都議定書）与えられる強制的なプレッシャー（Coercive pressure）、②NGOsや市民社会（社会一般の温暖化への懸念）から与えられる規範的なプレッシャー（Normative pressure）、③温暖化問題を深刻に捉えている他社から与えられる模倣的なプレッシャー（Mimetic pressure）である（「ピアー・プレッシャー」・同業他社のプレッシャーが模倣的なプレッシャーの一例である）[7]。

　これら3つのステーク・ホルダーの影響を受けた結果、企業の温暖化戦略はどのように変化するか。ディマジオ氏とパウエル氏の理論に基づけば、別の企業であっても同じような方針・戦略を掲げるようになり、企業間の方針・戦略の差はなくなってくる。この傾向は英語でIsomorphism（収斂）と呼ばれる[8]。それではステーク・ホルダーから様々なプレッシャーを受けた結果、日本、欧州、米国の企業の温暖化戦略も収斂していくのであろうか。この問いに関しては本節の最後で触れたい。

## 5　スティグラー型状況とポーター仮説：技術的な要因

　現在の炭素社会から水素社会への劇的な技術革新がおこれば、温暖化問題に対する民間企業の方針・戦略も大きく変わるであろう。温室効果ガス削減に向けた技術の有無は温暖化の企業戦略に大きな影響を与えている。

技術的な要因は温暖化の企業戦略を把握するには無視のできない要因である。一方、エネルギー効率の進んだ日本や欧州のエネルギー集約産業の企業は、温室効果ガスの排出量が理論的な最小値(セオレティカル・ミニマム)に近づいていることを主張している。

オゾン層破壊の原因であるフロンガス規制の際に生まれたスティグラー型状況が、温室効果ガス規制で生まれるか。この質問は温暖化交渉に関わる担当者の関心事である。「スティグラー型状況」とは、ある規制の費用が多数の企業に分散され、便益が少数の企業に集中する状況である。シカゴ大学の公共経済学者スティグラー氏の分析に基づいてこの名前がついている[9]。スティグラー型状況下、技術革新によって生まれる独占的な便益を少数の企業が享受する場合、この企業は規制推進に動くことがある。この状況がフロンガス代替物質の技術開発でおこり、フロンガスの排出を規制するモントリオール議定書の締結の大きな引き金となった。フロンガスの代替物質の開発の見込みがついたアメリカのデュポン社及びイギリスのICI社は、フロンガスの規制反対から規制支持へ数年のうちに大きく戦略を変えた。この戦略転換により、より実効性の大きい国際規制が合意され、オゾン層減少を防止する取り組みの成果につながったということができる。

筆者は、経済学で論じられる「スティグラー型状況」は経営学で論じられる「ポーター仮説」と同一であると考える。ハーバード大学のポーター氏は、「適切に設計された環境規制は技術革新を刺激し、国際市場における競争において企業が早い者勝ち(First mover advantage)の素地を提供する」と論ずる。ポーター氏が1995年に発表した論文にはオランダの花栽培産業を始め、製紙業界から電子業界までポーター仮説を裏付けると思われる事例が列挙されている[10]。

ポーター仮説に関しては、90年代後半から多くの事例が挙げられたが、研究者の間ではいまだ仮説の域を超えていないという見方が強い。スティグラー型状況に関しても様々な事例が挙げられているが、温室効果ガス規制においてこのような状況が生まれるかという問いに対する答えは全く見えてこない。しかし、自動車製品、家電製品、産業用機械、発電機器の中

で環境・エネルギー問題に配慮した製品を消費者が選考する傾向が出てきている事実もある。実際に石油価格の高騰の影響で燃料効率や省エネに優れた日本の技術への評価が高まっている。このような状況は、ポーター仮説の裏づけとまではいかないものの環境問題やエネルギー問題が消費者の商品選択に影響をあたえ始めていることをあらわしている。

## 6　ポスト京都の時代に期待される民間企業の温暖化戦略

　ポスト京都の時代において日本の企業にどのような温暖化戦略が期待されるか。国際会議でめまぐるしくポスト京都のレジームの行方が議論され、国内で政策的手段の導入の可能性が審議される中、日本の企業は温暖化問題にどのように向き合っていたらよいのか。上記の議論をもとにこの質問に対する答えのヒントを残したい。

　まず、ディマジオ氏とパウエル氏の理論に基づいて企業を「オープン・システム」と考えた時、京都議定書自体を強制的なプレッシャー(Coercive pressure)ととらえることができる。1998年の京都議定書の採択は企業に温暖化問題を取り組むきっかけを与えた。京都議定書の採択から現在まで企業の温暖化問題の対応がどのように変化したか。筆者は京都議定書という強制的なプレッシャーを受けた結果、日本と欧州の企業の温暖化戦略は類似した点が非常に多くなってきたと考える。日本と欧州の企業の温暖化戦略は収斂してきている。一方、米国企業はどうか。2001年にブッシュ政権が京都議定書の批准を否定して以来、ブッシュ政権が掲げるClimate VISION政策のもとに自主的な取り組みを行ってきたものの、温暖化問題への対応に関して日本と欧州の企業に遅れをとってしまった感がある。温暖化戦略だけでなく、米国企業の環境問題全般に対する戦略は日本と欧州の企業戦略から大きく乖離してしまった。この点はアムステルダム大学のコルク氏の企業の環境報告書をもとにした実証研究でも報告されている。

　京都議定書が企業の温暖化戦略の形成を促したという点において京都議定書の存在を積極的に評価してよいと考える。国際的にはポスト京都の枠

組みの議論が進み、国内的には新たな経済的・政策的手法の導入の議論が進む中、企業はどのように対応したらよいのか。企業にはポスト京都の政策議論及び社会の様々なステーク・ホルダーを包括した政策対話プロセスに活発に参画することが望まれる。

新たな政策の導入は京都議定書で削減義務のない国の産業に国際競争力を奪われるとの議論もあるが、戦後の日本が欧米の技術に追いついて追い越してしまったように、この十年、二十年という時間の間に一部の途上国の技術は、なにをしなくとも、日本の技術に追いついてしまう可能性が高い。ある分野によっては中国の技術が日本の技術を十年という時間でなく、この先数年で凌駕してしまう可能性もある。だからこそ日本の産業が得意な省エネや新エネルギーの開発というまだ新しい分野の国際競争で早い者勝ち(First mover advantage)し、ポーター仮説を実証するような事例を多く作ってほしい。

一方、ポスト京都の先にある低炭素社会の実現には、エネルギー集約型の産業だけでなく社会全体の取り組みが求められる。エネルギー集約型の産業から排出される温室効果ガスは日本全体の30％程度にとどまり、残りは民生部門や運輸部門からの排出が多くを占めている。個々人が住宅の照明や冷暖房の使い方を考え直し、移動手段や生活スタイルのありかたを問い直すことも求められてくる。温暖化の取り組みへの日本の取り組むは産業界だけに頼るのではなく社会の個々人が日常的に行っていく必要がある。

[注]
1 たとえばRuggie (1993)、Zartman (1994)。
2 京都議定書3条9項は、第1約束期間の満了する少なくとも7年前にその後の期間に係る約束の検討を開始すると規定している。
3 詳細は以下を参照のこと。http://unfccc.int/meetings/cop_11/items/3394.php、及びhttp://www.iisd.ca/climate/cop11/
4 ヨハネスブルグサミットのフォローアップとして持続可能な開発の実現状況をレビューしている国連持続可能な開発委員会(CSD)が行ったパートナーシップのレビューでは、319のパートナーシップ中25％が気候変動をテーマとしている(2006年2月24日現在)。E/CN.17/2006/6

5  例えば澤(2007)
6  例えばIEA (2007)
7  P. J. DiMaggio & W. Powell, (1983)
8  この言葉を辞書で引くと「異種同形化」という訳が出てくるが、「収斂」という言葉のほうが訳としてぴったりするように考える。
9  Stigler (1971)
10  M. E. Porter & C. van der Linde (1995)

[参考文献]

International Energy Agency (2007), Sectoral Approaches to Greenhouse Gas Mitigation – IEA Ongoing Work, Paris.

G. Stigler, (1971) "The Economic Theory of Regulation", Bell Journal of Economics, 2, 3-21.

P. J. DiMaggio & W. Powell, (1983) "The iron cage revisited" institutional isomorphism and collective rationality in organizational fields", American Sociological Review, 48, 147-60.

Green and competitive: ending the stalemate.

M. E. Porter & C. van der Linde (1995), "Green and Competitive: Ending the Stalemate", Harvard Business Review, 120-134, September-October 1995.

蟹江憲史「気候安全保障をめぐる国際秩序形成へ：ハイポリティクス化する環境政治の真相」『現代思想』2007年10月号 Vol.35-12、pp.210-221。

Ruggie, J. G. ed. 1993, *Multilateralism Matters: The Theory and Praxis of an Institutional From*, NY: Columbia University Press.

澤昭裕 2007「ポスト京都議定書に向けた新たな枠組みの提案」32世紀政策研究所研究プロジェクト「『ポスト京都議定書』に向けた日本の戦略と国際協力策」中間報告書

Zartman, I.W. ed. (1994), *INTERNATIONAL MULTIATERAL NEGOTIAION: Approaches to the Management of Complexity*, Jossey-Bass Publishers.

Usui, M (2003) "Sustainable Development Diplomacy in the Private BusinessSector: An Integrative Perspective on Game Change Strategies at Multiple Levels", *International Nagotiation* 8; 267-310.

Usui, M (2004) "Tne private business sector in global environmental diplomacy" in Kanie and Haas (2004): 216-259

# 10章　腐敗防止の国際的潮流
### トランスペアレンシー・インターナショナル(TI)の活動との関連において

梅田　徹

## はじめに

　1990年代半ばあたりから腐敗防止の機運が高まり、世界各地で腐敗防止の取り組みが進められてきた。国際条約もいくつも締結されてきている。本章では、世界の腐敗防止の動向を概観するが、そのなかでもとりわけ、腐敗防止のアドボカシー団体である「トランスペアレンシー・インターナショナル」(TI)、ならびに日本における提携団体の「トランスペアレンシー・ジャパン」(TI-J)がどのような役割を果たそうとしているのか、あるいは果たしてきたのかという点に焦点を当てて紹介したい。もっとも、TIおよびTI-Jの活動について必ずしも網羅的、体系的に紹介するものではないことをあらかじめお断りしておきたい。

## 1　腐敗とは何か

### (1)　腐敗の定義

　腐敗とは何かについて必ずしもコンセンサスがあるわけではないが、国際的な議論のなかでは、しばしば、「私的な利益のために公的権限を乱用すること」という定義が使われてきた。たとえば、国連開発計画(UNDP)は、1999年に出した「ガバナンス改善のための腐敗との戦い」という報告書の中で、腐敗を「私的な利益のために公的な権力、地位、権威を不正使用する

こと（the misuse of public power, office or authority for private benefit）」と定義している。

　もっとも、この定義に対しては、政府官庁や自治体、国営企業といった公的セクターで発生する不正に限定されていて、民間セクターにおける腐敗がカバーされていないという問題があった。そのため、最近では、「公的な権限」(public power) の部分を拡大し、「受託された権限」(entrusted power) という表現を用いることが多くなっている。TIも、2004年ごろから、「私的な(個人的な)利益のために受託された権限を乱用すること」という定義を使うようになっている。

　一方で、腐敗は、しばしば社会に巣食う病理にたとえられる。たとえば、『広辞苑』(第5版)では、「腐敗」とは「精神が堕落して、弊害が生ずる状態になること」と説明されている。また、オックスフォード英語辞典(OED)によれば、「腐敗させる」(corrupt) という他動詞には、「道徳的に不健全な状態にする」、あるいは「〜の道徳的純粋さもしくは清潔さを破壊する」という意味があるほか、名詞としての「腐敗」(corruption)には、「(個人が)責務を果たすなかでインテグリティ(誠実さ)や忠実さを失うこと」、あるいは「道徳的に不健全になること、道徳的に不健全な事実または状態」、「賄賂や口利きで公的な責務の履行においてインテグリティを失うこと」という意味があると説明されている。

　このように、腐敗には、権限を受託された者によって実行される具体的な「行為としての腐敗」(腐敗行為)と、社会の道徳的に不健全な状態を指す「現象としての腐敗」の二つの側面がある。しかし、残念ながらこれまでのところ、この二つを包摂するような定義は提示されていない。

(2)　腐敗の国際化

　腐敗の行為や現象は何も新しいものではなく、古代から存在していた古い問題であるが、近年の腐敗防止運動が関心を抱き、その対象としてきたのは、国際的な腐敗である。

　国際的な腐敗は、大きく二つに分けられる。ひとつは「インターナショ

ナルな腐敗」であり、いまひとつは「トランスナショナルな腐敗」である。「インターナショナルな腐敗」は、先進国から発展途上国への開発援助の文脈の中でも発生するものを言う。たとえば、援助国や国際開発機関が行う資金援助の一部が、援助を受ける国の政治指導者、政府高官などの懐に入ってしまうという問題がそれである。実際、政治指導者や政府高官が、収賄であるか横領であるかを問わず、開発援助資金の一部を不正に着服し、海外の金融機関に預ける「不正蓄財」の実態が世界の多くのケースで明らかにされてきた。主たる援助国である先進国は、開発援助の効率が上がらない原因の一つは、発展途上国の国内に存在する腐敗の構造にあるではないかと考えるようになった。

　もっとも、開発と腐敗を結びつける理由はあるとしても、どのように関連づけるかについて諸国間の意見が一致しているわけではない。とりわけ、先進国と発展途上国との間には大きな意見の不一致がある。それがもっとも顕在化したのは、2008年1月に開かれた第二回腐敗防止条約締約国会議であった。この点については、本章の最後のほうで触れることにする。

　国際的な腐敗のもうひとつの類型である「トランスナショナルな腐敗」とは、主として多国籍企業が国際的なビジネスの獲得競争のなかで発生する腐敗を指す。たとえば、多国籍企業が海外で事業を展開する場合、とりわけ、発展途上国の社会基盤の整備に関わる公共事業の入札において、現地の政府高官や政治家に対して直接的に、あるいはエージェントを通じて間接的に、賄賂を贈ることで落札するといった事例に典型的に現れる問題である。

　1977年に米国が「海外腐敗行為防止法」を制定し、米国で上場した企業が外国高官等に賄賂を贈ることを禁止した。そのほかの諸国はこれに続かなかったが、1990年代に入って、OECDでこの問題がとりあげられることになり、1997年、「トランスナショナルな腐敗」に対処するための国際条約が成立した。これについては後で触れる。

## 2 腐敗防止に取り組む組織：TI

### (1) TIの組織とビジョン

　TIは、1993年、ドイツ人のピーター・アイゲンが仲間らとともに設立した腐敗防止の組織である。アイゲンは、世界銀行でアフリカの開発援助を長年担当していたが、腐敗の現実に直面し、世銀内部で腐敗撲滅のプロジェクトを提案した。しかし、腐敗撲滅は政治的な問題であり、世銀の政経分離原則に触れるとして受け入れられず、結局世銀退職後に、自らのイニシアチブでTIを設立したと言われている。TI本部はドイツのベルリンにあり、85か国以上に「チャプター」と呼ばれる提携団体がネットワークを作り上げている。正式にチャプターとして樹立されていないが、その準備を進めている国を含めると100か国以上にネットワークが出来ている。

　TIの機関としては、50名を超えるスタッフが勤務する事務局、12名の理事から構成される理事会、それに各国のチャプターのほか、功績のあった数十名の個人会員から構成される総会がある。2005年の総会では、アイゲンの後任を選出する選挙が行われ、その結果、カナダの政府援助機関の代表などを歴任したユゲット・ラベル女史が選出された。こうした機関とは別に、33名からなる諮問会議が置かれている。諮問会議には、TIの創立者ピーター・アイゲン、米国元大統領のジミー・カーター、ナイジェリアの元大統領オバサンジョ、アイルランド大統領や国連人権高等弁務官等を歴任したメアリー・ロビンソンなどが名前を連ねている。

　TIは、「ビジョン」として、「各国政府、政治、企業、市民社会、一般市民の日常生活が腐敗から自由であるような世界」を目指している。また、「ミッション」としては、「腐敗のない世界に向けて変化を作り出すために取り組むこと」を掲げている。具体的には、次のような活動を行うことが定款の中で規定されている。

　　・腐敗ならびに腐敗の影響について意識を高めること
　　・腐敗に取り組むために連合を組織すること

表-1 外国人公務員贈賄摘発件数（主要10カ国のみ）

| 国 名 | 訴追件数 | | 捜査件数 | |
|---|---|---|---|---|
| | 2007 | 2006 | 2007 | 2006 |
| オーストラリア | 0 | 0 | 4 | 3 |
| カナダ | 1 | 1 | some | — |
| フランス | 9 | 8 | — | — |
| ドイツ | 4 | 3 | 83 | 43 |
| イタリア | 2 | 1 | 1 | 1 |
| 日本 | 1 | 0 | — | — |
| 韓国 | 5 | 5 | 2 | 0 |
| スペイン | 2 | 2 | 1 | — |
| 英国 | 0 | 0 | 15 | 4 |
| 米国 | 67 | 50 | 60 | 55 |

出典）2007 TI Progress Report, July 2007

・腐敗を減らすツールを開発し、普及すること
・政治とビジネスにおけるトランスペアレンシーとアカウンタビリティーを促進すること
・腐敗のコントロールをモニター(監視)すること
・腐敗と闘う組織とメカニズムを支援すること


TIは、また、追求すべき重要な七つの価値を掲げている。トランスペアレンシー、アカウンタビリティー、インテグリティ、連帯、勇気、正義、民主主義の七つである。


(2) 腐敗の弊害

TIは、腐敗の弊害を次のように説明している。

　腐敗は、貧困の原因であるとともに、貧困を克服する障害の一つでもある。
　腐敗がはびこるところでは、人権が否定される。
　腐敗は、民主主義と法の支配の土台を崩す。
　腐敗は、国内的、国際的貿易をゆがめる。

腐敗は、民間セクターにおける健全なガバナンスと倫理を危険にさらす。
　腐敗は、国内的、国際的な安全保障、天然資源の持続可能性を脅かす。
　腐敗は、権力を持たない人々を不利にし、典型的には女性差別を助長する。
　腐敗は、政治的排除を助長する。

　TIによれば、結論的には、「腐敗は、すべての人に害を与える」ということになる。
　ちなみに、1997年にペルーのリマで開かれた第8回腐敗防止国際会議において採択された「腐敗に反対するリマ宣言」では、次のようなくだりがある。

　　腐敗は、あらゆる社会の道徳的な骨組みを侵食し、貧者・弱者の社会的、経済的権利を侵害し、民主主義の土台を崩し、あらゆる文明社会の基礎である法の支配を破壊し、開発を遅らせ、社会を否定し、とりわけ、貧者、ならびに自由で開かれた競争の恩恵を否定する。

　この宣言の内容を見る限りでは、1997年の時点で、腐敗防止運動に携わる人たちの間では、腐敗と環境問題の関連についてそれほど意識されていなかったようである。しかし、今日では、社会の腐敗状況は地球環境の保護の障害になるという認識が共有されるようになってきていることは指摘しておきたい。

## (3)　トランスペアレンシー・ジャパン

　「トランスペアレンシー・ジャパン」(TI-J)は、公式に承認された日本におけるTIのチャプターである。1990年代終盤から、TI関係者が日本での組織化を働きかけたが、実を結ばなかった。しかし、2002年ごろになってようやく、志を共有する者らの間で設立に向けた準備が始まった。それからさらに長い準備期間を経て、2004年9月に任意団体として正式に発足した。その後、2005年5月に東京都からNPO法人の認可を得た。TIの総会において正式にチャプターとして認められたのは、2006年11月のことである。

表-2 TI-Jが選んだ「2007年の10大汚職腐敗ニュース」

1. 防衛省高官汚職
2. 社会保険庁の問題
3. 政治とカネ
4. 薬害肝炎訴訟
5. 品質偽装
6. 原発虚偽報告
7. 食品偽装
8. 緑資源汚職
9. ゼネコン談合
10. 天下り問題

　TIの活動分野は、腐敗防止の問題に対する関心を掘り起こすこと、政策提言、腐敗に関する情報収集と分析などが主たる活動内容である。一般にはまだあまり知られていないが、2003年以来毎年、その年の「汚職腐敗10大ニュース」(表-2参照)を発表している。そのほか、TIが実施する活動にも参加している。たとえば、後に触れるOECD外国公務員贈賄防止条約のフォローアップの一貫として行っている、日本政府の条約義務履行のモニタリングがそうである。

　また、TIは各国の腐敗状況および腐敗防止の進展状況をまとめた『世界腐敗報告書』(Global Corruption Report)を刊行しており、これにTI-Jのメンバーが日本の状況を寄稿している。2005年には、TIがいくつかの国で進めたNational Integrity Studyにも参加し、日本の腐敗について総合的な立場から分析と評価を加えた。また、2007年には、TI本部の活動とは別に、米国のCenter for Public Integrityという団体が数十か国で実施するGlobal Integrity調査に参加し、報告書を提出した。

## 3　腐敗防止に関する国際文書

　この節では、1990年代以降の国際社会において腐敗防止に対する関心が高まったことを国際文書の採択をフォローすることによって確認しておきたい。

OECDは、1994年5月、外国公務員に対する贈賄行為を法律で規制するよう加盟国に勧告する理事会決議を採択した。1996年には、賄賂の支払いについて税控除を認める慣行を廃止するよう求める決議が採択された。

　国連総会は、1996年12月16日、「国際商取引における腐敗および贈収賄に反対する国際連合宣言」を採択した（A/RES/51/191）。その中で、「加盟国は、個々に、または国際的および地域的機関を通じて、各国の自国の憲法および基本的法原則に従って行動し、また、国内的法律および手続きに従って採択された措置をとりつつ、以下のことにコミットする」と述べている。

1. 国際商取引におけるあらゆる形態の腐敗、贈収賄および関連する不正な慣行と闘うこと、とりわけ、国際商取引における贈賄行為を禁止する既存の法律の実効的な実施を追求すること、そうした法律がない場合には、それらの目的のための法律の採択を奨励すること、多国籍企業を含め、国際商取引に従事する、加盟国の管轄権内にある私的および公的企業ならびに個人に対し、この宣言の目的を推進するよう求めること。
2. 実効的かつ協調的な方法によって、しかもこの宣言の履行を推進するための国際的、地域的または国内的な行動を排除し、阻害し、または遅延させるようないかなる方法にもよることなく、外国公務員に対するそのような贈賄行為を犯罪化すること。

　また、総会は、同じ日、別の決議の一部として、「公務員のための国際的行動規範」International Code of Conduct for Public Officials を採択し（A/RES/51/59）、腐敗防止対策のガイドラインとして用いることを加盟国に勧告した。

　外国公務員への贈賄を防止するための動きは、OECDにおいて条約の形で結実した。OECD理事会は、1997年5月、「国際商取引における外国公務員に対する贈賄の防止に関する条約」（「外国公務員贈賄禁止条約」、以下、「OECD条約」と略す）を採択し、この条約の下で、締約国は、外国公務員へ

の贈賄を犯罪として規定し処罰する法律を制定する義務を負うほか、企業責任を追及する必要な措置をとる義務、簿外会計など不正な会計を禁止する約束を引き受けた。条約は、1999年2月に発効し、現在までにOECD加盟国のほか、非加盟国7か国を含む37か国が批准している。

米州地域でも、1994年に腐敗の問題が関心を集め始めた。1994年12月、フロリダ州マイアミで開催された「アメリカズ・サミット」で採択された宣言のなかで、米州諸国の首脳らは、腐敗に対する包括的な対策が民主主義の維持にとって不可欠であることに言及し、そこで採択した行動計画のなかに腐敗への取り組みを盛り込んだ。そして、その流れのなかで米州機構は、1996年3月、「米州腐敗防止条約」を採択した。条約は、1997年3月に発効した。現在までに米国を含む33か国が批准している。

「米州腐敗防止条約」は、腐敗の広範な領域をカバーする条約のひとつであり、外国公務員への贈賄、国内の公務員が関わる贈収賄のほか、不正蓄財など贈収賄以外の腐敗行為についても犯罪化することを締約国に義務づけた、包括的な内容を有する多数国間では初めての国際的文書として、その後の腐敗関連の国際条約にも大きな影響を与えた。

欧州地域では、1997年5月に、欧州連合理事会が「欧州共同体の職員または欧州連合加盟国の公務員に関わる腐敗の防止に関する条約」を採択した。最近では、1999年1月、欧州評議会が「腐敗に関する刑事法条約」を採択している。刑事法条約は、国内外の公務員、国内外の議会議員、国際機関の職員、国際的な議会の議員、国際的な裁判所の裁判官などに対する「能動的贈収賄」(贈賄)、「受動的贈収賄」(収賄)を刑事犯罪化の対象とするなど、賄賂を受け取る側、要求する側(ディマンド・サイド)に対する制裁を求めている。

欧州評議会はまた、1999年11月、「腐敗に関する民事法条約」を採択している。現在までに、36か国が刑事法条約を、また28か国が民事法条約を批准している。このほか欧州評議会では、1998年5月、条約の実施状況を関するメカニズム「GRECO」が設立されており、各国の条約実施状況を評価し、問題点の改善を促す勧告を出している。現在までに46か国が参加して

いる。欧州以外からは唯一、米国がこれに参加している。

　2003年7月には、アフリカ連合が、「腐敗の防止および腐敗との闘いに関するアフリカ連合条約」を採択した。そして、こうした腐敗防止の機運が国際的に高まるなかで、2003年12月、国連総会は、「腐敗防止に関する国際連合条約」（以下、「国連腐敗防止条約」）を採択した。国連腐敗防止条約は、05年9月に発効した。

　国連腐敗防止条約は、公務員に係る贈収賄、公務員による財産の横領等一定の行為を犯罪化することを締約国に義務付けているが、それにとどまらず、犯罪収益の没収、財産の返還、そうした問題に関わる国際的な技術協力といった広範な目的をカバーしている。

　日本政府は、2003年に国連腐敗防止条約に署名し、2006年6月に国会で批准承認案が可決された。しかし、本稿執筆の時点では、まだ条約を批准していない。国連腐敗防止条約、国連越境組織犯罪防止条約との間には共通する規定が複数あるため、政府は、二つの条約の要求事項を満たすのにひとつの国内法（「犯罪の国際化及び組織化並びに情報処理の高度化に対処するための刑法等の一部を改正する法律案」）で対応しようとしている。

　一方で、その国内法案の下で政府は、国連越境組織犯罪防止条約で義務付けられている「共謀罪」を導入しようとしている。日本の刑法体系にないこの概念の導入は、市民の権利と自由を制約するおそれがあるという理由で日弁連などからの抵抗にあって、国会承認が遅れている。実際には、この国内法案は「サイバー犯罪条約」の国内実施立法をも兼ねている。この国内法が可決されないために、結局、三つの条約が批准できないという状況である（2008年1月末現在）。

## 4　TIの腐敗防止の活動の実際

　以上、腐敗防止に関連する国際的な文書を時系列で紹介したが、このうち、TIおよびTI-Japanの活動と関連が深いOECD条約について詳しく紹介し、それに続いて、腐敗測定の取り組み、企業向けのツールを紹介し、最

後に国連腐敗防止条約に触れたい。

## (1) OECD条約のフォローアップ

OECD条約は、締約国に外国公務員に対する贈賄行為を刑事犯罪化することを求めるだけで、賄賂を受け取る行為を犯罪化することまでは規定していない。この側面を捉えて、賄賂を提供する側(サプライ・サイド)のみを規制する条約であると説明されることがある。外国公務員への贈賄行為を刑事犯罪化することを盛り込んだ条約としては、ほかにも、米州腐敗防止条約、欧州腐敗防止条約がある。また、一番最近の国連腐敗防止条約にも、外国公務員への贈賄行為を犯罪として処罰することを義務付ける規定が盛り込まれている。

しかし、OECD条約がほかの腐敗防止条約と決定的に異なるのは、条約締約国が、条約義務の履行状況を監視するフォローアップについて合意し、また、実際にそのフォローアップがかなり徹底的に行われていることである。その意味において、条約のフォローアップが狙いとしていた「同等性の確保」という目的は、一定程度、果たされてきている。

まず、そのフォローアップについて簡単に説明しておきたい。フォローアップは、二つの段階に分けて実施されることが合意されている。「フェーズ1」と「フェーズ2」の二つであり、OECDの贈賄作業部会が中心になって展開している。フェーズ1では、書面により、締約国の国内実施立法に関する情報を収集し、問題であると思われる部分については「勧告」の形で是正が求められるのに対して、フェーズ2では、作業部会チームがそれぞれの締約国を実際に訪問し、関係者に対してヒアリングを実施して、条約義務の履行状況を評価するプロセスである。それぞれの段階でそれぞれの国について報告書が出されている。

このプロセスの中で、TIは、とりわけ、フェーズ1の段階から国内実施立法の状況について独自の情報収集を行い、問題点等を指摘し、提言にまとめてきた。2005年からは、条約締約国で組織されているTIのチャプターを通じて立法状況、法執行状況に関する情報を集め、それをまとめている。

「進捗状況報告書」(Progress Report)と呼ばれるこの分析報告書には、条約締約国全体の状況に関する市民社会の側からの評価が盛り込まれ、OECD作業部会に提出されている。「進捗状況報告書」が貴重な情報を提供していると思われるのが、締約各国の法執行当局が立件した外国公務員贈賄事件の数に関するデータである。OCEDは締約国の条約実施状況に関する情報を収集しているが、当局の摘発した事件の数の情報は把握していないのか、公表していない。そのため、TIが公表するデータが各国の法執行当局の立件姿勢を測る上で不可欠の資料となる。

　もっとも、訴追した事件の数については、かなりはっきりとした数字をつかむことができるが、捜査中の事件の数については公表されているとはかぎらない。したがって、一定の限界があることは認めざるを得ない。また、データの比較によって各国の摘発件数が容易に比較することはできるが、一方でデータだけに着目して当局の法執行姿勢を批判するというのも問題である。そもそも、立件すべき事件の数(贈賄行為の発生数)に対して実際に立件した件数というようなデータを出すことができれば、より正確に当局の姿勢を評価できるのであろう。しかし、贈賄行為の発生そのものを把握することができないのだから、摘発件数のデータだけに頼らざるを得ないというのが現状である。

### (2)　腐敗度を測定する試みとしてのCPI

　TIは1996年以来、Corruption Perception Index(CPI)という指数を公表している。これは、世界各国の腐敗の度合いを既存の複数のサーベイ等をベースにして指数化し、ランクづけしたものである。こうした数値化により、各国の腐敗の度合いが比較可能になるとともに、時系列をとってみた場合に、腐敗の後退や進展を把握しやすくなるといったメリットがある。

　デメリットについては、後に触れることにして、ここでは、2007年のデータ(表-3)を見ておきたい。上位は、例年のようにフィンランドやデンマークといった北欧諸国が占める。総じて、欧米を中心とする先進国のランクが高いのに対して、アジア、アフリカ諸国は腐敗の度合いが高く、低いラ

ンクに位置づけられていることがわかる。アジアでは、腐敗防止委員会が設置されているシンガポールと香港のランクが高く、日本がそれに続いている。

対象国が毎年増え、新たに調査対象となった国が間に入ってくることもあるため、一概に時系列の比較はできないが、日本について言えば、2005年に21位であったものが、2006年と2007年は17位にランクされていることに示されるように、全体として若干ではあるがクリーンになってきていることがわかる。

CPIに対してはいくつかの批判がある。CPIのデメリットとして認識されている部分であると考えてよいであろう。第一に、そもそも腐敗なるものを客観的に数値化できるのかどうかといった疑念に代表されるように、腐敗の数値化そのものに対する疑問がある。これは、具体的にはデータ処理の方法、データの信憑性についての疑問に集約することができる。ひと

表-3　2007年のCPI

| ランク | 国名 | スコア |
|---|---|---|
| 1 | デンマーク | 9.4 |
| 1 | フィンランド | 9.4 |
| 1 | ニュージーランド | 9.4 |
| 4 | シンガポール | 9.3 |
| 4 | スウェーデン | 9.3 |
| 6 | アイスランド | 9.2 |
| 7 | オランダ | 9 |
| 7 | スイス | 9 |
| 9 | カナダ | 8.7 |
| 9 | ノルウェー | 8.7 |
| 11 | オーストラリア | 8.6 |
| 12 | ルクセンブルク | 8.4 |
| 12 | 英国 | 8.4 |
| 14 | 香港 | 8.3 |
| 15 | オーストリア | 8.1 |
| 16 | ドイツ | 7.8 |
| 17 | アイルランド | 7.5 |
| 17 | 日本 | 7.5 |
| 19 | フランス | 7.3 |
| 20 | 米国 | 7.2 |
| 21 | ベルギー | 7.1 |

| ランク | 国名 | スコア |
|---|---|---|
| 22 | チリ | 7 |
| 23 | バルバドス | 6.9 |
| 24 | セントルシア | 6.8 |
| 25 | スペイン | 6.7 |
| 41 | イタリア | 5.2 |
| 43 | マレーシア | 5.1 |
| 43 | 南アフリカ | 5.1 |
| 43 | 韓国 | 5.1 |
| 72 | 中国 | 3.5 |
| 72 | インド | 3.5 |
| 172 | アフガニスタン | 1.8 |
| 172 | チャド | 1.8 |
| 172 | スーダン | 1.8 |
| 175 | トンガ | 1.7 |
| 175 | ウズベキスタン | 1.7 |
| 177 | ハイチ | 1.6 |
| 178 | イラク | 1.5 |
| 179 | ミャンマー | 1.4 |
| 179 | ソマリア | 1.4 |

出典）Transparency International（http://www.transparency.org/news_room/in_focus/2007/cpi2007/cpi_2007_table）

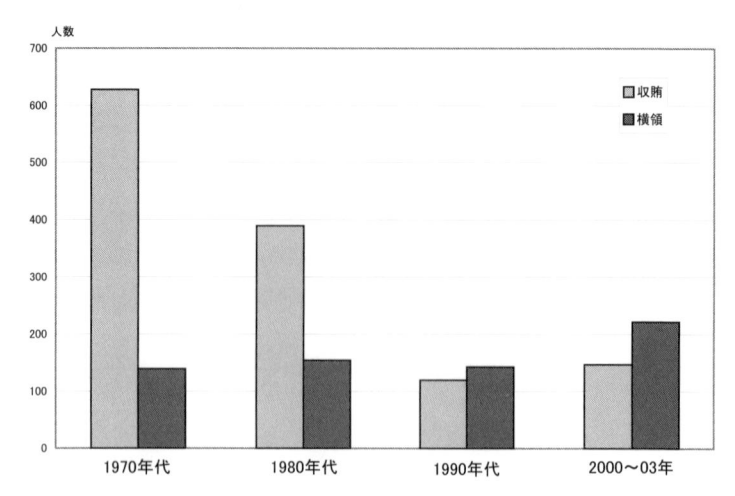

**図-1　公務員の汚職事件逮捕者数(収賄と横領のみ)**

　つには、ある国の指数を割り出すのに複数の調査データを使われることが公表されているが、利用される調査(サーベイ)の数が国によって違う上に、利用される調査の種類や性質が異なり、その異なるベースをいかにして公平に数値化するのかという点について、統計的な手法に精通していない者にはわかりにくい。

　いまひとつは、データの信憑性に関する疑問である。CPI算出の基礎として使われているのは、主として先進国出身の学者や経営者などを対象として行われた調査データである。そのため、特に、例年低いランクに位置づけられている途上国の間からは、自国民の認識ならまだしも、外国人の実業家や専門家の認識を反映したようなデータは信用できないとか、外国人に腐敗状況を調査されたくないという声が聞こえてくる。その背景には、腐敗防止に取り組んでいるにもかかわらず、指数やランクがいっこうに改善されないことに対する不満や苛立ちのようなものがある。もっとも、最近では、途上国の研究者のなかから、CPIに代わる新しい腐敗の測定メカニズムを開発しようとする動きが出てきている。

　筆者は、個人的には別の角度から、CPIのような認識をベースとした数

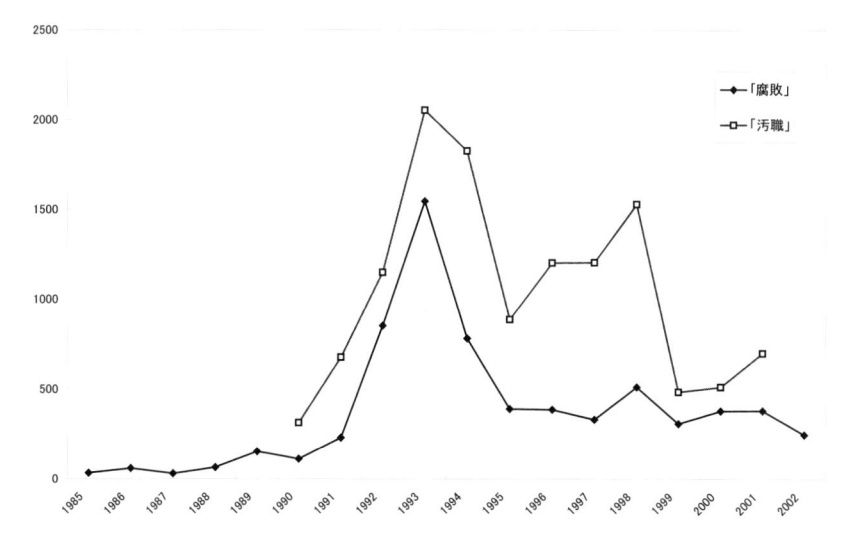

図-2 「腐敗」「汚職」の語が使用された記事件数（朝日新聞検索データ）

値化に伴う問題点を指摘してきた。それは、腐敗については、とりわけ「認識」そのものが社会の雰囲気によって影響を受ける可能性があるということに関わる。アカデミックな議論には乗せていないものの、筆者の問題意識の一端を紹介しておきたい。

　戦後の日本において腐敗の現象が少なくなりつつあることは、ほかのより客観的なデータから実証することができる。**図-1**は公務員の収賄事件の起訴検数の推移をまとめたものである。1990年代における収賄起訴件数は、1970年代の水準と比較すると、およそ5分の1程度にまで減少していることがわかる。

　もっとも、これとは逆の傾向を示しているかのようなイメージを与えるデータもある。**図-2**は、朝日新聞紙上で「腐敗」の用語が使用された頻度を示すデータである。これを見ると、1993年から1995年にかけて、国内では「腐敗」という言葉が、ほかの年に比べて使用頻度が高かったことがわかる。

　その理由のひとつは、1993年8月の選挙で自民党政権が過半数割れし、代わって誕生した細川首相には、金権政治を一掃する期待が高まり、新聞各紙は盛んに腐敗を議論していたことと関係があるのでないか。前年の92

年には、当時自民党の副総裁であった金丸信が東京佐川急便から5億円のヤミ献金を受けていたことが発覚し、副総裁辞任、その後議員辞職に追い込まれ、金権政治が社会的に大きな問題になっていた。細川首相自身も、94年4月には金銭スキャンダルに見舞われ辞職したのである。

報道機関が頻繁に「腐敗」の語を使えば、当然、社会の中の腐敗に対する認識は(少なくとも)相対的に高まる。そして、それが市民の腐敗の認識に影響を与えないはずはない。しかし、一方で、バブル崩壊後の不景気の下で、サプライ・サイドに贈賄の余裕がなかったことなどがあって、公務員が起こす収賄事件そのものは減ったのではないか。以上は、あくまで仮説にすぎない。しかし、認識のレベルで腐敗を測ることがひとつの方法であるとしても、データを無批判に受け入れることには慎重でなければならないということを示す事例にはなるであろう。

ちなみに、TIは、CPIのほかにも、主として先進国をカバーする贈賄指数(Bribe Payers Index: BPI)、ひとつの国内のどの部門(たとえば、政治、法執行、医療、宗教など)が腐敗しているかを数値化して示すGlobal Corruption Barometer: GCB)を出している。前者は原則として3年おきに、後者は2年ごとに改定されている。

(3) 企業向けのツール：「贈収賄防止のためのビジネス原則」

TIは、2004年6月、「贈収賄防止のためのビジネス原則」(以下、「ビジネス原則」)を公表した。これは、TIが他の団体と共同で開発した、企業が贈収賄防止のための体制構築を進めるよう促す基準に相当するものである。

ビジネス原則が企業に対して求めるのは、次の二つの基本的な事項である。すなわち、「企業は、直接間接を問わず、いかなる形態の贈収賄をも禁止しなければならない」ということ、ならびに、「企業は、贈収賄防止プログラムを実行することを確約しなければならない」ということである。

具体的には、企業は、その規模、事業部門、潜在的リスク、操業の立地を反映した贈収賄防止プログラムを策定することが求められる。しかも、その贈収賄防止プログラムは、(i)当該企業の実効的な支配の下にあるすべ

ての活動について適用されなければならないこと、(ii)価値、方針および手順を、明確かつ十分詳細に記したものであること、(iii)企業が事業を展開するすべての国おける贈収賄防止に関連する法令と整合性がとれていること、(iv)従業員、労働組合または他の労働者代表組織と協議して策定すること、(v)関連するステークホルダーは、コミュニケーションを通じてこのプログラムに関連する情報を提供されること、が求められる。

　企業が導入すべき贈収賄防止プログラムは、賄賂、政治献金、慈善寄付・後援事業、ファシリテーション・ペイメント、贈答・接待・費用負担といった事項がカバーされていなければならない。贈収賄プログラムを実施するうえで求められる事項としては、以下の項目が列挙されている。

> **組織および責任**：上位経営層がビジネス原則の実施について明確かつ積極的なコミットメントを表明し、贈賄防止プログラムを実施するための責任体制を構築すること
> **ビジネス関係**：子会社、合弁事業相手、代理人、契約業者、納入業者との取引において贈賄防止プログラムを適用すること
> **人的資源**：プログラムに関連する人事は、従業員、労働組合等協議の上で策定し、実施しなければならないこと、従業員が贈収賄を拒否した結果として契約を取れないことがあったとしても降格など不利な扱いをしてはならないこと、違反者に適切な制裁処置を科すべきこと
> **研修**：管理職と従業員は、贈賄防止プログラムについての特別な研修を受けなければならないこと
> **内部通報およびガイダンスの提供**：内部通報制度を整備し、周知すること、また、必要な場合には助言すること
> **コミュニケーション**：プログラムに関して内部・外部コミュニケーションのルートを整備し、要請があれば、ステークホルダーに贈賄防止の管理システムを公開すること
> **内部統制および監査**：すべての金銭取引を正確かつ公平に記録する、検査に応じられる正確な帳簿・記録を維持すること

**監査およびレビュー**：経営層は贈賄防止プログラムを監視し定期的にプログラムの適切さ、妥当性、有効性をレビューし、適宜、改良を実施すべきこと、監査委員会または取締役会は、プログラムの妥当性について独立した評価を行い、年次報告書の中で株主に報告すべきこと

　以上が、大まかなビジネス原則の内容である。基本的には、品質管理や環境管理に関するISOのマネジメントシステム規格をモデルにしていることが推測される。これに類似したものとしては、麗澤大学が1999年に発表した「倫理法令遵守マネジメントシステム規格」(ECS2000)がある。
　ECS2000のほうは、企業がコンプライアンスシステムを構築し、維持し、適切に運用することを主な要求事項としているのに対し、ビジネス原則のほうは、法令遵守といった一般的なテーマではなく、贈収賄という限定されたテーマに的を絞って、企業側に対応を求めているという点が決定的に異なる。
　ビジネス原則は、その策定に協力した欧米の主要企業では採用されているが、全体的には大企業を念頭に置いて策定されたものであった。そのため、中小企業がそのままこれを適用する場合に不都合があることが指摘されていた。そうした意見をうけて、TIは、2008年1月、中小企業向けのビジネス原則を公表した。この原則が中小企業にどの程度受け入れられていくのか、現時点では何とも言えない。

### (4)　「ビジネス原則」導入に関する第三者レビューの提案

　ビジネス原則については、TI-Jが、2005年にTI本部に対して、第三者確認に関する提案をした。Third Party Reviewの頭文字をとって、「TPR」と称するものである。その趣旨は、あくまで、この原則も用いて贈収賄防止の体制を整えたと主張する企業があるならば、第三者的確認がそのような主張の信憑性をいっそう高めることになるというものである。
　具体的には、企業からの要請を受けて、当該企業の贈賄防止対策についてTI-Jが簡易なチェックを行い、その対策がビジネス原則に沿った内容の

ものである旨の第三者意見を述べる。同時に、当該企業が自社媒体(CSR報告書、ホームページなど)でその第三者意見に言及し、あるいは利用することができる。チェックすべき項目としては、(1)倫理憲章、行動基準等において贈賄禁止が明確に規定されているかどうか、(2)贈賄禁止をカバーする責任部署、担当者がいるかどうか、(3)贈賄のリスクの高い部署に焦点を絞った教育研修を定期的に行っているかどうか、(4)通報者の保護を含めて実効的な内部通報制度が整備され、運用されているか、などである。

ちょうど、2005年6月、国連グローバル・コンパクトでは、腐敗防止に関する第10番目の原則が追加されたうえ、「Communication on Progress」(COP)と呼ばれる報告手続きが導入された。以前は、9原則のうち、自社が取り組んでいるいずれかの原則について報告すればよかったのに対し、COPでは、すべての原則についての実践を報告することが求められるように報告手続きが修正された。これにより、グローバル・コンパクトに参加していた企業は、環境関連などについての取り組みだけでなく、腐敗防止対策についての実績についても報告しなければならなくなったのである。

グローバル・コンパクトに参加した日本企業の多くは、環境問題に関しては報告すべき(あるいは誇るべき)実績があったように思えたが、腐敗防止の取り組みについては報告に値するような実践を行っているようには見えなかった。そこで、ビジネス原則を導入し、それを第三者的に確認された旨のステイトメントを出すだけで、簡易な形で第10原則に関するCOP報告を済ますことができるというメリットがある。

ある企業が贈賄防止体制を構築したことを第三者的に確認するとしても、ISOのような認証制度にすると、認証を付与する機関(認証機関)の側にリスクが発生する。つまり認証を与えられた企業が後に贈賄問題を起こした場合、その認証機関の信頼に影響が及ぶことは避けられない。こうした抵抗が出ることは当初からある程度、想定された。そのため、TPRの提案では抗弁を用意していた。TPRを実施した事実の表明は、対象となった企業が将来にわたって贈収賄に関与しないことの保証を約束する性質のものではなく、その企業の贈収賄防止体制がビジネス原則の規定に合致していた

ことを示すステイトメントを発行するだけにとどめるというものであった。

TI-JからのTPRの提案に対して、TI本部では賛否両論が渦巻いたようであるが、結果的にはTPRの提案は採用されなかった。伝聞されたところでは、最大の理由は、TPRが簡易チェックに終始するものであり、かつまた、その結果の公表が保証の性質を有するものでないとしても、そのチェックおよび結果の公表にTIのチャプターであるTI-Jが関わることはTI全体としてリスクを背負い込むことになる、ということであったようだ。

TIには、提案を拒否する理由がほかにもあった。実は、TPRの提案には、チェックを実施する機関が対象企業からTPRのチェックを行う対価として支払いをうけるという提案が含まれていた。TI-Jとしては、これを団体の収入として予算化し、貧弱な財政基盤を立て直すことを狙いとしていたのだが、TI本部の行動規範には、当時、クライアントに対してコンサルティング業務を行って報酬を得ることを禁じる規定があった。したがって、TPR実施と引き換えに企業から報酬を受けることがこの規定に抵触する可能性があったのである。

ちなみに、コンサルティング事業を行うことを禁じる規定は、2006年の総会あたりから議題に上り、将来的に解禁される方向で議論されている。TI-Jの行ったTPRの提案そのものは実現しなかったが、コンサルティング事業解禁のために一石を投じたことは間違いない。

### (5) 国連腐敗防止条約とTI

国連腐敗防止条約は、先に見たように、腐敗との闘いにおける初めてのグローバルな条約である。TIは、フォローアップで一定の成果を上げていたOECD条約における成功体験に基づいて、国連腐敗防止条約についても、早い段階から、締約国が条約義務を履行しているかどうかを監視する何らかのメカニズムが樹立される必要があると主張していた。

条約は、2003年10月にニューヨークで採択され、12月にメキシコのメリダで署名式が開かれた。国連腐敗防止条約は、条約の目的達成に向けての締約国の能力の向上、締約国間の協力の促進のほか、「条約の実施を促

進し、及び検討するため」に締約国会議を設置することになっている（第63条）。締約国会議は、目的達成のための活動、手続き、作業方法について合意することになっており、その活動のなかには、条約の実施状況の定期的な検討、条約実施の改善のための勧告、技術援助の必要性への留意とこれに関する必要な措置の勧告といった事項が含まれている。

　条約は、2005年12月4日に発効した。条約発効後一年以内に国連事務総長は締約国会議を開催することになっていた。これに従って、第一回締約国会議（CoSP1）が2006年12月にヨルダンで開かれた。この会議で締約国は、条約の履行状況を監視するメカニズムを樹立する必要性について合意し、条約の実効性確保に対する期待が高まった。

　2008年1月に開かれた第二回締約国会議（CoSP2）では、条約実施の具体的方法などが議論された。先進諸国は実効的な履行監視メカニズムの導入を求めたのに対して、「グループ77」をはじめとする途上国側は、市民社会や専門家らが参加する第三者的なモニタリングは介入的で、主権侵害になる可能性があるとして、これを導入することに反対の姿勢を打ち出した。

　TIは、市民社会グループの一員として締約国会議に関わってきている。第二回締約国会議では、筆者自身、TI代表団の一員として参加した。TIは、腐敗と闘う他の団体と連合を組み、締約国会議に対して、(i)実効的なレビューメカニズムの実施を前進させること、(ii)財産の返還に関する条項を完全に実施すること、(iii)締約国間の技術支援を既存の開発援助の中心的なテーマとすること、(iv)腐敗を通報する者や腐敗防止活動家らを起こりうる報復から保護するための措置を講じること、などを求めた。基本的には、市民社会の要求は欧米諸国が求めているものと大きな違いはなく、欧米諸国は市民社会勢力を味方につけていたに等しかった。

　一週間に及ぶ会議の期間中、各国間で交渉が行われたが、結局、意見の対立が解消できないまま会議は閉幕した。閉幕に合わせて、TIは、腐敗反対連合とともに声明を出した。その中で、締約国会議が条約実施における諸国の進展を測るメカニズムについて合意できなかったことは、ひとつの「大きな後退」であると述べている。

ただ、市民社会としても絶望の淵に立たされたわけではないことを理解すべきであろう。そもそも、OECD条約において「厳格な」監視メカニズムが機能したのは、ある程度の経済的な水準に達した諸国が参加するという基礎があったからにほかならない。文化も発展段階も異なる多数の諸国が参加する国連腐敗防止条約に同じものを求めても無理である。実際、途上国では条約義務を厳密に実施していくために必要な資源が不足している上に、法執行体制が整っていないところが多い。そのため、先進国からの人的、財政的、技術的支援が不可欠である。欧米諸国もそのあたりのところはわかっているはずである。また、途上国の側も、今後、腐敗撲滅に向けたいっそう真剣な取り組みを見せなければ、条約を締結した意味が疑われるであろう。

　今後、先進国と途上国がどの程度、歩み寄りを見せるかが注目される。この点に、この条約の成否がかかっているといっても過言ではない。

## おわりに

　以上、国際社会における腐敗防止の潮流を概観しながら、腐敗防止に取り組むグローバルな非政府組織TIの活動を紹介した。紙面の都合で、TIの活動のすべてを紹介することができなかったことは残念である。機会があれば補筆したい。

　TI-Jの努力不足にも原因があるが、国際社会における腐敗防止の関心の高まりは日本国内にはなかなか伝わらない。日本社会の腐敗状況は、多少は改善されたとは言うものの、決して誇れるようなレベルではない。国内の各方面において「腐敗と闘う」意識と行動が求められる。GCBのデータは、日本ではとりわけ政界が腐敗していることを示している。政界の浄化努力が進めば、日本のCPIの指数がおそらく大幅に改善されるに違いない。

　一方、民間セクターはどうであろうか。2007年には食品メーカーの消費期限の偽装や産地偽装が相次いで発覚し、2008年初頭には製紙メーカーが再生紙の古紙使用率を偽装していたことが問題になったばかりである。近

年は、特に「だます」「ごまかす」といった企業不正が目立っている。議論はあるかもしれないが、私は個人的には、いずれも、インテグリティの欠如に由来するという意味で一種の「腐敗」の問題として捉えるべきだと思っている。

　CSRや企業倫理では、インテグリティの重要性が強調される。聖人ならともかく、多くの凡人にとっては、残念ながら、インテグリティを保証するのは人間性そのものではなく、誰かに見られていこと、すなわち「トランスペアレンシー」の確保なのである。

　公的セクターであれ、民間セクターであれ、腐敗のない社会を実現するためには、インテグリティという価値がひとつのカギになることは言うまでもない。しかし、インテグリティを確保するためには、往々にしてトランスペアレンシーが必要なのだということを強調しておきたい。

[参考文献]
蓮生郁代「国連とトランスペアレンシー・インターナショナル―腐敗防止のグローバルな『法化(legalization)』に向けて―」一橋大学提出博士論文
梅田徹「OECD外国公務員贈賄防止条約のフォローアップについて」『麗澤大学紀要』第70巻(2007年7月)
Charles Sampford, et al eds., *Measuring Corruption*(Ashgate, 2006)

# 第4部　民間組織のイニシアチブ

WFP（世界食糧計画）のプロジェクトで、道路と水路を修理し、植林する元アフガニスタン兵士たち　　UN Photo/WFP

内乱後ユニセフやNGOの支援で、学校へ戻ってきたブルンディの女性たち　　UN Photo/Martine Perret

# 11章　GRIガイドラインの方向性

後藤　敏彦

## 1　GRIの設立とその後の経緯

　GRI[1]とはGlobal Reporting Initiativeの頭文字をとったものである。あらゆる企業レベルの「環境報告書」について、全世界で通用するガイドラインを立案することを目的に、米国のNGOでセリーズ原則を策定したCERES[2]や国連環境計画(UNEP)が中心になって、1997年秋にボストンで設立された。参加者は世界各地の企業、NGO、コンサルタント、会計士団体、事業者団体等で、環境報告書に関して活動している団体や個人を網羅している。現在もマルチ・ステークホルダーの包含をキーワードとしており、それがGRIの価値の基本になっている。

　GRIは当初、環境報告書のグローバル・スタンダードを作ろうということで発足したが、1998年9月にワシントンで開かれた会議で「持続可能性報告書ガイドライン　"Sustainability Reporting Guidelines"」の策定へと方向が変わった。持続可能な発展のためには環境だけでは不十分で、持続可能性(サステナビリティ)に関わる3つの側面、すなわち環境・経済・社会(トリプル・ボトムライン)についての持続可能性報告であるべし、との結論に達したのである。トリプル・ボトムラインの概念を提唱した英国SustainAbility社のJohn Elkington氏が参加しており、その主張が受け入れられたものであろう。このとき以降は次のミッションのもとに活動してきている。

「世界中でおこなわれている持続可能性報告方式を、比較可能性、監査可能性、一般に公正妥当と認められた実務慣行という点において、財務報告と同等のレベルに引き上げ、これと同程度に慣例化すること」。

「統一された報告、すべての企業に適用可能な核となる計測方法、および業種特性に合った計測方法を立案し、普及させ、促進していくこと。これらすべてを、持続可能性の環境・経済・社会的次元を反映するものとすること」。

設立のときからガイドラインの取り組みに着手し、1999年3月には公開草案を発表、パイロット・テストを経て2000年6月に第一版を発表した。社会全体が急速に変化している中でガイドラインも定期的に見直す必要があることを認識し、数年毎に見直しをする方針を掲げ、現時点までに2002年版(G2)、2006年版(G3)が策定されている。

ガイドライン策定とは別に、定期的に見直すとなるとしっかりした母体機関が必要であることから、1999年5月のトロントの運営委員会議で常設機関化が決定された。

常設機関としてのGRIは2002年4月に正式にたちあげられ、4月4日には国連本部ビルで理事就任式がとりおこなわれた。GRI本部の設置場所はオランダのアムステルダムとすることが第一回の理事会で決定されており、UNEPのCollaborating Centerの一つとして指定された。ちなみに当初の理事については、世界資源研究所(WRI)のジョナサン・ラッシュ総裁を委員長とする選定委員会が自薦・他薦を含む100名以上の候補者の中から選び、決定した。この選定委員会には国際会計士連盟会長(当時)の藤沼亜起氏(新日本監査法人)も参画されていた。注目点は理事の多様性、すなわちマルチ・ステークホルダーである。ちなみに筆者は1998年のワシントン会議から2006年末まで運営委員や理事としてかかわってきた。

## 2  報告書とその背景

欧州では1970年代初頭にソーシャル・リポートの発行が提唱されたが、諸々の理由により大きく広がらなかった前史がある。環境報告書は1980年代後半に自主的な独立の報告書として発展してきた。さまざまな環境規制が制定・強化されてきたのに対応し、その遵守状況を社会に公表しておくというリスク・マネジメントの一環でもあっただろうが、やはり、背景には1980年代を通じての地球環境問題への関心の高まりがあり、それを受けた社内外への対応だったと考えてよい。たとえば、1985年、オゾンホール確認、フロン規制枠組み条約であるウィーン条約、1987年、モントリオール議定書、国連ブルントラント委員会報告「Our common future」、1989年、国連リオ・サミット開催決定等々、地球環境問題がビジネスをも直撃しだした時代である。社内的にも役員・従業員に取り組みを周知徹底し、取引先にも知悉してもらい、社会一般にも理解を求める必要性が高まってきた、という背景がある。ISOの環境マネジメント規格14000シリーズの策定もこれと同じ背景で進展してきた。

環境報告書がサステナビリティ報告書へと進化した背景にはグローバリゼーションの進展がある。これはグローバリゼーションの負の側面の克服という課題および巨大化した企業に大きな役割を担ってほしいという期待からCSR(Corporate Social Responsibility)の動きが出てきたこととも連動している。

グローバリゼーションという言葉は90年代から頻繁に使われるようになってきたが、それに先立ついわゆる国際化(Internationalization)は、第二次世界大戦の後、ガット体制の下で着々と進展してきた。その集大成が1995年のWTO(World Trade Organization)への移行である。自由貿易推進を旗印とするWTO体制には当然「光と影」があり、1999年シアトルでのWTO閣僚会議に対する暴動や、2003年メキシコ・カンクンでの農業交渉の決裂などにみられるような根強い反対運動がある。批判には、ダブルスタンダードに向けられるものや、(多国籍)企業の自由放縦な活動に対するものがある。

こうした状況のもとで、企業に社会的責任(CSR)を果たしてもらうべく、OECD(経済協力開発機構)やEU(欧州連合)での取り組みをはじめ各種CSR憲

章の策定など、さまざまな活動が進められてきた。

OECD[3]は1976年に「OECD多国籍企業ガイドライン」を採択し、それから数度の改定を重ねたうえで2000年に大幅改定をおこなった。OECD政策フォーカス[4]では次のように述べている。

> 「しかし、過去に行われた改定(中略)と比べると、本文の改訂は大幅であり、持続可能な開発という課題の中核となる経済面、社会面、環境面の要素を一層強く打ち出している。児童労働と強制労働の撲滅に関する提言を加えたことにより、ガイドラインは国際的に認められている中核的労働基準すべてをカバーすることになった。(中略)また環境の章では、社内の環境管理の強化や環境関連情報の一層の開示、環境への影響に対処するための緊急計画の改善などにより、企業に対して環境面での実績を上げるよう奨励している。人権に関する提言も導入された。汚職行為の防止や消費者の利益に関しても、新しく章が設けられた。また、OECDコーポレート・ガバナンス原則を反映させ、企業の社会及び環境面での説明責任の認識ならびにその一層の実施をはかるため、情報公開と透明性に関する章は更新された」。

深刻な失業問題を抱えるEUでは、欧州委員会（EC, European Community）が1997年11月のルクセンブルグ雇用サミットで、企業が果たす役割への期待を表明、2000年3月のリスボン・サミットでのCSRの強調を経て、2001年7月に「欧州CSR枠組の推進　グリーン・ペーパー」[5]を公表した。それに対するパブリックコメント等を反映して翌年、「CSR　持続可能な発展への企業の貢献」[6]を公表している。

グリーン・ペーパーは序文で、「CSRについて各国・欧州・世界レベルで広範な議論を巻き起こし、見解を求めることをその狙いとしている」と述べている。また、CSRについて第2章の「CSRとは何か」の冒頭では次のようにいう。「CSRについてのほとんどの定義は、『企業がその業務運営とステークホルダーとの相互交流に社会・環境事項を自主的取組として組み込

む、というコンセプトである』、と記述している」。

　企業が自主的に取り組むことを期待しているが、実効性を高める狙いもあってか、各国政府もさまざまな取り組みをしている。たとえば英国は2000年に年金法を改正し、年金の運営におけるCSRについての方針の説明責任を強化しているし、フランスは2001年に上場企業に対しCSRの情報開示を義務化する法律を成立させている。そこでは、CSRを推進するためにSRI(Social responsible Investment, 社会的責任投資)を武器としていると考えてよい。

　2000年前後になると、環境だけでなく社会的なテーマも含めたさまざまなCSR憲章(または、「サステナビリティ憲章」)が発表されている。グローバル・サリバン原則[7]、国連グローバル・コンパクト[8]、日本経団連の企業行動憲章[9]などがそれだ。国連グローバル・コンパクトは本書の第2部で解説されているが、GRIとは覚書を交わしており、密接な関係にある。

　なお、本節ではGRIとの関係で「サステナビリティ報告書」という用語を使ったが、CSRレポート、社会・環境報告書などさまざまな呼び方がされており、以後、これらは同義語として扱う。

## 3　GRIの意味

### (1)　グローバル・フレームワーク

　上で述べたとおり世界はグローバル化し、WTO体制の下、さまざまなグローバル・フレームワークづくりが進められてきている。ISO(国際標準化機構)がCSR規格策定に着手しているが、ISO自体もTBT(Technical Barrier to Trade)協定によりWTOと一体化している。

　GRIはWTOとの直接的な関係はないが、サステナビリティ報告書のde fact Guidelineを作成しようとしており、グローバル・フレームワークづくりの一翼を担おうと狙っている。

　このようなグローバル・フレームワーク作りは、WTOのような条約に基づく政府間でのルール策定は別として、任意のフレームワークの場合、一般的にはマルチ・ステークホルダーの参加を正統性の根拠としてい

る。ISOですら、マルチ・ステークホルダーということを主張しだしている。にもかかわらず、それだけでは十分な権威性に欠けるというので、正統性の根拠を作り出そうというさまざまな動きにつながっていく。GRIがUNEPのCollaborating Centerの一つとして認めてもらったことや、上述したグローバル・コンパクトと覚書を交わして密接な関係を構築しているのも、その現われといってよい。

### (2)マルチ・ステークホルダー参加

　GRIもその正統性の根拠としてマルチ・ステークホルダーの参加を主張している。具体的には、理事15人およびステークホルダー委員会委員60人は五大陸の企業、NGO、中間組織、労働組合の4セクターからバランスをとって選ぶことをルール化している。

　確かにマルチ・ステークホルダー参加という言葉は美しい。しかしながら、一般論としてその実践は容易ではないし、途上国の人々にとっては幻想としか言いようがない、というのが実情に近いだろう。それでも、できあがったものはグローバルなde fact standardとして世界中の人々を縛っていく。法律ではないが、まさにソフト・ローと呼ばれるゆえんである。

　日本では、欧米の価値観、特に米国のスタンダードの押し付けという批判があるが、参加もせず内弁慶的に国内で批判していても世界的には何の意味もない。GRIで2001年に指標づくりに関してワーキング・グループを立ち上げたとき、世界中から130名以上の人々が参加した。日本のNGOや企業の人々に参加を勧めたが、ある政府系財団法人から一人が参加しただけで、ほかには全く応じてもらえなかった。

　世界第2位の経済大国として、なおかつ自由貿易の恩恵を人一倍享受している日本として、とくに企業はこうしたグローバル・スタンダード作りに参加すること、金をだし、汗を流すことの意味を、もっと真剣に考える必要がある。作られたスタンダード、すなわちプロダクトの出来の良し悪しもさることながら、こうしたフレームワークが、その作成プロセスに正統性の根拠を置いて重視していることを認識すべきである。

ちなみに、日本が積極参加しない結果として、出来上がったプロダクトは当然のことながら欧米中心の価値観に基づくものになりがちである。

### (3) 日本での普及

GRIはGRIガイドラインをde fact standardにしたいと願っている。しかしそれは、これを活用するさまざまな人々、すなわち報告書作成者、さまざまなタイプの報告書読者、報告書審査者、保証提供者などがそのことを認めるか否かにかかっている。ちなみに、日本は世界でもっともGRIガイドラインの利用企業数が多い国といわれている。これは以下のような事情が重なった結果だと考える。

①筆者が1998年以来、運営委員や理事として継続してかかわり、最初のドラフトは(社)産業環境管理協会の、また1999年から3年間は地球環境基金の支援も得て、ガイドライン公表後一カ月以内に、すべて仲間と共に日本語訳を発行し、数多くのシンポジウムやセミナー等で紹介してきたこと。
②企業がサステナビリティ報告書に移行しだした時期と重なり、他に代替するものが見当たらないこと。
③主要企業が動きだすと追随するものが多い、日本特有の横並び意識。
④「形」から入る日本文化の特色。

とはいえ、世界的にみるとISO/SR26000の策定が始まっており、SRI(社会的責任投資)の評価機関によるさまざまな評価シートなどもあって、GRIが本当にde fact standardとして認めてもらえるかどうかは、これからが正念場といえよう。

## 4 GRIガイドライン

GRIは2006年10月5日にGRIサステナビリティ・レポーティング・ガイド

ライン第3版(以下、G3)を公表した。英文はGRIのホームページからダウンロード可能であり、暫定翻訳版はサステナビリティ日本フォーラム[10]で入手可能である。参考までにG3の構成を**表-1**として、指標のタイトルを**表-2**として示しておく。

**表-1　GRIガイドライン2006年版(G3)の構成**

| |
|---|
| 序文 |
| 持続可能な発展および透明性の責務 |
| 序文 |
| サステナビリティ報告の概要 |
| サステナビリティ報告書の目的 |
| GRI報告枠組みに関するオリエンテーション |
| GRIガイドラインに関するオリエンテーション |
| ガイドラインの適用 |
| パート1：報告内容、品質、バウンダリーの確定 |
| 報告書内容の確定に関するガイダンス |
| 報告書内容の確定に関する原則 |
| 報告書の品質確保に関する原則 |
| 報告書のバウンダリーの設定 |
| パート2：標準開示 |
| 戦略とプロフィール |
| 1：戦略および分析 |
| 2：組織のプロフィール |
| 3：報告要素 |
| 4：ガバナンス、コミットメント、および参画 |
| 5：マネジメント・アプローチおよびパフォーマンス指標 |
| 経済的 |
| 環境的 |
| 社会的 |
| 労働慣行およびディーセント・ワーク |
| 人権 |
| 社会 |
| 製品責任 |
| 一般的な報告留意事項 |
| データ収集 |
| 報告書フォームと頻度 |
| 保証 |
| 用語集 |

出展　GRIサステナビリティ・リポーティング・ガイドライン

## 表-2　GRI指標の側面と指標数

| | 側面 | 指標数 | | | |
|---|---|---|---|---|---|
| 経済 | 経済的パフォーマンス | 中核指標 | 4 | | |
| | 市場での存在感 | 中核指標 | 2 | 追加指標 | 1 |
| | 間接的な経済的影響 | 中核指標 | 1 | 追加指標 | 1 |
| 環境 | 原材料 | 中核指標 | 2 | | |
| | エネルギー | 中核指標 | 2 | 追加指標 | 3 |
| | 水 | 中核指標 | 1 | 追加指標 | 2 |
| | 生物多様性 | 中核指標 | 2 | 追加指標 | 3 |
| | 排出物、廃水および廃棄物 | 中核指標 | 7 | 追加指標 | 2 |
| | 製品とサービス | 追加指標 | 2 | | |
| | 遵守 | 中核指標 | 1 | | |
| | 輸送 | 追加指標 | 1 | | |
| | 総合 | 追加指標 | 1 | | |
| 社会 | 労働慣行とディーセント・ワーク | | | | |
| | 雇用 | 中核指標 | 2 | 追加指標 | 1 |
| | 労使関係 | 中核指標 | 2 | | |
| | 労働安全衛生 | 中核指標 | 3 | 追加指標 | 1 |
| | 研修および教育 | 中核指標 | 1 | 追加指標 | 2 |
| | 多様性と機会均等 | 中核指標 | 2 | | |
| | 人権 | | | | |
| | 投資および調達の慣行 | 中核指標 | 2 | 追加指標 | 1 |
| | 無差別 | 中核指標 | 1 | | |
| | 結社の自由 | 中核指標 | 1 | | |
| | 児童労働 | 中核指標 | 1 | | |
| | 強制労働 | 中核指標 | 1 | | |
| | 保安慣行 | 追加指標 | 1 | | |
| | 先住民の権利 | 追加指標 | 1 | | |
| | 社会 | | | | |
| | コミュニティ | 中核指標 | 1 | | |
| | 不正行為 | 中核指標 | 3 | | |
| | 公共政策 | 中核指標 | 1 | 追加指標 | 1 |
| | 非競争的な行動 | 追加指標 | 1 | | |
| | 遵守 | 中核指標 | 1 | | |
| | 製品責任 | | | | |
| | 顧客の安全衛生 | 中核指標 | 1 | 追加指標 | 1 |
| | 製品およびサービスのラベリング | 中核指標 | 1 | 追加指標 | 2 |
| | マーケティング・コミュニケーション | 中核指標 | 1 | 追加指標 | 1 |
| | 顧客のプライバシー | 追加指標 | 1 | | |
| | 遵守 | 中核指標 | 1 | | |

出展　GRIサステナビリティ・リポーティング・ガイドライン

## (1) G3の特徴

　大幅な変更は利用者にとって不便という理由で、内容的には2002年版G2とそれほど変わってはいない。報告にあたっての重要性などの諸原則、報告すべき指標として環境、社会、経済的指標等から構成されている構造そのものに大きな変化はない。むしろガイドライン自体は簡略化している。

　一番の変更点は、報告書作成にあたって実際に使う場合には、これまでは参考文献とされてきた指標プロトコルと業種別補足文書も、ガイドラインと一体として扱うようになったことである。指標プロトコルとは、指標のより詳細な規定であり、例えばエネルギー使用であればエネルギー種別毎の購入量、使用量等の計算方法等についての規定である。ガイドラインが汎用のものであるのに対し、業種別補足文書は、業種毎に特有な指標等を追加的に規定している。あまりにも膨大であり、GRIガイドラインに「準拠して」すべての指標を網羅して作成するということはほとんど不可能である。現実に準拠基準はなくなり、かわってマテリアリティ原則が重要となっている。

　いずれにせよ、グローバルに活動する大企業には参考文献として有用であろうが、ガイドラインに沿って厳密に作成することは不可能に近いし、実際上も無意味と思われる。サステナビリティ・コミュニケーション・ネットワーク(NSC)11の調査では2006年発行の報告書の80%以上が、図-1のよ

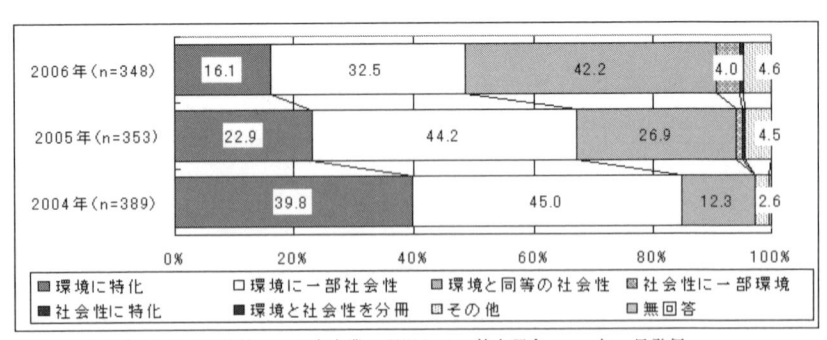

| | 環境に特化 | 環境に一部社会性 | 環境と同等の社会性 | 社会性に一部環境 | 社会性に特化 | 環境と社会性を分冊 | その他 | 無回答 |
|---|---|---|---|---|---|---|---|---|
| 2006年(n=348) | 16.1 | 32.5 | 42.2 | 4.0 | | | | 4.6 |
| 2005年(n=353) | 22.9 | 44.2 | 26.9 | | | | | 4.5 |
| 2004年(n=389) | 39.8 | 45.0 | 12.3 | | | | | 2.6 |

出典　NSC「CSRの可能性　―日本企業の現況とその基本理念」(2006年10月発行)

**図-1　発行している報告書の種類**

うに程度の差はあるが、サステナビリティやCSR報告書に移行している。

　他に代替物もないので、GRIガイドラインは引き続き使われていくであろう。しかし、上記の調査によると将来的にはISO/SR26000（策定中）の利用を明言している企業があり、日本の環境省も「環境報告ガイドライン2007年版」を公表するなど、報告書をめぐる状況はまだまだ流動的といえよう。

　G2からG3への変更ポイントについてGRIが正式にコメントしているわけではないので、以下は筆者の私見である。ちなみに、G3とG2の詳細かつ膨大な対照表はGRIのウェブ上にある。

① 　ステークホルダー・エンゲージメントの強調

　　　エンゲージメントは日本語に翻訳しにくい言葉であるが、筆者はとりあえず「参画」としている。ステークホルダーを「巻き込む」もしくは「協働する」といった意味合いである。企業として取り組む事項や報告書記載事項について、ステークホルダーの意見を取り入れながら対応していくことであり、多くの日本企業では、ステークホルダー・ダイアログという名称で対話は実施されている。

② 　マテリアリティ・プリンシプル（重要性原則）の強調

　　　これまでは、できるだけ多くの指標を万遍なく報告するという網羅性原則が勝っていた。それを否定するものではないが、様々な場面での重要性原則が強調されている。これまた一言で説明するのは難しいが、重要性原則とは、読者にとって重要なこと、サステナビリティと企業の関係において重要なことに重点をおいて報告することと理解して大きな間違いではない。

③ 　適用レベル・システムの導入（保証の強調）

　　　報告品質確保のための第三者保証について強調し始めた。G2では報告書が「GRI準拠」を謳うため必要な条件を定めていた。しかし、G3ではより柔軟に、適用の度合いに応じたABCの3段階のランクを設けた。さらに、独立の第三者から内容等の保証を受けた場合を「＋」と

表-3 3つのガイドラインの原則対比

| GRIガイドライン(G3) | 環境省・環境報告ガイドライン(2007年版) | ISO14063(2006年) |
|---|---|---|
| 重要性(materiality) | 目的適合性 | 透明性(transparency) |
| ステークホルダー包含性(stakeholder inclusiveness) | (重要性、適時性) | 適切性(appropriateness) |
| 持続可能性の状況(sustainability context) | 信頼性 | 信ぴょう(憑)性(credibility) |
| 網羅性(completeness) | (網羅性、正確性、中立性、検証可能性) | 対応性(responsiveness) |
| バランス(balance) | | 明りょう(瞭)性(clarity) |
| 比較可能性(comparability) | 理解容易性 | |
| 正確性(accuracy) | | |
| タイミングの適切さ(timeliness) | 比較容易性 | |
| 明瞭性(clarity) | | |
| 信頼性(reliability) | | |

して、A＋〜Cまで6段階の適用レベルを規定した。第三者保証を推進したいという意図の表れと考えてよい。更に自己チェック、第三者チェック、GRIチエックの3方式を規定している。登録料等も検討されており、GRIのビジネスの一環と考えてよい。ちなみに、ランク分けするレベル・システムは、日本企業の多くが反対していたものである。

(2) 報告原則

　GRIは当初から西欧流に原理原則にかなりの重点を割いてきた。G3ではかなり簡略化されているが、GRIガイドラインの活用に当たっては重きを置かなければならないところである。

　参考までに、日本の環境省の環境報告ガイドライン(2007年版)と、ISOの環境コミュニケーション規格(ISO14063)に掲げられている原則のタイトルのみを対比表として**表-3**に示す。

## 5　GRIの今後の方向性

　GRIがボストンに本部を置いていた任意団体時代には、米国の寄付文化

**表-4　おおまかなタイムスケジュール（予定）**

| 内　容 | 2006 | 2007 | 2008 | 2009 | 2010 |
|---|---|---|---|---|---|
| G3ガイドライン | ＊＊＊ | ＊ | ＊ | ＊ | ＊＊ |
| セクター・サプルメント等 | ＊ | ＊＊ | ＊＊ | ＊＊ | ＊ |
| 能力構築支援サービス等 | ＊ | ＊＊＊ | ＊＊ | ＊＊ | ＊＊ |
| データベース | ＊＊＊ | ＊＊ | ＊＊ | ＊＊ | ＊＊ |

＊＊＊　集中的、機関として重視、　＊＊　維持、着実なペース、　＊　計画、調査・準備

に支えられて運営資金はそれなりに確保できていた。アムステルダムに移設し、常設機関となったものの、収入は主としてスポンサー企業等の寄付金と政府支援、組織会員(OS)の年会費でまかなわれており、財務的に厳しい状況にある。今後さまざまなフィー・ビジネスに乗り出すことを検討していて、一部はすでにスタートさせた。しかしながら、全世界に手足があるわけではないので、GRIはコンテンツ作成に徹し、パートナーとのタイアップによって進めていくことを基本としている。とはいえ、ビジネスということになると、純粋な中立機関としての従来のあり方を維持し確保していく上での問題も出てくる可能性がある。また、いくつかの組織とは利害が相反するという状況も、まったく予想されないことではなかろう。

　以下に述べることは2006年11月の理事会までの方向性であり、その後の状況変化については特段の公表もないため、反映されていない。

　新しい方向性として、GRIガイドラインを「自由に使用できる公共財として継続する」ことは維持する。と同時に、下記を目的に収入源となる製品・サービス(Fee based service)に乗り出す予定である。

①　報告作成組織の能力支援・構築
②　報告情報を利用する人々の能力支援・構築
③　ガイドラインを守る確固たる自立した組織

　上述したように、能力支援・構築にあたってはそれにふさわしいパートナーと組んでサービスを提供することを考えている。

　さらに、2002年版ではガイドラインへの準拠の基準を設けていたが、

2006年版ではそれを廃し、有料自己申告制登録制度を設けている。日本企業の間では反対意見が強かったが、この問題は先行き、前述したG3での第三者保証の強調とリンクしてくると考えてよい。

おおまかなタイムスケジュール（予定）は**表-4**のようになっている。

## 6　サステナビリティ日本フォーラムの活動

サステナビリティ日本フォーラムは2002年に、「GRI日本フォーラム」という名称でマルチ・セクター参加のNPOとして発足した。正式には2002年11月にGRIのチェアであるJudy Henderson博士を迎え、元キヤノン社長の山路敬三氏がGRI日本フォーラム会長として覚書を交換したことと、国連広報センターとの共催で国連大学で開いたシンポジウムから始まっている。ちなみに山路氏は惜しくも2003年末に急逝され、現在はフューチャー500理事長の木内孝氏が会長である。筆者は河野正男中央大学教授とともに代表理事を務めている。上記したようにGRIがビジネス展開を考え出したこともあり、混乱をさけるため、2007年8月に名称をサステナビリティ日本フォーラムに変更した。GRIとは覚書を書き換え、引き続き連携を保ってその普及に努めている。

活動は理事会、評議委員会で決定された年間計画の大枠に従い、月例の運営委員会で詳細を決めて実行している。主たる活動としては、原則年1回のシンポジウム、月1回弱の研究会と、特別研究分科会がある。

研究会は、当初はGRIガイドラインの詳細内容について環境、経済、社会に分けてセミナーとワーク・ショップ形式で行なってきた。2006年版についても、三井物産㈱環境基金の支援を得て直ちに翻訳し、説明会を東京、大阪で開催した。ユニークなのは特別研究会である。木内会長を座長に2004年初めには「2020年の日本を考える会」（1-4月、全4回シリーズ）、2004年末には「2020年までに日本を変える会」（12月-2005年4月、全5回シリーズ）、2005年末からは「2020年の日本を創る会」（12月-2006年4月、全4回シリーズ）を開催した。いずれの研究会も、非会員を含む企業の中堅社員30人〜50人

を中心に、大学、シンクタンク、NGOなどからの参加者を得て、うち1回は合宿も行って議論を重ねてきた。2006年末にはこれらの成果を出版物としてまとめ、法政大学からも表彰された。さらにユニークなのは、この特別研究会の番外として、2004年10月ボルネオ、2006年1月マレーシア・ランカウィ、2007年1月ケニアに生物多様性を実体感するエコ・ツアーを実行したことである。

## 7 日本企業として考えるべきこと

これまでGRIの活動を通して、過去10年の世界のサステナビリティをめぐる動きを解説してきた。しかし、世界のサステナビリティに関する認識は、2007年にIPCC第4次レポート[12]の公表と気候変動枠組条約締約国および京都議定書批准国のバリ会議(COP13/MOP3)[13]を経て劇的に変化した。ここで痛感させられるのは「日本の常識は世界の非常識」ということである。具体例としては次のようなことが挙げられる。

1 世界はIPCCの第4次レポートを人類の気候変動に対する戦いの基礎として受け入れた。これまでは"Noting"(参考に)という扱いをしてきたが、今回の第4次レポートについては"Responding"(応えて)ということになった。従って、気候変動対策の大前提はIPCC第4次レポートである。そこでの提案は「温暖化効果ガスの総量規制」であり、日本政府の主張する「できる目標」[14]では世界に受け入れられるわけがなかろう。京都議定書批准国は2020年までに1990年比で25〜40%削減することと、2009年のCOP15までに確定することがバリ会議で決議されたが、このことは殆ど知られていない。

2 「世界に冠たる環境技術」を持つことが枕ことばのように使われるが、一部企業・業界を除けば錯覚でしかない。世界銀行からは、日本は先進国の中では取り組みの遅れた国という位置づけのレポート[15]が2007年10月に出されているが、これも極論すれば一顧だにさ

れていない。

3　欧米中心にCSRの動きがあり、GRIも含めて欧米情報はそれなりに理解、認識されているが、アジアでCSRが大きなうねりとなっていることについても日本では殆ど認識されていない。

　グローバリゼーションが加速する今日、いずれこの非常識は否応なく世界の常識に合わせざるを得なくなるが、この変化の時代に、そのギャップと遅れがどれだけ日本企業の競争力に影響するかを考えると、暗澹たるものがある。だが、本章の目的はいろいろな悲観的材料を並べることではない。筆者は、今ならまだ日本および日本企業の存在感を示し、世界のサステナビリティ革命に貢献して重要な役割と地位を確保することは可能だと考える。その際、グローバルに活動する企業は、大企業であると中小企業であるとにかかわらず、英文のCSRレポートを出すことが大きな役割を果たすと確信する。世界中のステークホルダーとの対話とエンゲージメントがあって初めて、世界の常識を体感できるのである。自社のビジョン、ミッション、価値を明確にし、経営方針や戦略を世界に問い、取り組みの結果を報告することによって企業ブランドは確立し、信頼度も増す。そのためには自社のマテリアリティ(重要事項)を導き出す方針とプロセス、ステークホルダー・エンゲージメントの方針、プロセスとフィードバックを公開していくことも重要な課題である。GRIガイドラインやISO26000:SRを金科玉条とするのでなく上述のプロセスでのツールとして活用することが肝要である。

　本章の冒頭で、GRIが掲げるミッションは、「世界中でおこなわれている持続可能性報告方式を、比較可能性、監査可能性、一般に公正妥当と認められた実務慣行という点において、財務報告と同等のレベルに引き上げ、これと同程度に慣例化すること」である、と述べた。私見だが、この10年間の経験からすると、これは殆ど不可能な目標であろう。例えば、監査可能性という観点から見ると、社会的側面には監査不可能なものが多い。また、監査可能であったとしても、工数等から考えると、財務監査に比べて

費用が数倍かかると予測されるので現実的とは言えない。監査可能な指標の一部は、逆にKPI（Key Performance Indicator）として財務諸表の中に取り込まれていく方向にある。

ではCSRレポートが不要になるかというとむしろ逆で、企業ブランドの観点等からもきわめて重要なツールであることは前述した。重要であればあるほど、次にはその内容をどのように担保するか、という問題が浮かび上がる。これがアシュアランスという課題の本質であり、保証、検証、適合性審査等々、どのような言葉を使おうと、今後解決してゆかねばならない基本的課題である。GRIの考えを金科玉条とはしないものの、一つの考え方として参考にし、発行者、読者、審査・監査担当者の間で虚心坦懐に議論される日が切にまたれる。

[注]
*1* <http://www.globalreporting.org>
*2* セリーズ（CERES: Coalition for Environmentally Responsible Economies）は「環境に責任を持つ経済連合」とも訳されている米国の非営利（NPO）かつ非政府組織（NGO）で、環境団体、投資専門家、機関投資家、組合、宗教団体等から構成され、1989年3月のアラスカでのエクソン系タンカー、バルディーズ号の原油流出事故を契機に設立された。
*3* <http://www.oecd.org/home/>
*4* 「OECD政策フォーカス　No.29」2001年8月OECD東京センター
*5* <http://europa.eu.int/comm/employment_social/soc-dial/csr/greenpaper_en.pdf>
*6* <http://europa.eu.int/comm/employment_social/publications/2002/ke4402488_en.pdf>
*7* <http://globalsullivanprinciples.org>
*8* < http://www.unglobalcompact.org/>
*9* <http://www.keidanren.or.jp/japanese/policy/csr.html>
*10* <http://www.sustainability-fj.org/>
*11* < http://www.gef.or.jp/nsc/>
*12* <http://www.ipcc.ch/ipccreports/ar4-syr.htm>
*13* <http://unfccc.int/meetings/cop_13/items/4049.php>
*14* 「日本は数値目標ありきではなく、業種や分野別に積み上げた結果できる目標を考えたい」2008.1.24外務省河野審議官（朝日新聞）
*15* Growth and $CO_2$ Emissions: How do Different Countries Fare?
Environment Department　The World Bank October 2007
<http://siteresources.worldbank.org/INTCC/214574-1192124923600/21511758/CO2DecompositionfinalOct2007.pdf>

# 12章　変わる投資判断と企業の姿勢

河口　真理子

## 1　SRI（社会的責任投資）とは

### (1)　SRIの定義

　今、社会を変えるツールとしてお金の重要性と、社会性に配慮したお金の流れである社会的責任投資（SRI：Socially Responsible Investment）に関心が集まっている。SRIには「投資」という言葉が入っているが、広い意味では投資対象の社会的・環境的側面に配慮した投資行動および、融資行動全体を指すものと考えられる。ただし、現実に「SRI」というと上場された株式を対象とした運用手法を示すことが多い。

　通常日本において、この株式を対象としたSRIとは、株式投資の際に銘柄を選定する判断材料として投資対象企業の財務状況だけでなく、企業の様々なCSRの評価も活用する投資の手法と理解されており、これはSRIスクリーニング運用と呼ばれる。さらに、欧米ではこうして投資した投資先企業に対して、株主の立場から、その企業の社会的・環境的な取り組みを働きかけるというエンゲージメント（株主行動）も重要な手法とされている。

　従来から、投融資の判断をするにあたり、収益性や財務的安定性などの財務情報が使われていたが、SRIでは財務情報以外に、環境や社会的側面といった要素も投資判断に必要としている。なぜ、財務情報だけでは充分でないのだろうか？　その動機・背景を考えると以下の4つの要因が浮かび上がる。

① 倫理：宗教的信条や個人の価値観に基づいて、社会的に望ましくないと投資家が考える特定の企業や業種を投資対象から排除する、あるいは、積極的に望ましいと思える企業に投資するという考え方。基本的にSRIスクリーニング運用のうち、特定の事業や企業を排除するネガティブスクリーニングという手法が使われる。

② 社会運動：企業に働きかける社会運動のひとつの形態として、株式の支配証券の側面に注目し、株主としてのガバナンスの観点から企業・経営層に影響力を行使する。(エンゲージメント：株主行動)

③ 企業価値評価：相次ぐ企業不祥事や環境リスクの増加などから、CSRの取り組みが企業価値に影響を与える事例が増加するとともに、CSRの評価が企業価値判断に不可欠という認識が強まっている。企業価値を左右するCSR要素を投資判断に加味するため、SRIスクリーニングのうちポジティブスクリーニングという手法がとられる。

④ CSR推進の手段：EUでは、EU域内の企業戦略としてCSRを推進しているが、CSRを促進する手段としてCSRを投資評価に組み入れたSRIを推進する考え方。

なお、ここで同じ「投資」という言葉でも、「投資」と「資産運用」のニュアンスの違いも指摘しておきたい。そもそも投資には、ベンチャー投資のように今は世に出ていない、あるいは注目されていない製品やサービスを、その社会的意義や長期成長性を信じてリスクをとりながら応援する、という意味があった。例えば、終戦直後テープレコーダーを開発したばかりの東京通信工業という会社に出資した投資家は、将来ソニーからのリターンがこれほど高くなると正確に予測したというより、戦後日本に夢を与える事業と信じて、つまり社会的意義と事業の将来性、会社の人物、つまり夢をみて見て出資したものと考えられる。投資本来の意味には、金銭リターンを期待するだけでなく、社会的意義のある事業を金銭面で応援して事業を育てたい、夢を育てたい、つまり社会を変えたい、という価値判断があるのではないか。

これに対して、資産運用とは、一定の運用資産をなるべく低リスク高リターンで運用するために、各種金融商品のリスクとリターンを予想し投資対象の資産を配分するものである。そこには投資対象の社会性についての価値判断が入る余地はない。またお金の流れを変えることによって積極的に世の中に働きかけるという発想も無い。つまり「社会的に好ましいから」投資するのではなく、あくまで「そのほうが、低リスク高リターン」だから投資するにすぎない。

上記の①、②、④はそういう意味で投資本来の立場、③は資産運用の立場と言い換えることもできよう。

### (2) 社会的責任投資の歴史

前節で示した4つの動機は、それぞれ異なる時期に発生している。図-1にそれを示した。SRIの出発点は、①の倫理的動機である。1920年代教会の資金を運用する際に、タバコ、アルコール、ギャンブルなど、教義から許容しがたい業種を投資対象からはずしたのがSRIの発端とされる[1]。こうした特定の会社や事業を排除するSRIの方法はネガティブスクリーンによる運用と呼ばれる。

②の社会運動によるSRIは、主に株主行動によって行われている。第二次世界大戦後の1960年代以降、米国では公民権運動、反アパルトヘイト運

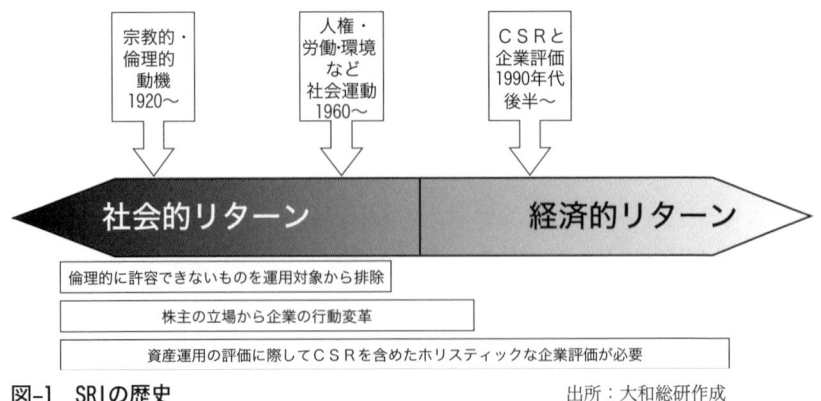

図-1 SRIの歴史　　　　　　　　　　　　　　　出所：大和総研作成

動や反戦運動などの社会運動が盛り上がったが、こうした社会運動の一手段として株主行動が注目されるようになった。1969年にはベトナム戦争で使われたナパーム弾を製造しているダウケミカルに対して、ナパーム弾の製造中止を求める株主提案が行われた。

また著名な消費者運動家であるラルフ・ネーダーが、「キャンペーンGM」運動を主導したのもこの時期である。ネーダーを中心とした社会運動家グループは、GMの1970年の株主総会で、取締役会の多様性の要求と、社会的責任についての監査・忠告を行う株主委員会の創設の、2つの株主提案を提出した。翌1971年にはアパルトヘイト政策を行っている南アフリカ共和国から撤退を求める株主提案が提出された。これらは株主総会で否決されたものの、GMは結局サリバン牧師を初の黒人取締役として任命し、公共政策委員会を設立し、ネーダーの主張を一部受け入れる形となった。

このことが、その後会社の行動に影響を与える「株主行動」に対する社会の関心を高めることとなった。もちろんこれらの社会的問題への対処の仕方は、株主行動だけでなく、現在はスクリーン運用にも生かされている。例えば、「人権問題→雇用の機会均等・多様性の確保→女性やマイノリティの雇用や役員への登用などの規準で評価」というように活用されている。

③の「企業価値評価にCSRの観点が必要」という考え方は比較的最近のものである。これは、1990年代に広まってきた、「企業の環境対策が企業価値にとってプラス」、という環境経営の考え方を契機として浸透しはじめた。90年代までは、積極的な環境対策は企業にとって「余分なコストをかけること」、すなわち「企業価値にマイナス」という認識が一般的であった。しかし、90年代にはいり環境マネジメントシステムを導入する企業が急増するに従い、環境対策の推進はコストアップよりも効率性・生産性向上につながるという認識が広がり始めた。

すなわち、従来の環境＝コストアップで想定されている環境対策とは、「煙突に脱硫装置」、「排水装置に水質浄化設備」を設置するなど、エンドオブパイプといわれる公害対策である。こうした対応は水質や大気の規制を満たす為に支払わなければならないコストと認識され、企業の効率性を引

き下げる要因とされてきた。

　これに対して環境経営における環境対策とは、「企業の全ての活動の環境負荷を洗い出し、各プロセスで法規制に関わらず環境負荷の削減を目的とする対応」を意味する。例えば省エネや歩留まり向上やデザイン変更による省資源も、エネルギー消費や廃棄物という環境負荷を削減すると同時に、エネルギーコストや原材料コスト低減につながる。また、ビールカスなど植物性廃棄物を肥料などに商品化すれば、廃棄物コストの削減と売上増となる可能性もある。

　環境省の『環境にやさしい企業行動調査』によると、現在日本でISO14001を取得している上場企業は全体の8割弱にのぼるなど、環境経営を行う企業は増えている。そして、『環境対策は経営効率と矛盾せず両立する』という考え方が市民権を得ている。経営陣の環境への取り組みの考え方は、長期経営戦略の質を判断する材料としても有効と考えられるようになってきた。たとえば、環境対策を規制の後追いという後ろ向きの対策としか捉えないのか、トヨタのプリウスのように、環境対策を長期経営戦略の一部に取り込んでいるのか、という点をみることで、経営者の長期戦略を判断する一つの材料ともなるのである。また、最近では、土壌汚染[2]や温暖化などの環境リスクが企業業績に影響を与える可能性が明らかになってきたが、環境リスクの最小化の面からも環境経営の必要性が認識されるようになってきている。

　こうした環境経営だけでなく、食品の安全性問題、工場の爆発事故、内部告発による不祥事の発覚など、企業の社会的責任が問われる事件が頻発していることから、様々な社会的側面が企業価値に影響を与えることは広く社会で認識されるようになった。そのため、企業の社会的側面あるいは社会的責任を分析評価し、ホリスティック（包括的）に企業評価に含める必要性が認識されるようになってきているのである。具体的にはCSRのそれぞれの側面において企業の取り組みを評価し、財務情報と組み合わせて、いずれも優れている企業を選択するというポジティブスクリーニングの手法がこれに当てはまる。

④は、主としてEUの戦略を示している。EUでは2000年から、経済統合に続く次のEU戦略として、域内の企業の競争力の源泉としてCSRに戦略的に取り組み始めたが、CSRを推進するツールとしてSRIにも注目、SRIとCSRをクルマの両輪として両者を積極的に促進する戦略をとっている。

現在SRIを手がける投資家には以上4つの立場がある。歴史的に見れば、①と②の投資家がSRIを支えてきた中心的な投資家だが、90年代後半以降みられるSRI市場急拡大の最大の要因は、③の「CSRが企業評価に必要」と考える投資家が増えたことである。また、①、②、④は、世の中を良き方向へ変革したい、という社会的価値観が土台にあるのに対して、③には、単に投資リターンを高めることだけを目的とした、社会的価値観を持たない投資家も含まれる。

### (3) SRI：SocialのSからSustainableのSへ

最近のSRIでの最大の変化は、SRIのSの変化である。通常SRIのSはSocialのSとされてきた。しかし、最近では、これがSustainabilityを示すSに知らず知らずの間に変化しているのである。そして、Socially Responsible Investment の替わりにSustainable and Responsible InvestmentまたはSustainable Investment, あるいはResponsible Investmentとよばれるようになってきた。それは、SRIの目的が投資家の社会的(Social)な価値を実現する手段としてのSRI (Socially Responsible Investment) から、社会の持続可能性(Sustainability)の追求と企業の包括的な価値を評価するSRI (Sustainable and Responsible Investment) に変化していることを示している。

またSocial のSがSustainabilityのSに変化したということは、資本主義VS社会主義というイデオロギーの対立時代にあった社会運動的色彩・イデオロギー的色彩が薄れてきたことを意味する。ベルリンの壁崩壊をきっかけに消滅した社会主義の替わりに台頭してきた概念が「持続可能性」である。ベルリンの壁消滅の2年前の1987年に「国連環境と開発に関する委員会(通称：ブルントラント委員会)が出した報告書『Our Common Future (我々共通の未来)』[3]において、「Sustainable Development (以降持続可能な発展)[4]」が人類の課

題として取り上げられた。そこで「Sustainable Development とは、将来世代のニーズに応える能力を損ねることなく現在世代のニーズを満たす発展」と定義された。

ここで「将来世代のニーズに応える能力を損ねない」とは地球環境資源が有限であることを認識した考え方である。この考え方は、「自然は無限で無料であり、自然から得た資源を有効利用することで永続的に経済の成長を続けることが出来る」という従来の正統派経済学の前提を大きく覆す概念となった。その後、1992年にブラジルのリオで開催された地球サミットでは「人類共通の目的として、現在の経済成長至上主義を、地球の生態系に配慮した（地球の環境容量に配慮した）発展に転換しなければならない」ということが世界的に合意された。その後国際社会においては、環境破壊による生態系の崩壊を待つまでもなく、地球規模での貧富の差の拡大と悪化する途上国の貧困問題も人類社会の存続を脅かす可能性があることが強く認識されるようになった。現在では「持続可能性」という言葉には、地球環境の持続可能性という意味だけでなく、人間の社会経済システムの持続可能性も暗黙のうちに含まれるようになっている。

そして、人類社会の持続可能性を高めるためには、国や国際機関など公的セクターだけでなく、企業セクターがそのビジネスにおいて持続可能性を組み込むことが不可欠と考えられるようになった。具体的に企業に求められるのは、事業活動のプロセスに環境や社会性、人権に対する配慮を組みこみ、本業において環境、社会性に配慮した製品サービスを提供することである。

こうした流れのなかで、新たに生まれてきたSRI（Sustainable & Responsible Investment）投資家は、現在、表-1の3タイプに分類されると考えられる。

ここにあげた3タイプの投資家のうち、ⅰは従来型のSRI投資家像と重なるが、その志の動機が宗教や社会運動だけでなく、ここで示したようにsustainabilityという地球市民としての投資家の志に訴えかけるものなので、従来のSRIよりも、広い投資家層にアピールすると思われる。ⅱの投資家がメインストリーム化に最も寄与している層である。ⅲの株主責任という

## 表-1 新タイプ別SRI投資家

| | |
|---|---|
| i | 持続可能性を経営に組み込んだ企業を応援し、世の中を良くしていきたいという志のある投資家 |
| ii | 持続可能性に配慮した企業の企業価値は高い、という考え方に基づいて、パフォーマンスを向上させることが目的の投資家。特に長期投資家の場合、長期投資の対象となる企業の条件として、社会の持続可能性に自社のビジネスを調和させることを重要視する。 |
| iii | 大量の資金を持つ大手の投資家は企業の株主であり、間接的に社会に与える影響力が大きいので、社会の持続可能性を高める義務・責任があるという投資家。 |

出所）河口真理子「SRI最新動向―欧米の最新動向と日本における課題―」2007.7.6

考え方も、従来のSRI投資家の考え方が「宗教団体として、教義に反する投資をすることは出来ない」という狭い特定された責任であったのに対して、資金を動かす投資家が広く社会に負う責任とこれも幅が広がっている。このように、SocialのSがSustainabilityに変容することでSRIに共鳴する投資家層が着実に広がっているのである。

### (4) SRI業界の変化

こうした状況の変化をうけて、NGO的色彩の強かった従来型SRI関係者もSRIの考え方を軌道修正するようになった。例えば、英国のSRIの業界団体であるUKSocial Investment Forumは、4月の創立15周年にあたり団体のミッション声明[5]を改定した。新旧ミッション声明を以下に記す。

**新ミッション**

**UKSIFは持続可能で責任ある(*Sustainable and responsible*)金融サービス**にかかわる会員制ネットワーク組織である。UKSIFは責任ある投資(Responsible Investment)および、持続可能な経済発展と生活の質および環境の安全性をサポートする金融サービスの普及啓発を促進する。我々はまた、個人および機関投資家に対して彼らの投資に価値観が反映されるように支援する。

**旧ミッション**

**UKSIFは、社会的責任投資(*Socially Responsible Investment*)にかかわる会員制ネットワーク組織である。**UKSIFの第一の目的は、英国の投資家

に対してSRIを推進し、SRIのプラスの社会的影響を広めることにある。UKSIFは、すべての具体的な社会環境倫理の問題は、通常の投資決定プロセスに組み込まれるべきで、全ての投資家が彼らの価値を投資に反映することが可能になるべき、と信じている。

(強調部筆者、UKSIF HPより大和総研仮訳)

これをみると、SRIから社会(Social)という言葉が消滅すると同時に、SRIの中身が「投資決定プロセスに社会環境倫理の問題を反映する」ことから「持続可能な経済発展と、生活の質、環境の安全性をサポートする」に変化していることが明らかである。このことは、後述する責任投資原則(Principles for Responsible Investment)の策定・署名機関の増加などによっても裏付けられている。

## 2　SRI市場の状況

### (1)　SRI市場規模

米国でのSRI運用資産の残高は、2005年末時点で2兆2900億ドル(約270兆円)、全資産運用残高の1割程度を占めると推定されている。これは1995年の水準の3.6倍である。欧州では[7]、SRI運用資産の残高は2005年末に1兆ユーロ(170兆円)となり、全運用資産残高に占める割合は、国によって異なるが10-15%程度と推定される規模になっている。ちなみにこれは3年前の2002年末と比較して106%の伸びである[8]。

一方日本でのSRIの市場規模は、NPO法人の社会的責任投資フォーラムが作成した「日本SRI年報2007年」[9]によると、2007年9月の公募型投資信託(主に個人投資家むけ)の残高7500億円弱、企業年金でのSRI運用が2007年6月時点で1100億円である。両方を合わせても8600億円にとどまる。ちなみに企業年金での運用は、2005年6月に100億円に過ぎなかったため2年で10倍に拡大しており、急成長していることはしている。しかし、残高ベースでは欧米とは大きな格差がある。その背景には何があるのだろうか？

まず、欧米のSRI市場と日本の市場の最大の違いは投資家層にある。先述したとおり、日本のSRI市場8600億円の大部分は公募型のSRI投資信託（7500億円）である。公募型投資信託とは基本的に個人投資家をターゲットとし、1万円とか10万円単位の小口の投資で、証券会社や銀行、郵便局の窓口で一般の個人投資家が簡単に購入できる個人むけ金融商品である。個人投資家のシェアが圧倒的に高いということは、日本のSRI市場は、『透明性が高く、企業倫理がしっかりしていて、環境に配慮し、女性活用に積極的で地域との共生をはかる企業を応援したい』という個人投資家によって支えられていることを意味する。

これに対し、欧米のSRI市場では個人投資家の比率は極めて小さい。SRIの主要なプレーヤーは年金基金や、大学の財団や労働組合、保険会社などの機関投資家の資金である。アメリカの場合、SRIスクリーン運用残高のうちSRI型投信のウェイトは1割程度で、SRI運用のほぼ8割は公的年金の運用とされる。欧州の場合も、SRI市場に占める個人投資家の割合はわずか6%と推計される。そして9割以上を占める機関投資家による運用の大部分が年金基金や宗教団体、病院や労働組合などの資産である。欧米では機関投資家がSRIを支えているといってもよい。ただし、欧州でも個人投資家のSRI残高は10兆円の規模がありそこだけ比較しても日本の市場より数段大きいという点も指摘しておきたい。

### （2） 株主責任と責任投資原則

以上示したように欧米で年金基金などを中心にSRIが広がりをみせている背景には、「株主責任」という考え方が支持を得ていることがある。株式投資とは企業の株主（所有者）になることでもあり、「企業の所有者として社会的に望ましくない事業を行うことに対する道義的な責任がある」という考え方が欧米また最近では新興国の、公的年金基金を中心に広がりつつある。こうした動きを顕在化し、加速化させるものとして、2006年4月に国連のグローバル・コンパクトと、国連環境金融イニシアチブが共同で策定した「責任投資原則（Principles for Responsible Investment）」[10]がある。**表-2**には

**表-2 責任投資原則**

| | |
|---|---|
| 1 | 私たちは投資分析とその意思決定のプロセスにESG＊の課題を組み込みます。 |
| 2 | 私たちは、活動的な(株式)所有者になり、(株式の)所有方針と(株式の)所有慣習にESG問題を組み込みます。 |
| 3 | 私たちは、投資対象の主体に対してESGの課題について適切な開示を求めます。 |
| 4 | 私たちは、資産運用業界において本原則が受け入れられ、実行に移されるように働きかけを行います。 |
| 5 | 私たちは本原則を実行する際の効果を高めるために、協働します。 |
| 6 | 私たちは、本原則の実行に関する活動状況や進捗状況に関して報告します。 |

＊ESG:環境・社会・企業統治(ガバナンス)
出所)「責任投資原則―日本語訳」www.unpri.org

その原則を示した。

そして、この前文では以下のように投資家の社会に対して果たす役割の考え方が明示されている。

　私たち機関投資家には、受益者のために長期的視点に立ち最大限の利益を最大限追求する義務がある。この受託者としての役割を果たす上で、(ある程度の会社間、業種間、地域間、資産クラス間、そして時代毎の違いはあるものの)環境上の問題、社会の問題および企業統治の問題(ESG)が運用ポートフォリオのパフォーマンスに影響を及ぼすことが可能であることと考える。**さらに、これらの原則を適用することにより、投資家たちが、より広範な社会の目的を達成できるであろうことも認識している。**したがって、受託者責任に反しない範囲で、私たちは以下の事項へのコミットメントを宣言する[11]。

なお、この責任投資原則に署名できるのは、年金基金などの資産所有者、および、そうした資産を運用する運用機関、運用機関に対して情報サービス提供やコンサルなどを行うサービス機関、の3種類がある。署名機関は、策定当時は、策定にかかわった欧米の主要公的年金や運用会社を中心とした20機関・運用資産総額2兆ドルからスタートしたが、2007年末には署名機関は250機関以上、運用資産総額10兆ドルへと急拡大している。

(3) 公的年金基金のミッション

公的年金基金の多くは公的という性格もあり、その基金の使命として、加盟者の退職後にきちんとしたリターンを支払うことに加えて、国や社会への経済的・社会的な貢献も含めている。ここで彼らが経済的・社会的貢献をミッションに掲げているのは、彼らの巨額な資金規模に鑑みて、それぞれの国に与える経済的・社会的影響力が大きいこと、さらに「公的」年金の母体団体は公共サービスを担う公的組織であるので、その母体組織自体のミッションと矛盾しないという理解があると思われる。こうしたことを明示している基金のミッションの実例をあげる[12]。

例えば、オランダの公務員年金で、資産規模で世界第2位のABPでは、基金の第一の義務は、加入者に可能な限り最高のリターンを還元すること、としている。だがこれに加えて、基金の規模からその資本市場での影響力と社会への責任も認識している。ABPのファンドマネージャーは、長期的視点での運用を求められ、企業の長期的な目標と持続可能な成長を果たす企業を評価するために、関連するESG情報も分析する。また、思慮深い企業家精神にサステナビリティとガバナンスは結びついており、経営者はこれらの問題に答えられなければならないと考えている。

また1999年にフランスで設立された、積み立て型公的年金の仏退職者準備基金(FRR)では、設定時にESGに関する方針の開示を義務付けられた。そしてその基金のミッションを以下のように定義付けている。「広い公的サービスを提供する公的投資家として、FRRは、経済社会環境のバランスのとれた発展を促進する価値観に矛盾しない運用を行う。この考え方は持続可能な発展と矛盾せず、地域社会、長期投資家、ユニバーサルな所有者を共に利することになると考える。FRRは2020年の退職者むけに、その時点でのリターン最大化を目的としている。そのために、投資方針は社会の価値と一致させることにしている」と。

さらに1997年に設立されたタイ最大級の公的年金であるタイ政府年金(GPF)のミッションは以下の通りである。「加盟者の財務リターン最大化に加えて、タイ最大級の基金・長期投資家として、GPFにはタイ経済発展に貢献することが求められている。GPFは基金の活動は資本市場に重大な影

響を及ぼすことを認識しており、基金の活動は加盟者だけでなくタイ国家に利益をもたらすものでなければならない。基金ではCSRガイドラインを策定している。主要項目は、人権尊重、児童労働強制労働の廃止、労働基準策定状況、環境マネジメント、サプライヤーへの環境配慮・CSRの働きかけなどを含む」。

### (4) 株主責任と年金基金

　株主責任とは、年金基金にかかわらずあらゆる投資家に該当するはずの考え方であるが、ここで投資家の中でも特に年金基金が重要な役割を果たしていることの背景について確認しておきたい。

　現代の経済学は19世紀にその理論の基本的な枠組みが構築されているために、企業を取り巻くステークホルダーとして、資本を提供する資本家(投資家)と、労働を提供する労働者を対立する概念と捉えている。さらに、企業の生産物を購入する「消費者」は「資本家」と「労働者」とも別に存在するとされてきた。しかし現在の特に先進国の状況を見ると、資本家と労働者は必ずしも対立するものではなくなっているのである。多くの労働者は様々な年金基金に加盟しており、そうした年金基金は、世界の株式市場において主要な投資家となっている。すなわち、年金基金に加入している労働者は年金基金を通じて知らず知らずのうちに間接的に株主になってしまっているのである。そして一方で労働者は、企業にとっての顧客＝消費者でもある(図-2)。つまり、年金基金の加入者である労働者は、将来の年金の受給者(つまり年金基金の顧客)であると同時に現在の企業の従業員であり同時に消費者である。年金基金の資本市場におけるプレゼンスの拡大にともない、知らず知らずのうちに企業をとりまく最も重要なステークホルダーである株主と従業員とは、異なる階層の人々ではなくなり、実は一体化してきてしまっているのである。

　ここで、年金基金のミッションを考えてみる。まず加入者の「将来の受給者」という側面に注目すると、需給者に支払う給付金の確保とその最大化が最重要である。しかし、加入者の「現在は従業員でありかつ消費者で

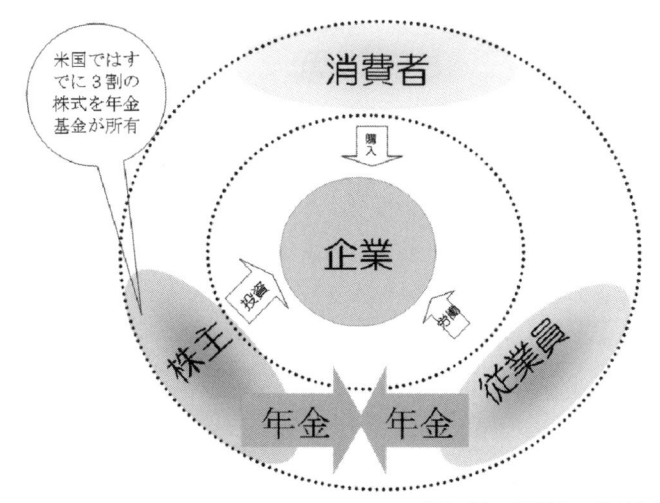

12章 変わる投資判断と企業の姿勢　223

出所：河口真理子「SRI最新動向」2007.7.6
**図-2　株主責任の視点：企業・株主・従業員・消費者**

ある」という別の側面を考慮すれば、その資産運用を通じて現在の従業員や消費者の生活向上に寄与すること（労働条件の改善、地球温暖化対策、食や生活の安全性確保、バリアフリー、消費者保護などCSRの様々な側面）も年金基金にとってはミッションとなりえるのである。年金基金が加入者の利益トータルを最大化することを目的とするならば、運用努力で受給額の最大化をめざすと同時に、その巨額な運用資産をバックにした影響力を駆使して、社会・環境・ガバナンスに配慮した投資をすることで、間接的に社会の安定・環境の改善を促すことができる。そして、今や「社会・環境・ガバナンスを考慮した運用のほうが長期的には高いリターンにつながる」という考えが機関投資家の間で支持されるようになっており、これがSRI普及に一役買っている。

### (5)　マテリアリティ

(5)-1　マテリアリティの考え方

投資家がSRIに真剣に取り組む重要な要素としてマテリアリティ（Materiality）という考え方がある。英語のMaterialityには、物質性・有形・

具体性などの意味がある。これがSRIとの関連で論じられる際には「企業業績や企業価値に具体的な影響のある重要な企業の社会環境的な側面」と解釈される。ここで「具体的な影響」とは、企業の社会環境の取り組みが財務情報に反映される度合いを示す。企業の社会的・環境的側面に着目した投資のパフォーマンスが通常の投資より高くなれば、自然に多くの投資家が投資の際に社会的・環境的側面を考慮するようになるはずである。

実際、「社会環境への配慮をビジネスに組み込んでいる企業のほうが長期的にはパフォーマンスが良い」と考える機関投資家は増えている。そして、環境配慮や労働のダイバーシティなどに積極的な企業の株価パフォーマンスが良好というシミュレーションは複数報告されている。ただし、この仮説を立証する科学的理論的調査研究データはまだ充分とはいえないのが実

**表-3 企業評価・投資におけるESG要因の重要度[1(低)-5(高)で段階評価]**

| | | アナリストの業評価時 | 投資家の投資判断時 |
|---|---|---|---|
| 環境 | 環境方針 | 2.57 | 3.10 |
| | 環境マネジメント規格の認証 | 2.24 | 2.75 |
| | 環境目標(数値目標) | 2.36 | 2.74 |
| | 環境配慮型製品サービス | 2.59 | 2.92 |
| | 大気中への排出の管理 | 2.72 | 2.99 |
| | 水資源保護 | 2.57 | 3.02 |
| | 廃棄物処理 | 2.67 | 3.04 |
| 人権 | 人権の尊重 | 3.15 | 3.69 |
| | 児童労働・強制労働の排除 | 3.14 | 3.76 |
| 労働 | 企業戦略への人権問題の統合 | 3.23 | 3.41 |
| | ダイバーシティーマネジメント | 2.89 | 3.15 |
| | 職場の労働安全 | 3.02 | 3.36 |
| | 従業員参加の促進 | 3.32 | 3.42 |
| | 労働時間管理 | 2.83 | 3.00 |
| | 教育 | 3.62 | 3.57 |
| 地域共生 | 社会・経済開発支援 | 2.81 | 3.03 |
| | 地域での活動内容 | 2.46 | 2.86 |
| | 地域社会の利益への貢献 | 2.47 | 2.81 |
| | 製品の社会的影響 | 2.92 | 3.18 |
| ガバナンス | ガバナンス規範の遵守 | 4.11 | 4.29 |
| | 投資家と良好な関係 | 4.73 | 4.50 |
| | 内部監査 | 4.51 | 4.51 |
| | 株主の権利の尊重 | 4.51 | 4.54 |
| | 役員報酬 | 4.12 | 4.21 |
| | 役員会の構成 | 4.12 | 4.16 |

注) 平均(3)以上の評価の項目は網掛けで表示している。
出所) ECCE 'Use of Extra-financial Information by Research anasyts and Investment Managers'

情である。

　他人の資金を受託して運用するプロの運用機関には受託者責任があるので、SRIのパフォーマンス上の優位性が証明されていない現状では、資金の出し手である最終投資家が自発的にSRI運用を望むのではない限り、積極的に投資家にSRI運用を勧めにくい。そこで、社会環境の様々な側面のマテリアリティが詳細に解明されていけば、それらを投資評価に組み込んだSRIの促進は容易になると考えられる。

　**表-3**は、環境・社会・ガバナンス(ESG)の各項目のマテリアリティについて証券アナリストとファンドマネージャーがどのように考えているか、という定性的な評価結果を示した。ESGのうちガバナンス項目は、アナリスト・機関投資家ともに高いマテリアリティがあると考えている。次にマテリアリティが高いとされるのが、労働と人権である。特に人権は、米国のスポーツ用品メーカーやアパレルメーカーのように、途上国の下請工場での児童労働の発覚→不買運動など、業績に直結するリスクである、という認識が欧米では高い。また雇用の確保、労働者の訓練がCSRとして重要視されている欧州では、労働問題のマテリアリティが高いのも当然ともいえる。

## 3　日本におけるSRI拡大にむけて

### (1)　機関投資家

　以上見てきたように、欧米のSRI市場はかなりの規模であり、責任投資原則に署名する大手公的年金などが積極的にSRIをアピールしている。しかしながら、米国でもSRI市場は全体の1割程度とされ、拡大の余地はまだ大きい。そしてSRI市場拡大のための課題として、①企業側がより精度の高いCSR情報を開示すること、②SRI評価手法の精緻化、③SRI型の金融商品のメニュー拡大、④社会全体のSRI認知度を高めること、が挙げられている。

　日本の場合これに加えて、⑤機関投資家によるSRI運用を増やすことと、⑥裾野の拡大―SRIに理解がある個人投資家層を広げること、の2点が急務である。⑥に関しては投資教育のカリキュラムにSRIの考え方を組み込

み、広く啓発活動を行うことが求められる。

　⑤に関しては、見てきたとおり機関投資家のうちSRIと最も親和性が高いのが年金基金である。先に述べた株主責任の考え方もあるし、そもそも年金基金目的は、退職後の生活を保障することにあるので、10年20年という長期運用が基本である。長期運用とは、端的に言えば10年後20年後に大きく成長する企業を予測し投資することである。そして長期的な判断をするためには必要な材料には、短期的な業績や財務体質の動向に加え、持続的に社会から受け入れられ尊敬される企業体質あるいは企業文化とその取り組みが含まれる。環境に配慮し、従業員・地域社会・取引先・消費者などのステークホルダーから評価される企業でなければ長期的な成長は期待しづらい。すなわち長期投資には、SRIの観点がおのずと組み込まれているのである。

　ただし、一方で、年金基金には受託者責任という壁がある。受託者責任とは、「多数の委託者(年金の場合、勤労者)から運用を受託している運用機関には、委託者利益の最大化のためだけに最高の技術とノウハウをもとに最善の努力をする責任がある」というものである。日本の機関投資家の間では「SRIとは倫理投資である」という認識がいまだ強く、SRI=運用者の倫理的・社会的価値判断に基づく投資であり、それは受託者責任上許容できない、と否定されることが多い。最近でこそSRIとは環境社会問題を投資判断上考慮することと理解している運用担当者も増えているが、環境社会分野のどの要素や側面が企業価値にどのくらいの影響を与えるのかという定量的なデータ(マテリアリティの情報)が不足しているために、運用機関が組織的に正式にSRI運用にゴーサインを出すのに二の足を踏んでいるという状況である。

　しかし先ほど紹介した責任投資原則(Principles for Responsible Investment; PRI)では、「環境・社会・ガバナンス問題が投資パフォーマンスに影響を与えていることを確信し、それらを投資プロセスに組み込む」ことを明言している。この原則に署名している日本の機関投資家は10機関に過ぎないが、関心をもつ機関は増えている。

もう一つ有力な機関投資家は企業である。多くの日本企業はCSRに熱心である。彼らの新しいCSR対策として、自社の資産運用にSRIを導入することも可能である。現に、新日本石油では、CSRの一環として年金基金の一部でSRI運用を採用し、キッコーマン年金基金はPRIに署名している。このように、企業のCSR活動の一環として、企業の資金運用においてSRIを手がけることもSRI拡大には重要なステップと考える。ちなみに環境省の『環境報告書ガイドライン2007』では、環境に配慮した投融資について、という開示項目を設けている。

### (2) 金融哲学

　しかしながら、年金基金などの機関投資家を動かす為には、広く世論を高めていくことが必要である。社会的にSRIが広く認知されれば、多くの国民＝年金の受託者が積極的にSRI運用に理解を示すようになるし[13]、ステークホルダーとしてまたCSR先進企業に対してSRI運用を働きかけることでSRI投資家の厚味ができ、社会性に配慮したお金の流れができると期待される。しかし現状ではそうした世論はまだ無く、あってもきわめて弱い。

　そこで鍵となるのが、金融哲学の教育である。最近金融教育は熱心に行われるようになっているが、金融のノウハウ教育が中心である。日本の機関投資家とSRIについて議論していて、金融哲学の希薄さを痛感する。そしてそれが欧米に比べて彼らがSRIに消極的な理由だと思われる。

　すなわち、欧米には「金融は、その活動自体が社会に様々な影響を及ぼす。だから自らのリターンをあげるための運用においても慎重でなければならない」という金融哲学の土壌がある。これに対して日本では、「金融は金融の世界で完結するもの。金融とはツールであり、それを使いこなす技術にすぎない」という考え方がまだ主流であるように思われる。筆者が日本の年金基金や運用機関などとSRIの話をすると「それは良い考え方だが、例えば環境保全を支援したいのなら、運用において行うのではなく、運用であげたリターンを使って環境保全を行えばよいのではないか？」としばしば問われた。これは、「運用自体が環境問題に影響を与えることはない」と

いうことを大前提にした考え方である。ここには運用の仕方で社会・環境に影響を及ぼすという発想はない。これは、こうした考え方をする機関投資家が悪いのではなく、日本の社会文化にこうした金融哲学の考え方が根付いていないためと考える。社会自体が運用機関に対して、社会性や環境配慮を求めていない。あるいは、日本社会に資産運用が社会を変える、環境問題を解決するという発想自体がない。その結果、日本では運用機関に求める受託者責任として社会・環境配慮への社会的要請はまだほとんどない。こうした現状認識を変えて、金融は社会を変革し環境問題を解決する重要な手段である、という社会的な認識を広げることが、遠回りのようだが日本でSRIを広げる最善・最短の手段といえよう。

[注]
1 エイミードミニ著(山本利明訳)『社会的責任投資』226P 木鐸社 2002によれば、理論的なバックグラウンドは、18世紀に始まったとされる。実際の金融商品としては、1928年にPioneer Fundが設定されている。
2 土壌汚染対策法は2003年2月に施行。これにより、土地売買の際には土壌監査を行い、汚染が見つかった場合は、浄化が義務付けられることがなった。滋賀銀行では、土壌汚染が見つかった土地の担保評価をゼロにすると発表。
3 邦訳:「地球の未来を守るため」
4 Developmentは開発や発展と訳されるが、ここでは発展とする。
5 出所http://www.uksif.org/ 'UK SIF Launches New Mission Statement at 11 Downing Street'
6 米国市場の状況についての出典は、Social Investment Forum '2005 Report on Socially Responsible Investing Trends in the United States' Jan24,2006.
7 欧州市場についての出典はEurosif 'European SRI Study 2006'
8 ただし、欧州株式市場はこの間70%拡大しているので、実質的な伸びは36%と推計される。
9 出所)社会的責任投資フォーラム HP www.sifjapan.org
10 同原則の説明は、原則のHP http://www.unpri.org/を参照のこと
11 http://www.unpri.org/principles/japanese.php
12 出所)UNEPFI '2007Report :Responsible Investment in Focus: How Leading public pension funds are meeting the challenge'
13 環境省の「社会的責任投資に関する日英米3カ国調査2003年6月」のアンケート調査によれば、日本人の、9割が投資判断CSRをある程度考慮すべき、と答えている。

## 13章　気候変動と企業行動

パートナーシップを通じて

鮎川 ゆりか

## 1　気候変動は起きている──「2℃未満」は可能か

2007年2月に発表されたIPCC(国連気候変動政府間パネル)の第4次報告書(第1作業部会)では、過去100年で地球の平均気温は0.74℃上昇し、これは人間の活動によるものだと断定した[1]。また4月に発表された第2作業部会報告では、この気温上昇の範囲で、すでにすべての大陸、海洋で、異常気象、水不足、氷河や北極の融解などの影響が起きている。さらにこのまま気温が上昇すると、干ばつ、氷河の縮小による水不足、生物・植物種の絶滅、食糧生産への影響、熱波、感染症などによる死者数の増加が予測される。これらの影響は、1980～1999年の平均気温から1～2℃以上になると顕著になる[2](図-1)と指摘された。

しかし、上記第1作業部会報告によると、これから2030年までは10年ごとに0.2℃の気温上昇が見込まれるので、気温上昇を1～2℃に抑える余裕はあまりない。環境NGOが目標としていた「地球の気温上昇を工業化前に比べ、2℃未満に抑える」ことが難しくなっている。

それでも、5月に発表された第3作業部会報告では、今すぐ行動を取り始め、排出のピークを10～15年の内に迎え、その後2050年までに大幅な減少方向へ向かわせることができれば、気温上昇を2.0～2.4℃に抑えることができる、というシナリオが示され、いまなお、地球温暖化による悪影響を最小限にとどめられる可能性はあることが示唆された[3]。そのため、私

たちが今後10−15年の間に何をするかが、非常に重要になってきている(表-1)。

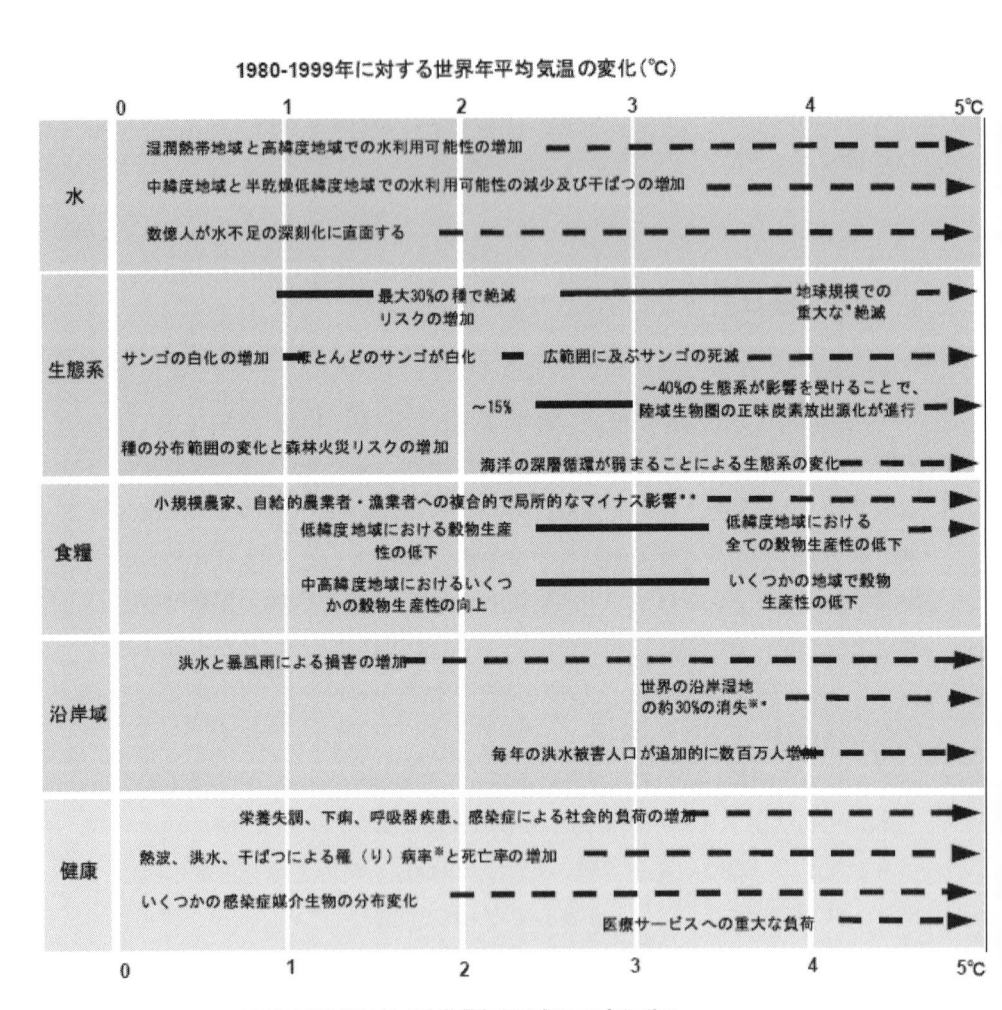

**1980-1999年に対する世界年平均気温の変化(℃)**

|  |  |
|---|---|
| 水 | 湿潤熱帯地域と高緯度地域での水利用可能性の増加<br>中緯度地域と半乾燥低緯度地域での水利用可能性の減少及び干ばつの増加<br>数億人が水不足の深刻化に直面する |
| 生態系 | 最大30%の種で絶滅リスクの増加 — 地球規模での重大な絶滅<br>サンゴの白化の増加 — ほとんどのサンゴが白化 — 広範囲に及ぶサンゴの死滅<br>〜15% 〜40%の生態系が影響を受けることで、陸域生物圏の正味炭素放出源化が進行<br>種の分布範囲の変化と森林火災リスクの増加<br>海洋の深層循環が弱まることによる生態系の変化 |
| 食糧 | 小規模農家、自給的農業者・漁業者への複合的で局所的なマイナス影響<br>低緯度地域における穀物生産性の低下 — 低緯度地域における全ての穀物生産性の低下<br>中高緯度地域におけるいくつかの穀物生産性の向上 — いくつかの地域で穀物生産性の低下 |
| 沿岸域 | 洪水と暴風雨による損害の増加<br>世界の沿岸湿地の約30%の消失<br>毎年の洪水被害人口が追加的に数百万人増加 |
| 健康 | 栄養失調、下痢、呼吸器疾患、感染症による社会的負荷の増加<br>熱波、洪水、干ばつによる罹(り)病率と死亡率の増加<br>いくつかの感染症媒介生物の分布変化<br>医療サービスへの重大な負荷 |

注)影響は、適応の度合いや気温変化の速度、社会経済の経路によって異なる。
出所) IPCC AR4 WGII 「気候変動2007:影響、適応及び脆弱性」政策決定者向け要約 【外務省仮訳】

**図-1　世界の平均気温の上昇による主要な影響**

表-1　TAR以降の安定化シナリオの特徴

| カテゴリー | 放射強制力 | 二酸化炭素濃度 | 温室効果ガス濃度(二酸化炭素換算) | 気候感度の"最良の推定値"を用いた産業革命からの地球平均気温上昇 | 二酸化炭素排出がピークを迎える年 | 2050年における二酸化炭素排出量(2000年比) | 研究されたシナリオの数 |
|---|---|---|---|---|---|---|---|
|  | W/m² | ppm | ppm | ℃ | 西暦 | % |  |
| I | 2.5-3.0 | 350-400 | 445-490 | 2.0-2.4 | 2000-2015 | -85 ~ -50 | 6 |
| II | 3.0-3.5 | 400-440 | 490-535 | 2.4-2.8 | 2000-2020 | -60 ~ -30 | 18 |
| III | 3.5-4.0 | 440-485 | 535-590 | 2.8-3.2 | 2010-2030 | -30 ~ +5 | 21 |
| IV | 4.0-5.0 | 485-570 | 590-710 | 3.2-4.0 | 2020-2060 | +10 ~ +60 | 118 |
| V | 5.0-6.0 | 570-660 | 710-855 | 4.0-4.9 | 2050-2080 | +25 ~ +85 | 9 |
| VI | 6.0-7.5 | 660-790 | 855-1130 | 4.9-6.1 | 2060-2090 | +90 ~ +140 | 5 |
| 総計 |  |  |  |  |  |  | 177 |

出典：GISPRI暫定訳(2007年5月14版)にWWF加工

## 2　国際的な温暖化防止取り組みのための国家間交渉

　歴史的に温暖化が指摘され始めたのは、1980年代後半で、上述したIPCCが設置されたのは1988年である。その第一次報告を受けて、国連気候変動枠組条約が1992年に採択され、94年に発効、現在189カ国が参加している。しかしこの条約だけでは温暖化防止には不十分だとして、先進国が数値目標を掲げて削減を約束した京都議定書が1997年に採択されたが、アメリカが離脱したため、発効までに8年もかかった。本年2008年からその第一約束期間が始まる一方で、途上国も含め、世界の温室効果ガス排出量は増え続けている。また京都議定書の第一約束期間(2008 ～ 2012年)以降の国際的枠組みには、アメリカ、および排出が増大している主要途上国の参加が求められるが、2007年12月にインドネシアのバリで開かれた国連気候変動枠組み条約締約国会合および京都議定書締約国会合(COP13/COPMOP3あるいはCMP3)において、ようやくその正式な交渉プロセスが合意された。この交渉は、京都議定書が終わる次の年から実施されるようにするために、2009年までに新しい議定書として合意・採択されなければな

らない。交渉の面からも、残された時間はあまりない。

## 3　企業を動かすCSOs（市民社会組織）の役割

　政府間交渉だけでは温暖化問題の解決を見出すのが困難になっている中で、CSOS（Civil Society Organizations）であるWWF（世界自然保護基金）は、政府間交渉とは別に、直接、最大排出源からの排出削減を約束させることに取り組んでいる。世界の排出のうち、最大部門は発電部門であり、37％を占める[4]。次に多いのが産業部門で、28％である[5]。日本でもエネルギー転換、工業プロセス、産業部門で約64％を占めており、排出源別にみると、8割は、企業・公共部門による排出である[6]。

　WWFは温暖化防止に企業の果たせる役割は大きいとして、様々な形で、産業界への働きかけを行っている。その事例として、電力会社を対象とした「パワー・スイッチ・キャンペーン」と、主に多国籍企業をターゲットとした「クライメート・セイバーズ・プログラム」がある。次にその詳細について述べる。

### (1)　「パワー・スイッチ・キャンペーン」

　「パワー・スイッチ・キャンペーン」とは、最大排出源である電力部門に対しては、石炭からクリーンな再生可能エネルギーへの転換を促すものである[7]。電力部門からの削減シナリオをアメリカ、オーストラリア、EU、日本、アルゼンチン、ブラジル、スペインなど各国で発表し、また$CO_2$排出削減目標や再生可能エネルギーの導入割合目標、省エネルギー目標を掲げるなどを約束するパワーパイオニア電力会社を開拓した[8]。ドイツでは9社（2003年）、アメリカではFLP、オースティン・エナジー、SMUDなどを含む5社が参加を表明した（2004年）。

　さらに2004年には、世界の先進国主要電力会社71社を対象に、「再生可能エネルギー導入率・投資計画」、「天然ガス・コジェネレーションの導入促進」の2点だけに焦点を当てたアンケート調査を行い、ランキングを行った。

対象電力会社の発電量は先進国(OECD加盟国)の発電量の約65％を占めた。それをEU、アメリカ、アジア太平洋の3地域に分けて評価した[9]。

　その結果、3つの地域全体を通して最も得点が多かったのは、スペインのイベルドローラ社で、これにアメリカのFPL社、英国のスコティッシュ・パワーが続いた。日本の電力会社の中では北海道電力が、再生可能エネルギーの割合が高く1位だったが、全体の中での順位はそれほど高くない。その他にも、電源開発と四国電力が続いたが、低い方である。日本の電力会社は天然ガス・コジェネレーションをやっていないということも点数に響いた。コジェネレーションは発電による廃熱を再利用することで、最も効率の良い発電・発熱技術である。いずれにしても、日本ではコジェネレーションも再生可能エネルギーの利用も重要な温暖化対策として位置づけられておらず、日本のエネルギー政策全体の中では、重要な位置を占めていない。そうした国の姿勢が、このランキングの点数に表れたといえる。

　WWFはこの調査を通じ、温暖化防止の鍵は、発電事業者の燃料転換、エネルギー効率利用、再生可能エネルギーの導入促進であるというメッセージを大きく発信し、2005年にこのキャンペーンを終了した。

### (2)　「クライメート・セイバーズ・プログラム」

　「クライメート・セイバーズ・プログラム」とは、先進的な環境対策を進めている世界の様々な企業に、さらに一歩踏み込んだ温室効果ガスの削減を行い、その業界におけるリーダーとしてより大きな役割を果たしてもらうプログラムである。企業とWWFが話し合うことにより、より野心的な目標を企業に掲げてもらい、それを第三者機関に検証・認証してもらう。「野心的」とは、まず、温室効果ガス排出の「総量」での削減目標でなければならない点と、すでに環境報告書などで公表している目標に、WWFと話し合うことによって、上乗せ分を加えなければならない、ということを意味している。それはその企業の活動量、活動内容、排出量、取り組みや関連データを第三者機関とともに検討して、どんな目標が「野心的」であるかが話し合われ、決められる。

「野心的」目標をめざすことの重要性は、日本経団連の自主行動計画のフォローアップ報告[10]を読んでもよくわかる。日本経団連では、業界で自主的な目標を掲げて、自主的に目標達成の努力を行っているが、業界によっては、目標をすでに達成していて、目標を引き上げているところもある。こうした業種は、フォローアップを行っている第三者委員会に高く評価されているが、引き上げた目標自体が、すでに達成している実績以下の場合もある。そこで政府は、2007年度に行われた「京都議定書目標達成計画見直し」の過程で、目標の引き上げを業界に求めた。その中で、18業種が目標を引き上げたが、新目標が2006年度の実績を下回る、つまり2006年度にすでに達成されている業種が、11もあった。つまり、最初の目標からして、どのくらい達成が難しいのか（「野心的」か）、あるいは容易に達成できる目標なのか、がわからない。そもそも自主的な取り組みを求める限り、目標は達成可能なものしか掲げないのである。「目標」の妥当性をまずはかる第三者検証が必要であることは明らかであるが、これは「自主行動計画」の限界とも言える。

### (3) 企業を対象とするプログラムはグローバルである

企業は現在グローバル化しており、そうした多国籍で活動している企業がいっせいに行動を取ると大きな成果が出る。2008年2月現在「クライメート・セイバーズ・プログラム」には、ジョンソン＆ジョンソン、IBM、ポラロイド、ナイキ、ラファージュ、コリンズ、ザンテラ・パークス・アンド・リゾート、キャタリスト、ノボノルディスク、テトラパック、日本から佐川急便、ソニーなど、合計15社が参加している。これらの企業は先進国だけでなく、途上国にも工場を持っていたり、事業を展開したりしているところが多い。クライメート・セイバーズはこうしたグローバルな拠点すべてを含めた企業全体としての取り組みを約束する。

そのため、例えば京都議定書で削減目標を持たない途上国における事業所も、共通の削減目標の下に活動することになり、いわばクライメート・セイバーズ企業は、企業レベルのグローバルな削減協定にコミットしてい

ることになる。企業が国を超え、先進国と途上国がともに取り組む点で、国家レベルでのグローバルな取り組みを先取りした先進性を持つ。

(3)-1 ナイキの例

　ナイキは世界のスポーツ・フィットネス用品のリーディング企業の一つである。100カ国以上で事業を展開し、約50万人を雇用している。世界各国で750の契約工場がナイキ製品を生産している。ナイキは2001年にクライメート・セイバーズに参加し、$CO_2$排出量を2005年末までに1998年レベルより13％削減することを約束した（①）。自社における取り組みだけでなく、すべての契約下請工場の排出量を2003年までに把握し、2005年までに削減戦略を決定することも約束した（②）。またサプライチェーンにおける温室効果ガス削減の可能性を探り、2005年までに輸送（ロジスティックス）部分の削減戦略も決めることになった（③）。さらに製品からの温室効果ガスを排除する（④）。

　これらの目標を達成するために、ナイキはエネルギー効率向上への投資、燃料転換によって①を上回り18％を達成。②③に関しては、温室効果ガスを測定するところまでは達成し、削減戦略を立てる段階にきている。特に工場から消費者にいたる製品の国際輸送面での削減に重点を置き、ナイキ

写真提供：Kerr/WWF

製品すべての輸送にかかる$CO_2$排出を算定するモデルを作り、それをもとに削減する戦略を立て、2011年には出張の分も含め、輸送面では気候中立、つまり排出ゼロにすることを目指している。④はシューズにおけるSF6を使用中止した。さらに、使用電力量の20％相当分のグリーン電力を購入し、ヨーロッパの配送センターに6基の風力発電機を設置して、センターの電力をまかなっている。

　こうした成果により、ナイキは2007年2月に開かれた「クライメート・セイバーズ会議」で表彰された(図-2)。

### (3)-2　ラファージュの事例

　ラファージュは世界の主要な建材メーカーであり、75カ国で事業を展開、従業員数は85000人。グループの4つの部門(セメント、骨材・コンクリート、屋根材、石膏)すべてにおいて、分野トップクラスに位置している。2001年にクライメート・セイバーズになったとき、温室効果ガス排出量を、先進国においては2010年までに1990年レベルから10％削減、また世界規模では、1990年以来トン当たりのセメント製造から出る排出量を12.7％減らしたが、2010年までには、これを20％にする。すでに2005年時点で、同社は90年レベルから絶対量で8.3％を削減した。

　世界の人為的温室効果ガス排出のうち5％はセメント生産による。そのうち半分は原材料である石灰石の化学工程によるもので、40％はそのために使う燃料消費による。ラファージュは工場の効率向上、発電所の飛散灰や製鉄所のスラッグを原材料に使って、大量にエネルギーを使う原材料の代替にしたり、燃料転換などによって、削減を図っている。ラファージュは、削減を実現させるために、研究開発費の14％を当てた。

　ラファージュはまた、自社製品だけでなく、それが利用される分野における削減にも関心を持ち、特に建物からの排出が世界の人為的排出量の40％を占めることから、建物の効率向上を図るため、建築家、不動産開発業者、建設業者、政府、研究所などとともに研究を続けている。

　ラファージュはEUの中ではEUETSの対象企業として同仕組みに参加し、さらに、モロッコの自社工場に風力発電機を設置したり、マレーシアの

バイオマス発電所を設置したプロジェクトが、クリーン開発メカニズム（CDM）として認められたりしている。

(3)-3 日本の事例：佐川急便とソニー

　佐川急便は運輸部門としては世界初の企業として、2003年に参加した。2012年までに7000台の天然ガストラックを導入することにより、2002年レベルから6％削減を約束した。

　ソニーは、日本初の多国籍企業として2006年に参加し、全世界のソニー施設において、2010年までに2000年レベルから温室効果ガスの排出を7％削減することを約束。さらに製品の省エネ化を通じ、最終ユーザーが使用時に$CO_2$排出削減ができることを目指し、それを消費者に伝え、温暖化対策に意識的にかかわってもらうことを目指す。また、温暖化を危険な域に進行させないように、世界の平均気温上昇を、工業化前に比べ「2℃未満」に抑えることを支持した。

　WWF中国の北京オフィスや上海オフィスは、ソニーと提携することに関心を示している。現在最も効果的な取り組み方を検討しているところだが、中国で、省エネの必要性や省エネ型製品の普及を図ることができれば、国家間交渉では難しい中国の削減への取り組みの一つの事例となる可能性がある。

(4) 企業とCSOパートナーシップの意義

　このように、企業がグローバルで削減取り組みを展開することにより、国家間交渉では難しい先進国の先進技術の移転を可能にし、途上国の削減を実現できる。実際、これら12社が2010年までに削減する温室効果ガスの量は、年間1000万トン$CO_2$以上と見込まれる。このような総量削減に取り組む大規模・多国籍企業が1300社もあれば、京都議定書目標は達成できると、WWFは宣言している[11]。

　これはつまり、国レベルでできないことを、トランスナショナルなアクターである企業とCSOsが国境を越えてパートナーシップを結び、温室効果ガスの総量削減に取り組み、地球の平均気温上昇を「2℃未満」に抑える

目標に努力できることを示している。実際2007年2月に開かれた「クライメート・セイバーズ会議」では、参加企業12社が「2℃未満」を支持する声明文を発表した[12]。

## 4 アメリカ政府を動かす市民・自治体・州・企業

　アメリカでは、ブッシュ政権が京都議定書から離脱して以来、国レベルの温暖化政策は進んでこなかったが、2005年に京都議定書が発効しハリケーン・カトリナの被害にあってから、市民、自治体、州、企業などから様々な動きが起こってきた。シアトル市長が中心になって立ち上げた米国市長気候変動防止協定（US Mayors Climate Protection Agreement）には、1月18日現在、780人の市長が入っている。2050年に80％削減を目指しているが、市だけでは実現が難しいとして、連邦政府の支援を求め、炭素税やキャップ＆トレード型の排出量取引なども提案している。

　州レベルでは、最も早いものとして、2005年、地域温室効果ガスイニシアチブ（RGGI）[13]が北東部の7州で検討され始めたが、現在、10州が電力会社を対象とした排出量取引を2009年より始める予定だ。西部の方はカリフォルニアを中心として、5州が2007年2月に西部地域気候行動イニシアチブ[14]を始め、その春、カナダの2州とユタ州が加わり、正式に発足した。2007年には、中期目標として、2020年までに2005年比15％削減を掲げ、2008年夏までにキャップ＆トレード型の排出量取引制度設計を完成させる予定である。2007年7月にはフロリダ州が州内排出量削減義務化の検討に入り[15]、11月には、中西部6州＋カナダ1州で「削減義務と排出量取引制度」の検討を始め、2010年には施行させる予定である[16]。

　こうした取り組みの背景には、企業側の焦りもある。京都議定書に参加していない米国は、国際排出量取引にも参加できず、国際競争力を失うのではないか、との懸念が広がってきたのだ。顕著な事例としては、2007年1月に、著名な企業27社と環境NGO6団体が、米国気候行動パートナーシップ（USCAP）[17]を立ち上げ、連邦政府にキャップ＆トレード型国内排出量取

引制度の導入を求めた。著名企業には、GEやデュークエナジーなどの電力会社、デュポンなど化学工業会社、クライスラーやGMなどの自動車会社が名を連ねている。同グループは、10月に上院の委員会にかけられたキャップ＆トレード型排出量取引を含む「リーバーマン・ウオーナー法案」に対し、感謝のレターを送っている。同法案は、12月5日、環境と公共事業委員会で可決され、2008年には上院議会で議論されることになった。

　一方連邦議会では、2007年の第110議会において地球温暖化および温室効果ガス排出に関する法案や法律修正案が165本も出された。そして、上院決議として、「アメリカの経済及び安全保障のために、気候変動の国際交渉に参加する必要がある」ことが採択された[18]。

　こうした背景のもと、先に触れたインドネシア・バリ島での国連気候変動会議（COP13/COPMOP3）では、最終的に反対を唱え続けていたアメリカが折れる形で、「コンセンサスは重要。アメリカはこの交渉に参加したい」と発言した。その結果、ようやく枠組み条約の下で2013年以降の国際的な取り組みについて決める正式な交渉の場として新たな作業部会（AWG）を設置する「バリ行動計画」が採択され、京都議定書のもとのAWGとともに「バ

写真提供：WWFジャパン

リ・ロードマップ」が完成したのである（図-3）。

## 5　バリ・コミュニケ

　企業が動いたのは、アメリカだけではない。世界の著名な企業150社が、バリ会議に向け、包括的でかつ法的拘束力のある国連の枠組み、科学に導かれた排出削減目標の設定、すでに工業化されている国々は、最大の努力をすること、2012年に京都議定書が終了する前に新しい枠組みが発効されるよう、世界のリーダーたちは交渉の計画をきちんと作ることを求める「バリ・コミュニケ」[19]を発表した。これは、英国のケンブリッジ大学が主宰し、チャールズ皇太子が深く関わっている「気候変動に関する企業リーダーのグループ」(Corporate Leaders Group on Climate Change)によるもので、2005年英国がG8の議長国を務めたときに、初めて首相宛のレターを書くことで始まった。この「バリ・コミュニケ」には、世界に名を知られている電力会社、化学工業会社、HP、コカコーラ、ジョンソン＆ジョンソン、英国航空、バージン航空、メリルリンチなどの金融機関などが名を連ねているが、日本の企業は一社も入っていない。

## 6　結　論

　国家間レベルで行われている京都議定書以降、つまり「ポスト2013年」の国際的取り組みの枠組みを決める交渉への突破口を開くためには、このような、CSOとのパートナーシップによる政府への働きかけをダイナミックに行うことが必要である。日本政府は、バリ会議において、数値目標を掲げることに消極的で、国際的に非難された（図-4）。しかし、交渉を担当している政府担当官は、日本が積極的な提案を出せないのは、国内の産業界の強い反対があるからであり、日本が国際舞台でリーダーシップを発揮できるようにするためには、日本の産業界を変えていかなければならない、と言っていた。

13章　気候変動と企業行動　241

　日本の企業は自分の企業自体の社会的責任（CSR）への関心は高いが、自企業を取り巻く社会全体、国家レベルの政策決定への責任、そして地球環境全体への社会的責任を意識するにはまだ程遠いところにある。

　従来市民社会の代表であるCSOsは企業に対してその社会的責任とアカウンタビリティを厳しく追求する関係にあった。それに対し「クライメート・セイバーズ」のようなパートナーシップの新しさは、CSO側が企業に対する厳しい姿勢を維持しつつ、その企業とのパートナーシップを通して、実質的な環境への貢献度を企業側から最大限に引き出す点にある。さらに望むべくは、こうしたパートナーシップを通じて、企業が、自らの地球環境や国際社会における日本の責任意識から、国が脱炭素・脱温暖化社会への転換を図るための、包括的な温暖化政策を作るよう、政府を突き動かす

写真提供：Avaaz.org

ような勢力となることである。これはパートナーシップを結ぶCSOの側の責任でもあり、課題でもある。

特に2008年は、日本がG8サミットの議長国となる。ここで日本がリーダーシップを発揮できるようにするためには、日本が温暖化を食い止めるために、温室効果ガスの排出を総量でどのくらいまで削減していくつもりなのか、2050年長期目標、及びそこに至る2020年中期目標を示す必要がある。これを実現させるために、こうした絶対量数値目標に反対している産業界(特に日本経団連)をいかに動かすか、が我々NGOにとって重大な課題となっている。

[注]
1 Contribution of Working Group I to the Fourth Assessment Report of the IPCC, "Climate Change 2007: The Physical Science Basis", Summary for Policy Makers, February 2007
2 Working Group II Contribution to the IPCC Fourth Assessment Report, "Climate Change 2007:Climate Change Impacts, Adaptation and Vulnerability", Summary for Policy Makers, April, 2007
3 IPCC, 2007: Summary for Policymakers. In *Climate Change 2007:Mitigation, Contribution of Working Group III to the Fourth Assessment Report of the Intergovernrnental Panel on Climate Change*, Cambridge University Press, Cambridge, United Kingdom and New York, NY, USA
4 "$CO_2$ Emissions from Fuel Combustion 1971-2002", OECD/IEA 2004 Edition
5 "$CO_2$ Emissions from Fuel Combustion 1971-2002", OECD/IEA 2004 Edition
6 環境省発表「2006年度(平成18年度)の温室効果ガス排出量速報値」 http://www.env.go.jp/press/file_view.php?serial=10413&hou_id=9002
7 http://www.wwf.or.jp/activity/climate/powersw/index.htm
8 http://www.panda.org/about_wwf/what_we_do/climate_change/solutions/campaigns/powerswitch/index.cfm
9 http://www.wwf.or.jp/activity/climate/lib/powerswitch/cl20050426a.pdf
10 「2007年度　自主行動計画フォローアップ結果および今後の課題等(案)」平成19年11月5日、産業構造審議会・総合資源エネルギー調査会自主行動計画フォローアップ合同小委員会、中央環境審議会自主行動計画フォローアップ専門委員会
11 WWFプレスリリース(2007年2月1日)「企業として、利益を出しながら、排出削減に成功する」http://www.wwf.or.jp/news/press/2007/p07020202.htm
12 Climate Savers Statement, Paris, France, February 1,2007 http://www.panda.org/about_wwf/what_we_do/climate_change/news/index.cfm?uNewsID=93140

*13* http://www.rggi.org/
*14* http://www.westernclimateinitiative.org/
*15* http://www.flgov.com/release/9217
*16* http://www.wri.org/stories/2007/11/midwest-greenhouse-gas-accord-numbers
*17* http://www.us-cap.org/
*18* http://www.pewclimate.org/what_s_being_done/in_the_congress/
*19* http://www.balicommunique.com/

# 14章　労働・人権分野のNGOイニシアチブ

黒田 かをり

## 1　地球規模の課題解決に向けた企業への要請

　持続可能性（サステナビリティ）は、21世紀の社会経済システムに求められるキーワードである。持続可能性は、もともと地球環境問題を中心に語られてきたが、ここ数年、環境にとどまらず、貧困、労働、人権問題などの社会的課題を含めた議論がなされている（谷本2006）。その背景には、1990年代以降、経済のグローバル化の急速な進展に伴い、その負の側面が顕在化したことがある。グローバル化は、国際貿易の自由化、海外直接投資を含む国際的流動の増加、国際金融システムの発展等をもたらし、多国籍企業の巨大化に拍車をかけた。物品やサービスの市場が世界全体に伸張し、資材調達や生産・販売活動においても、急速にグローバル化が拡大した。その結果、途上国において、環境問題の深刻化、工場での劣悪な労働環境、児童労働や低賃金労働に代表される労働人権問題など、さまざまな負の問題が露呈してきた（藤井・海野2006）。これらの問題が地球全体の持続性を脅かす共通課題として認識されるようになると、民間非政府組織（NGO）、国連、政府機関など企業を取り巻くステークホルダーは、企業に対して社会や環境における責任や地球規模の問題解決に向けた大きな役割分担を求めるようになった。

　国連機関は、比較的早い時期から民間企業を対象としたガイダンスづくりを開始した。国際労働機関（ILO）が1977年に採択した多国籍企業及び社

会政策に関する原則の三者宣言(2000年、2006年に改訂)、1998年に採択した労働における基本的原則及び権利に関するILO宣言および、ILOの条約や勧告は、労働慣行及びその他の重要な社会的課題に関するもっとも権威ある文書となっている。経済協力開発機構(OECD)は、1976年に「OECD多国籍企業ガイドライン」を採択、グローバリゼーションに伴い企業に対して責任ある行動を求めるために、2000年に大幅な改訂を行った。更に、同年には、アナン事務総長(当時)によって提唱されたグローバル・コンパクトが発足した。これは、民間企業の活動に人権、労働、環境、腐敗防止に関する10の原則(当初9原則)を組み入れる企業市民のイニシアチブを推進するガイダンスである。

　2002年9月に、南アフリカ共和国のヨハネスブルグで開催された「持続可能な開発に関する世界サミット」では、持続可能性という観点から、開発や環境に関する課題が包括的に議論された。また、そこで採択されたヨハネスブルグ宣言には、企業の、持続可能な社会の発展に貢献する義務や、説明責任の強化などが書き込まれた[1]。2015年までに貧困削減を目指す具体的な指標を示すミレニアム開発目標(MDGs)においても、その達成に向けて、政府、国際機関、NGO等に加えて、民間セクターの役割が強く求められている。

　政府機関も民間企業と積極的に連携を組むところが増えている。米国開発庁は、開発課題の解決とともに民間企業に新規ビジネスを促すような官民連携の取り組みを2002年に開始した。これは、グローバル・ディベロップメント・アライアンス(GDA)というプログラムで、政府、民間、市民社会の連携により、それぞれが持つアイディア、取り組み、資源などを活用することで、途上国において経済成長、産業の発展や労働力の強化、保健や環境への取り組み、教育や技術へのアクセスの拡大などを進めることを目的としている[2]。

　NGOの企業への働きかけは、企業活動を監視し、敵対的に行動するものから、戦略的かつ積極的に関わりを持つことで企業の社会的責任を推進するケースまでさまざまである。90年代半ば頃から、社会や環境に対して

責任ある企業行動を推進するために、NGOと企業が協働して倫理的な行動規範作成に取り組む事例も増えている³。本章では、労働・人権などの社会分野において企業の行動規範や基準の制定に関与するNGOに焦点を合わせて、その課題や取り組みについて考察してみたい。

## 2　NGOの企業に対する行動規範作成の要請

　途上国においてアパレル、おもちゃ、スポーツ用品を中心とした下請け工場や、先進国向けに製品の輸出をしている工場の多くが、過酷な労働条件のもとに労働者を働かせるスウェット・ショップと化している。これは、グローバル化が広がる中、税制上の優遇や安価な労働力を提供することで多国籍企業を誘致する途上国政府と、本国の環境基準や労働基準に縛られることなく低コストでの生産活動を享受する多国籍企業という構造の中にはびこる深刻な問題である⁴。それに対し、NGOは途上国における企業行動への監視を高め、批判や反対キャンペーンを展開し、消費者や株主、メディアなどを動員することで、企業に責任ある態度を迫ってきた。その結果、サプライチェーンにおける労働条件の改善に取り組みを始める企業が増えた。行動規範の作成はその代表的な取り組みだといえよう。

　90年代半ばに起きたナイキ社に対する不買運動は、象徴的な事例とされる。同社の東南アジアの下請け工場において児童労働や低賃金労働が発覚すると、米国では人権問題や開発問題に取り組むNGOだけでなく、学生や消費者を巻き込む大々的な反対キャンペーンが展開された。4年にも及ぶキャンペーンにより収益の減少と企業イメージを大きく損なわれたナイキ社は、サプライチェーンにおける企業行動規範を設け、従業員の労働環境の改善を約束した⁵。

　英国の大手NGOであるクリスチャン・エイドは、1990年代の半ばに、スポーツ用品メーカーの途上国における労働環境の改善などを求めるキャンペーンを展開した。その翌年には、英国の大手スーパーマーケット10社の輸入元での劣悪な労働環境などの実態調査を行い、それらのスーパー

マーケットに対して、労働者の権利擁護や労働環境の改善などのために行動規範を徹底するよう求めた。更に、1999年には、サプライヤーの行動規範の検証や独自のモニタリングシステムの採用、倫理的な貿易などを求めた報告書を発行した[6]。同じく英国に本部をおくカトリック・エージェンシー・フォー・オーバーシーズ・ディヴェロップメント（CAFOD）は、90年代より、衣料品産業や靴産業の生産委託先での労働条件の改善を求めるキャンペーンなどを行ってきたNGOである。2004年にアメリカの大手電子機器メーカー数社に対しサプライチェーンにおける労働条件の改善を求めたことが、電子業界のサプライチェーンにおける行動規範づくりの契機となった。

クリーン・クローズ・キャンペーン（CCC）は、オックスファムなどとともに、2004年のアテネ・オリンピックの前に、「オリンピック・プレイフェア・キャンペーン」を展開した。これは、国際オリンピック委員会とそのスポンサー企業に対して、スポーツウェアを生産するすべての労働者に労働条件の保証を求めたものであった。このキャンペーンが展開する中、中国の生産工場に労働問題があるとNGOから指摘された日本の大手スポーツ用品メーカーは、サプライチェーンの行動規範とそれをチェックするためにサプライヤーの監査を始めた[7]。現在、CCCは、国際労働組合総連合（ITUC）、国際繊維被服皮革労組同盟（ITGLWF）とともに、北京オリンピックに向けた「プレイフェア2008」[8]キャンペーンを展開している。

## 3　NGOによる認証イニシアチブ

90年代半ば頃から、NGOなどの要請も手伝って、サプライチェーンにおける行動規範を制定し、サプライヤーにその遵守を求める企業が増加した。しかし、行動規範はあくまで「私的」ルールであり、執行側の企業の裁量が相当程度入り、項目間の優先順位も企業の判断に依存している[9]。外部によるモニタリングや検証作業が実施されずに第三者性が担保されないケースも少なくない。一方、サプライヤーの側は、異なる調達企業から異

なる行動基準の遵守を求められることで、大きな負担を強いられており、その対応に苦慮している[10]。このような状況の中で、客観的に検証可能な統一規格を作成しようというNGOの動きが生まれた。民間イニシアチブの認証規格として代表的なものが、1997年に誕生した国際労働規格の社会に対する説明責任規格(SA8000)である。

### (1) 国際労働規格SA8000の概要

SA8000は、国際労働機関(ILO)の条約・勧告、世界人権宣言、国連こども権利条約、国連女子差別撤廃条約の国際取り決めを基本に、企業、NGO、労働組合などマルチ・ステークホルダーにより1997年に策定された。SA8000は、第三者認証を必要とするマネジメントシステム規格で、ISOの品質(ISO9001)や環境(ISO14001)のマネジメントシステム規格の枠組みを採用している。2001年の第1回の改訂に次ぎ、現在は2度目の改訂作業がおこなわれている。

SA8000作成の発端は、1994年にILOのInternational Programme on the Elimination of Child Labour(IPEC：児童労働の削減を目指す国際プログラム)が、経済優先度評議会(CEP)に企業の児童労働問題への対応について調査を委託したことに遡る。CEPは、ニューヨークとロンドンで、企業数社を招き、児童労働や深刻な人権問題への対策について討議する会合を開催した。その際に、企業側から労働者の人権を改善するための共同アプローチを議論しようという提案が出された。それを受けて、CEPは1995年から97年まで、両都市で定期的にコンサルテーション会合を開催した。1996年に、企業、労働組合、NGO、人権、労働者の権利の専門家らのマルチ・ステークホルダーにより構成される国際諮問委員会を立ち上げ、国際的な規格づくりを開始した。1997年に、CEPは下部組織として規格の認定機関を立ち上げた。これがCEPから独立し名前を変えソーシャル・アカウンタビリティ・インターナショナル(SAI)となった[11]。SA8000は、下記の9つの主要分野から構成されている[12]。

## 1　児童労働
15歳未満の児童労働を禁止する。児童労働が発見された場合はその救済措置を講ずる。

## 2　強制労働
強制労働の禁止。雇用の際に、預託金の支払や身分証明書の原本の提出を求めてはならない。

## 3　健康と安全
安全かつ衛生な職場環境の提供。健康と安全に関する上級管理責任者の任命。清潔なトイレ、飲料水などの提供。健康と安全に関する研修の定期的な実施。

## 4　結社の自由と団体交渉の権利
すべての従業員が持つ、労働組合を結成し加入する権利と団体交渉を行う権利を尊重しなければならない。法規制などでこれらの権利に制限が加えられている場合は、それに相当する自主的かつ自由な結社や交渉の手段を促進すること。

## 5　差　別
採用、報酬、研修の機会、昇進、解雇または退職において、人種、階級、国籍、宗教、障害、性別、性的嗜好、労働組合の加入、支持政党、年齢などに基づく差別の禁止。セクシュアル・ハラスメントの禁止。

## 6　懲　罰
体罰、精神的または肉体的な抑圧や言葉による虐待などの禁止。

## 7　労働時間
法令労働時間の遵守。通常の週の労働時間は、週48時間以内。少なくとも週1日の休日。自主的な残業に対しては残業手当を支払う。残業は週12時間を限度とする。

## 8　報　酬
労働時間に対して支払われる賃金は法定または業界の最低賃金以上。従業員の基本的ニーズを満たすものでなければならない。懲戒的な減給の禁止。

9 マネジメントシステム

方針の策定。計画及び実施。サプライヤーの管理。是正処置。ステークホルダーへの情報開示。継続的モニタリング。

9項の「マネジメントシステム」の中で、サプライヤー管理の要件は、以下のように定められている。

- 会社は、直接契約を行っているサプライヤーだけでなく、必要に応じて、サプライヤーの契約先や下請け業者も管理の対象となる。
- サプライヤーの責務には以下の要項が含まれ、会社はサプライヤーから遵守宣誓書を入手しなければならない。
  ◇規格の要求事項への適合。
  ◇必要に応じて会社のモニタリングに協力。
  ◇不適合が発見された場合の迅速な是正処置。
  ◇納入業者や下請け業者との関係および関連取引を会社に迅速に通知。
  ◇会社は、サプライヤーが要求事項を満たしていることを示す合理的な確証を求める。

(2) SA8000の認証スキーム

SA8000の認証を取得するには、SAIが認定した認証機関の監査を受けなければならない。監査において、SA8000の要求事項に対する重大な不適合がない場合は、認証機関から認証推薦が与えられ、SAIより認証が付与される。

2007年6月30日時点での認証を取得した事業所数は1373で、その属性は、64カ国、66業種に及ぶ[13]。国別のトップ10と業種別のトップ25は、それぞれ**表-1**と**表-2**のとおりである。

なお、現在国内でSA8000の認証を受けているのは2社に限られているが、日系企業の現地法人は数社が認証を受けている。現地の子会社やサプライ

## 表-1 国別SA8000認証件数
トップ10（2007年6月現在）

|   | 国　名 | 認証件数 |
|---|---|---|
| 1 | イタリア | 626 |
| 2 | インド | 217 |
| 3 | 中国 | 159 |
| 4 | ブラジル | 91 |
| 5 | パキスタン | 51 |
| 6 | ベトナム | 31 |
| 7 | タイ | 23 |
| 8 | スペイン | 16 |
| 9 | スリランカ | 10 |
| 9 | 台湾 | 10 |

## 表-2 業種別SA8000認証件数
トップ25業種（2007年6月現在）

| 産業分野 | 認証件数 |
|---|---|
| 衣服・衣料 | 216 |
| 繊維・織物 | 95 |
| 清掃 | 73 |
| ビジネス・サービス | 71 |
| 食品 | 63 |
| 輸送 | 53 |
| 化学製品 | 51 |
| 建設 | 50 |
| 金属製品 | 41 |
| 靴・履物 | 36 |
| コンサルティング | 32 |
| 電子製品 | 31 |
| 産業設備 | 31 |
| 社会サービス | 30 |
| エネルギー | 29 |
| 紙製品・印刷 | 23 |
| プラスティック | 23 |
| アクセサリー | 20 |
| スポーツ用品 | 20 |
| 家具 | 19 |
| 廃棄物処理 | 18 |
| 化粧品 | 17 |
| 農業 | 16 |
| 建築材 | 16 |
| 家庭用品 | 15 |

ヤーに認証を求める日本企業も少しずつ増えている。

### (3) 他の民間イニシアチブによる基準や規格

SAIのほかにも、労働環境の改善や労働人権の保護を推進するために、マルチ・ステークホルダー連携で規格や基準を作成しているNGOは複数ある。以下はそのいくつかの例である。

◇公正労働協会 (The Fair Labor Association：FLA)
　1996年に、アメリカで、産業界、市民社会組織、大学の連携により、衣服・衣料産業と靴産業に従事する労働者の人権と労働環境を改善することを目的に設立された。FLA's Workplace Code of Conduct (FLA職場での行動規範)[14]を作成している。この行動規範の主要項目は、強制労働の禁止、児童労働の禁止、あらゆるハラスメントや虐待の禁止、差別の禁止、健康と安全、結社の自由と団体交渉の権利、報酬と手当、労働時間、残業手当である。

◇倫理貿易イニシアチブ (Ethical Trading Initiative：ETI)
　1998年に、英国で、企業、NGO、労働組合の三者間の連携と協力を推進し、サプライヤーの労働環境や人権状況を改善するために、良き行動規範を奨励することを目的に設立された。ETIは、ILOの国際労働基準に基づいた基本コード (ETIベースコード)[15]を会員企業向けに作成している。ベースコードの主要分野は、強制労働の禁止、結社の自由と団体交渉権、安全と衛生、児童労働の禁止、基本的な生活を満たす報酬、適正な労働時間、差別の禁止、常用雇用の提供、非人道的な扱いの禁止である。

◇クリーン・クローズ・キャンペーン (Clean Clothes Campaign: CCC)
　ヨーロッパの11カ国 (オーストリア、ベルギー、フランス、ドイツ、イタリア、オランダ、ノルウェー、スペイン、スウェーデン、スイス、英国) に拠点をおく国際的なキャンペーンで、主に衣服産業とスポーツウェア産業における労働環境の改善を目的に設立された。消費者団体、研究所、女性団体、フェアトレード団体、ユース団体、教会、労働組合など

による連合体。意思決定に企業を入れていないのが特徴。1998年に、スポーツウェアを含む衣料産業における労働慣行のための規範[16]を作成している。この規範は、ILOの条約を基礎としている。

## 4　民間イニシアチブの課題

　これまでに述べたような規格や基準は、企業にインセンティブを与える点で効果的であり、特に第三者認証を必要とするマネジメントシステム規格は有効だといえよう。その一方で、いくつかの課題も指摘されている。

　第1に、過去10年で、サプライチェーンの労働環境の改善を目指すための行動規範や第三者認証規格などが増加し、混在していることである。複数の調達企業から異なる行動規範や規格への遵守を求められ、サプライヤーはその対応に苦慮している。先に、SA8000は労働・人権分野の統一規格として誕生したと書いたが、実際は、個別企業の行動規範、国際機関や他の民間組織による規格や基準が複数存在している状態は改善されていない。こうした複数の基準や枠組を標準化しようということで、現在、2010年の発効を目指して、国際標準化機構(ISO)が社会的責任規格(ISO26000)を策定している。国際的な権威を持つこの新規格は、各方面に大きな影響力を与えると想像される。ISO26000は第三者認証を必要としないガイダンス文書であることから、既存のさまざまな認証規格といかに共存またはすみ分けをしていくのか、まだ予断を許さない状況である。

　このように、複数の行動規範や規格がサプライヤーに過剰な負担を強いていることから、最近では、業界単位での統一した行動規範の作成などの取り組みが進んでいる。民間イニシアチブにおいても、規格の整合性や監査の統合を推進する動きが出ている。これについては後述する。

　第2に、監査の「限界」である。

　SA8000を例にとる。SA8000の監査は、ISO9001やISO14001のマネジメントシステム規格の審査と同様に、規格の要求事項が満たされているかどうかの適合性という観点から行われる[17]。監査プロセスは2段階に分かれ

る。第1段階は、認証を受ける事業体に関する情報収集を行う事前調査である。この段階で、社会監査人は、国や地域の関連法に関わる十分な知識や、その事業体の業種や地域に特有な問題にかかわる情報を入手しておく必要がある。その一環として、その地域の労働組合、NGO、地域の団体など重要なステークホルダーにもヒアリングを行う。第2段階は、規格の要求項目への適合性の判断とそれに基づく認証付与か否かの判断を下すための監査である。後者は、事業所や施設の観察、記録・文書のチェック、管理職との面談、従業員へのインタビューなどである。社会監査人は、客観的な根拠をもとに監査報告書を作成する。

　従業員へのインタビューは、SA8000の現地の検証活動において、非常に重要な要素になる。そのため、インタビューを行うチームには、社会監査人としての経験や技能のほかに、その国の言語能力、現地の関連法の知識、異文化への配慮、ジェンダーへの配慮、人権の知識などが求められる。しかし、どんなに熟練した社会監査人が監査を実施したとしても、監査自体にもリスクは存在する。時間や費用の制約などから、十分な監査が行えないままに適合評価をおこなうことも少なくない。複数の施設や農園などを持つ事業主の場合はサンプリングを用いて監査をするのが一般的だが、重大な不適合のある施設を見落としてしまい、その事業体がSA8000を取得したのちに労働問題が発覚したケースもある。

　また、SA8000は、第1段階の監査プロセスで、地元の労働組合やNGOへのヒアリングを義務付けているが、地元にそのような組織がない場合や、あるいはあってもそのキャパシティが限定的な場合などが想定されていないという批判もある[18]。

　第3に、認証の信頼性と有効性を担保するためにも必要なインパクト評価の方法論やツールがまだ確立していないという点である。労働者に焦点を合わせた社会的なインパクト評価は比較的新しいものであり、認証の評価はまだ体系だった形では存在していない。そのような状況で、規格に関わる団体は、独自の方法論やツールを開発して、費用便益分析や、インパクト評価を実施している。

## 5 課題に向けての取り組み

### (1) 規格の整合性と監査の統合に向けた取り組み

上にあげた3つの課題に対応して、民間規格を作成しているNGOはいろいろな取り組みをしている。まず、複数の規格の林立とその間の不適合性については、SAIをはじめ、規格、基準、認証ラベルなどを作成している団体は、ネットワークを組んで規格間の整合性や社会監査の共通化などの試みを行っている。企業の説明責任と労働者の権利のためのジョイント・イニシアチブ[19](以下、ジョ・イン)はその一例である。ジョ・インは、2003年春に労働・人権に関する規格や基準作りに携わる以下の6つのNGOが集まり、労働環境の改善への取り組みの共通基盤を模索するところから始まった。

Clean Clothes Campaign：CCC（クリーン・クローズ・キャンペーン）
Ethical Trading Initiative：ETI（倫理貿易イニシアチブ）
Fair Wear Foundation：FWF（フェア・ウェア・ファンデーション）
Fair Labor Association：FLA（公正労働協会）
Social Accountability International: SAI
Worker Rights Consortium：WRC（労働者権利コンソーシャム）

ジョ・インは、グローバルなサプライチェーンにおける労働環境を改善することを目指して6団体が協働し、行動規範や規格が現場の労働条件の改善に役に立つ方法が何であるかを学び合い、それを共有することを目的に作られた。この6団体は、協議を重ねた上で、2004年から2007年まで、トルコのガーメント産業(衣料、衣服など)を対象にパイロット事業を開始した。トルコが選ばれたのは、繊維や衣服の輸出量が多いこと、現地に連携できる労働組合と市民団体が存在していること、また、欧州連合加盟を目指す同国政府にとって労働環境の改善はインセンティブになるであろうこと、などの理由からである。この事業には、現地の企業(サプライヤー)6社、多国籍企業8社(アディダス、Gap、GSUS、マークス&スペンサー、ナイキ、オットー・ヴァルサンド、パタゴニア、ピューマ)が参加した。また、現地の

ステークホルダーであるトルコ商工会議所、労働組合、労働、女性関連のNGO、地域ベースの団体、労働局、現地のILOオフィスなどに加えて、国際レベルの労働組合の連合体や国際NGOもステークホルダーとして参加した。参加者とステークホルダーは、年に2回の会合を持ち、2005年に、ジョ・イン労働慣行行動規範を起草した。これは、6つの団体の規格のそれぞれの強みを統合したものになった。

6社の現地企業は、その後、この行動規範のドラフトを執行し、結社の自由、報酬、労働時間の3点に焦点を合わせて、労働環境が改善されたかどうかのアセスメントを行った。その結果を踏まえた改善プランが作られ、さらにアセスメントが実施されたところで、パイロット事業は2007年12月に終了した。2008年以降に関しては、現地に結成されたトルコ・ローカル・ワーキング・グループが中心となり、多様なステークホルダーとともに、フェーズ2の可能性を探ることになった。今後の課題として、苦情メカニズムの開発とモニタリング、結社の自由に関する研修のカリキュラムの開発などがあげられている。

分野を超えた試みとして、「国際的な社会と環境に関する認定とラベリングのアライアンス」(以下ISEALアライアンス)の調査プロジェクトとして2002年に開始した「持続可能な農業における社会の説明責任プロジェクト」(以下、SASAプロジェクト)がある[20]。SASAプロジェクトは、FLO、IFOAM、SAIに加えて、持続可能な農業ネットワーク(SAN)の4団体により実施された。このプロジェクトの目的は、持続可能な農業の生産システムと流通においてこの4団体の規格に適用できる社会監査の実施のためのガイドラインとツールを開発し、将来的には監査の共通化を目指すことと、学びの共有を行い4団体がもつ規格や認証の連携関係を強化することであった。共同監査を実施するためのパイロット事業として、コスタリカのバナナ、イタリアの混合農業、ブラジルのオレンジ、タイの米、中央アメリカのコーヒー、ケニアのパイナップル、米国のイチゴ、スウェーデンの野菜、コロンビアの切花、インドの紅茶、アフリカのカカオが選ばれた。また、このプロジェクトには、国連食糧農業機関(FAO)とオーストラリア国立大学

(ANU)が技術支援を行った。

(2) 苦情申し立てシステムの充実

先に、社会監査の限界について触れたが、これは認証の信用性におおきく関わる問題である。たとえば、SA8000を取得しているバナナ農園の一部で労働条件の問題が発覚すれば、それはSA8000自体の信用に関わってくるからだ。そのために、SAIのような団体は、認証や認定に関する苦情申し立てに対応するシステムを充実させる必要に迫られている。実際、認証規格を作成する団体は、苦情への対応に、非常に多くの時間とエネルギーを割いている。認証規格を作成している団体が、苦情申し立てに対してどのようなシステム／メカニズムを開発しているのか、SAIとETIの取り組みの一端を紹介する[21]。

SAIは、SAIが認定した認証機関、あるいはその他の利害関係者から申し立てられたSAIの認定に関する苦情申し立てに適切に対応するべく、ここ2、3年内部システムの強化をはかってきた。申し立てられた苦情に対しては、十分な調査を行ったうえで速やかに対応するとしている。SAIは、苦情を以下の4つのタイプに分け、それぞれの対応方法を示したガイドラインに則って対応を行う。SAIが認定をした認証機関により監査やサーベイランス、SAIが提供するサービスについて申し立てられるもの（タイプ1A）、あるいはSAIの認定に関して申し立てられるもの（タイプ1B）と、認証を取得した事業体あるいは他の利害関係者からSAIが認定している認証機関について申し立てられるもの（タイプ2）、あるいは、利害関係者から認証を受けた事業体について申し立てられるもの（タイプ3）である。それぞれのケースにおける対応方法が示されたガイドラインが作成されている。例えば、タイプ2の場合、苦情は認証機関に回され、認証機関が行動計画をたて、苦情申し立て人にコンタクトをする。調査結果に不服な場合は、苦情申立人は、認証機関に対する苦情をSAIに申し立てることができる。その後、タイプ2の対応策が取られる。

倫理貿易イニシアチブ（ETI）は、会員制をとっており、ETIの会員（NGO、

労働組合、企業)が、問題となっている企業に対して、直接、苦情を申し立てることができるメカニズムを構築している。また、会員企業は、ETIベースコードへの違反があった場合、従業員が内密に告発することを保証するメカニズムも作られている。

苦情への対応は複雑で難しい。どの団体も対応メカニズムの構築や改善を目指して苦心しているのが現状のようだ。苦情対応は、非常に重要な業務なので、今後しっかりとしたシステム／メカニズムに仕立てていくことが肝要である。

### (3) インパクト評価

認証や規格が与えるインパクトの評価の必要性が高まっている。プラスの影響がなければ、コストのかかる認証や規格の取得に説得性がないので、各団体は取り組みを始めている。ISEALアライアンスは、2006年に参加団体とともにインパクト評価のワークショップを開催した。そこでは、すでに実施されているインパクト評価を参考にしながら、各団体が共通に使える評価ツールと方法の開発をISEALアライアンスとして行っていくことが同意された。その参加団体のひとつである海洋管理協議会(MSC)は、水産資源の管理に対して責任ある漁業を行う事業者に認証を与えているが、認証取得事業者を対象に認証が環境改善に役立ったかどうかの調査を行った。

倫理貿易イニシアチブ(ETI)は、サセックス大学開発研究所の協力を得て、2003年から2006年にかけて、ETIベースコードがサプライヤーの従業員、その家族、コミュニティにどのような影響を与えているか、またマイナスの影響を軽減させているかなどについて評価を行った。この評価に対して、ETIの会員団体は、企業の倫理的な活動に対する理解が深まったこと、サプライチェーンにおける企業の責任の範囲を決定するための指針が示されたことを成果に上げている。また、インド、ベトナム、南アフリカ、コスタリカの事例のまとめもできた[22]。

SAIは、取得団体が1000団体を超えたことを契機に、SA8000取得のインパクト評価の実施を検討している。これまでも、SA8000取得企業を対象

としたアンケート調査や、タイ、南アフリカ共和国、ケニア、ベトナムのSA8000取得企業を対象とした費用便益分析などが実施されているが、体系的な分析、評価という点ではまだ不十分である。SAIは現在、インパクト評価と関連する事業として、SA8000取得企業のケース・スタディを行っている。

## 6　最後に－NGOとISO26000

本章では、規格や基準作りを通して、サプライチェーンにおける労働環境の改善や人権保護を企業に働きかけるNGOについて述べた。サプライチェーンにおける労働・人権分野は、ISOの規格がなかったために、過去10年、各企業や業種別で制定する行動規範や、民間イニシアチブといわれるNGOの規格や認証の数が増加した。労働者の権利保障をするSA8000は検証可能な統一規格として1997年に登場したが、認証取得数は2007年6月末現在で1,373にとどまる。

そのような中で、前述したように、ISOは現在、社会的責任規格(ISO26000)を策定している。この規格策定には、現在78カ国の政府、産業界、消費者グループ、労働界、NGO、SSRO(研究者その他)の6つのステークホルダーから選出された約400名のエキスパートが関わっているが、この1、2年、途上国からの参加者の伸びがめざましい。ISO26000の策定作業には、規格や基準作りを行うNGOの代表も、NGOエキスパートや専門家という枠で参加している。このガイダンス文書の中で、社会的責任に関する既存の国際行動規範や民間イニシアチブをどう取り扱うかが検討されているが、どこに落ち着くかは大きな関心事になっている。

ISO26000の策定プロセスには、規格や認証を行うNGOのほかにも、人権、環境、社会開発などに関わるNGOのメンバーが多数参加している[23]。その中の2名が、2007年の3月に「NGOの立場から見たISO26000の概要」というペーパーを発表している[24]。この中で、NGOがこれに積極的に参加すべき意義として次の4点をあげている[25]。

(1) 途上国の参加が活発なマルチ・ステークホルダー・プロセスで策定されていること、
(2) 特に途上国において、ISO26000がNGOに自国の産業界、政府、その他のステークホルダーとダイアローグを推し進めるきっかけを与えていること、
(3) ISO26000がSRに関する議論を旧来の「フィランソロピー」の枠を超えた時代の最先端を行くものに仕立てていること、
(4) ISO26000は多国籍企業をはじめ、中小企業、政府・自治体、NGOなどの多くの国の異なる組織がガイダンスとして活用することが予測され、ゆえにその中身が大事なこと、

ISO26000の中身についてはまだ流動的な部分も多く、最終的にどのようなものになるかは今の時点ではわからないが、この規格が目指しているのは、組織が社会的責任を果たすことを、ステークホルダーとの関わりで担保していくということである。今後、社会的責任というものは、企業だけでなく、社会を構成するあらゆる組織が担うものであるという考え方が主流化し、ステークホルダーとの新たな関係構築にさらに重点がおかれることも考えられよう。そして、NGOは、社会的責任という共通言語のもとに多様なステークホルダーが関わりあう中で、企業を監視するだけでなく弱い立場におかれている人々の参加を確実にしながら、持続可能な社会の実現に向けて新たな役割を担っていくのではないだろうか。

[注]
1 外務省ホームページ参照。http://www.mofa.go.jp/mofaj/gaiko/kankyo/wssd/sengen.html
2 米国開発庁ホームページ参照。http://www.usaid.gov/our_work/global_partnerships/gda/
3 Heap, Simon(2000), 'NGOs Engaging with Business: A World of Difference and a Difference to the World' INTRAC. Chapter 4.
4 谷本寛治『CSR 企業と市民を考える』(NTT出版株式会社 2006)243－245ページ
5 毛利聡子「市民社会と企業の社会的責任」功刀達朗・内田孟男 編著『国連と地球市民社会の新しい地平』(東信堂 2006)166-167ページ

14章　労働・人権分野のNGOイニシアチブ　261

6　前掲Heap(2000)112-114ページ。
7　藤井敏彦・海野みづえ　編著『グローバルCSR調達－サプライチェーンマネジメントと企業の社会的責任』(日科技連出版社　2006)96-98ページ。
8　プレイフェア2008の日本語ページ。http://www.playfair2008.org/
9　前掲　藤井・海野(2006)184-188ページ。
10　Leipziger, Deborah(2001)'SA8000-the definitive guide to the new social standard' Financial Times Prentice Hall 12ページ
11　前掲Leipziger(2001)12-13ページ。
12　SA8000の全文は英文、日本文ともにSAIのホームページに掲載。www.sa-intl.org
13　SAIのホームページに掲載。www.sa-intl.org
14　FLA's Workplace Code of Conduct: http://www.fairlabor.org/conduct
15　ETI Base Code: http://www.ethicaltrade.org/Z/lib/base/index.shtml
16　Code of labour Practices for the Apparel Industry including sportswear http://www.cleanclothes.org/codes/ccccode.htm
17　SA8000の監査については、Social Accountabillity Internationalが発効しているGuidance Document for Social Accountability 8000と前掲の藤井・海野(2006)の第2章CSR調達の国際規格およびイニシアチブを参考にした。
18　前掲　Heap(2000)124ページ。
19　ジョ・イン・プロジェクトについての記述は、同プロジェクトのウェブサイト(http://www.jo-in.org/)とクリーン・クローズ・キャンペーンのウェブサイト(www.cleanclothes.org)を参考にした。
20　SASAプロジェクトについての記述は、主に、ISEAL Allinceのウェブサイト(www.isealalliance.org)とSAIのウェブサイト(www.sa-intl.org)を参考にした。
21　苦情申し立てシステムに関しては、SAIのウェブサイトとETIのウェブサイト(www.ethicaltrade.org)を参考にした。
22　ETIのホームページからインパクト評価の報告書がダウンロードできる。http://www.ethicaltrade.org/Z/actvts/rsproj/impact/index.shtml
23　2007年11月現在、登録しているNGOエキスパート数は71名。
24　Bart Slob & Gerard Oonk, The ISO Working Group on Social Responsibility: Developing the Future ISO SR 26000 Standard, Briefing Paper, March 2007 以下のホームページからダウンロードができる。
http://inni.pacinst.org/inni/corporate_social_responsibility/ISOSRWGBriefingPaperEn.pdf
25　今田克司『第2回ISO26000にNGOが参加することの意義(2007年07月04日)Canpan CSR+ http://blog.canpan.info/column/archive/43

# 終章　展望―グローバル市民社会の創造と協働

野村　彰男

## 1　持続可能な世界への待ったなしの課題

　本書を読まれた読者は、この共同研究に集い、討論を重ねてきた執筆者たちの多様なバックグラウンドと専門領域に目を止めたはずである。それと同時に、各論文が扱った課題の幅広さにもかかわらず、そのすべてが驚くほど共通した現状認識と問題意識で貫かれていることに気づかれたに違いない。

　冷戦の終結から20年近くたち、アメリカを変え世界を変えたといわれたあの「9.11」からも、すでに6年半が過ぎようとしている。この間、加速するグローバル化と情報通信革命に伴うネット社会の爆発的広がりによって、世界のフラット化が叫ばれ、国や地域を隔てる距離と時間は急速に縮み、国境を超えた相互依存の関係は、すべての領域でいよいよ深まりを見せている。

　他方で、そのことは格差や矛盾の拡大を人々の目にさらし、地域紛争の多発、テロや感染症の国境を超えた浸透、世界同時株安の直撃といったグローバル化の負の側面をもあらわにした。民族や宗教の対立、破綻国家の混乱は、困窮する人々とりわけ女性や子供を犠牲にし、何十万、何百万という難民・国内避難民を生み、ルワンダ、ボスニア、そしていままたスーダンにおける民族虐殺の悲劇まで引き起こしている。

それだけではない。とくに先進諸国の人々による、あくなき豊かさ、便利さ、快適さの追求は、温室効果ガスによる地球温暖化を加速し、異常気象、氷河や氷山の融解による水不足や海面の上昇、食糧生産への影響、生物・植物種の絶滅といった待ったなしの課題を私たちに突きつけている。国連が掲げるミレニアム開発目標(MDGs)を改めて列挙するまでもなく、持続可能な世界への展望を開くために、人類がいますぐ取り組むべき課題は歴然としているのである。

## 2 求められるあらゆるレベルのアクターの協働

　問題は、誰がどのような形で方策を練り、いかにして取り組むかであろう。本書の各論文は、国家を絶対的な主体とする思考、国家と国際機関だけを決定権者とした枠組みでは、もはやいかなるグローバルな課題についても、適切に把握し、十分な対応をとることはできないことを示している。例えば2008年に日本が議長国となって開催される洞爺湖サミットの最大のテーマである気候変動の問題にしても、ISO26000策定をめぐる関論文が指摘したように、国連が国家間協議の枠組みを確立し、NGOが政策提言し、政府が長期目標の設定と政策実施にあたり、企業は技術開発を進め、消費者はライフスタイルの転換をはかり、マスコミは啓発活動をするという、あらゆるレベルのアクターの協働なしには実効はおぼつかない。しかも、そこでの協働は「各セクターの力の単純総和」に止まらず、シナジーによる「相乗効果」を生み出すことが期待されている。

　メアリー・カルドーは最近の著書『グローバル市民社会論』(法政大学出版局、2008年)の中で、「グローバル」という言葉を、「世界的規模での人間社会の共通意識の発展」と理解するよう訴えている。カルドーはNGOに「柔軟国家の出現」という期待を重ねている。なぜならNGOは、「国家と非国家、公と私といった境界の不明確化を体現したもの」であり、国家が、「旧来の国家の官僚制モデルの枠内」ではできなかった素早さで、社会の変化に適応することを可能にするメカニズムを提供する、と見るからだ。

UNEPの金融イニシアチブ (FI) をはじめ、金融が官民パートナーシップに果たす役割を論じた末吉論文が指摘する「官の力の相対的衰え」と同じ問題意識からくる考察であろう。カルドーによると、OECDの統計では90年代末までに、援助国の公的援助の約5％はNGOを通じてさまざまな国に送られたといい、スウェーデンの援助の約85％もが、また、イギリスの援助の約10％までがNGOを通して送られている、というのである。ILOのディーセント・ワーク推進に関する長谷川論文も「様々なアクターとの連携強化、協働」つまりはボトム・アップをはかる「チャンネルの多様化」の重要性を強調している。

## 3　ボトム・アップに欠かせない企業の積極参加

国連は創設当初からNGOをアクターとして位置づけ、憲章71条で、経済社会理事会がNGOと協議する取り決めを行うことができると規定している。実際に環境、人権、女性の地位向上ほか多様なテーマをめぐる近年の国連の取り組みは、国連と加盟国だけでなく、各種NGOの国や国際機関に先駆ける提言や働きかけがあって初めて前進したものも多い。川崎論文が触れているオタワ・プロセスで対人地雷禁止条約を実現させたのもまさにそれである。オタワ・プロセスの実績は、いままた各地で非人道的被害を及ぼしているクラスター爆弾の禁止に向けたオスロ・プロセスの取り組みに引き継がれている。

NGOと協働してきた国連活動の地平をさらに押し広げたのが、コフィ・アナン前事務総長の提唱で2000年に始動した「グローバル・コンパクト (GC)」の活動である。グローバル化と市場経済の拡大でさらに力をつけている企業に「よき企業市民」としての社会的責任を求め、国連が尊重する原則への同調という形で、人権、労働、環境、腐敗防止の四分野10原則について自主的向上を促す活動である。欧米や日本はもちろん、多数の途上国を含む100カ国以上で約5000の企業やNGO、労働組合、自治体などが参加するに至っている。各国、各地域でネットワークが形成され、第2部第1章のデュビー

論文が明らかにしているように、世界のパワーハウスとなった中国やインドでも、政府が積極的に後押しする形で着実な広がりをみせている。

　NGOからは、企業のグローバル・コンパクト参加への高いハードルも厳しい罰則もないこの活動の実効性に懐疑的な声も聞かれる。しかし、GC活動の一環としての、企業による貧困やエイズ、マラリアなどの撲滅、地球環境の保全、普遍的な初等教育の実現などに向けた各種支援の試みは、国連も認知する成果として現れ始めており、OECD多国籍企業ガイドラインやGRI（グローバル・リポーティング・イニシアチブ）、ISO（国際標準化機構）、SAI（ソーシャル・アカウンタビリティ・インターナショナル）などのガイドラインや規格も相俟って、企業自身の社会的責任に対する自覚を促すテコの役割を果たしつつある。企業がもつ活力や創造力は、まさに持続可能な世界へのボトム・アップに欠くことのできない要素なのだ。

## 4　日本が世界と常識を共有するために

　けれども、肝心の日本は、こうしたあらゆるレベルのマルチ・ステークホルダーの協働へと進む世界の流れに乗り遅れているのではないか。各論文の中から、そうした疑問や不安を見出すことができる。

　世界第二の経済大国であるにもかかわらず、残念ながら日本におけるグローバル・コンパクト・ジャパン・ネットワーク参加企業数はまだ十分ではない。その理由の一端は、企業のコミットメントを積極的に後押ししてきたフランスやイギリス、ドイツなどの政府に比し、実質的にかかわろうとしてこなかった政府や日本経団連の姿勢にあろう。国連事務総長の呼びかけに共鳴し、率先して参加している先駆的企業の社会的責任への覚悟と努力は、有馬論文で雄弁に語られている。しかし、ごく一部の先端企業や高い志を持つ経営者の決断だけでは、グローバルなメガトレンドに背を向けているかのような日本の状況は変わるまい。

　1990年代を通して世界一の援助国だった日本の途上国援助（ODA）は、2001年に米国に抜かれ、引き続き削減される中で、06年にはGNPの規模

が日本よりずっと小さい英国にも抜かれて三位である。各国がODA増額に努める中で逆行し続ける日本は、このままでいくとさらに独仏にも抜かれ、五位に転落する日が近いと心配される状況にある。

　日本の環境技術は「世界に冠たるもの」と枕詞のように形容される。だが、その形容は一部の企業や業界には当てはまっても、世界銀行のリポートでは、日本はむしろ先進国の中では取り組みの遅れた国と位置づけられているといった例を挙げ、端的に「日本の常識は世界の非常識」だと警告する後藤論文の危機感を政府や経済界のリーダーたちは正面から受け止めるべきであろう。

　実効性のない非現実的な理念や目標を掲げるべきではないという姿勢は尊重されなければならない。けれども、温室効果ガス削減の自主取り組みを求める経団連の対応には、企業は「達成可能な目標」しか掲げないという落とし穴があるとし、「野心的目標」を目指すことの重要性を説く鮎川論文の問題意識、バリでのCOP13で自主行動計画にこだわったため米国などと並んで非難され揶揄されることになった日本政府の対応に、「大局的な視野」から「もっと創造的で統合的な議論」をリードできなかったか、とする有馬論文や後藤論文の提言は、経済界の消極的姿勢、各省間の利害対立や主導権争いも絡み、日本としての明快なメッセージを発信できず先導役を果たせない現況を浮き彫りにしている。2008年5月の第四回アフリカ開発会議、7月の洞爺湖サミットを控える日本の政府や経済界にも無視できない指摘であるはずだ。

　デュビー論文にあるアインシュタインの言葉を借りれば、「どんな問題も、その問題を生じさせた意識と同じレベルからでは解決されない」。いま世界が抱える錯綜した課題に想像力豊かに立ち向かってゆくためには、組織の権威や強力さの競合ではなく、グローバル、ナショナル、ローカル各レベルのあらゆるアクター・ステークホルダーを包括した、柔軟で適応力に富んだ協働が求められている。

野村　彰男

# 資料編

資料1　国連広報センター提供

# 国連グローバル・コンパクト
### 世界経済における企業のリーダーシップ

国連と企業はお互いを必要としています。私たちには皆様の革新性、発意、そして技術力が必要です。そして企業にも国連が必要です。極めて現実的な意味で、国連の活動は、企業が栄えることのできる理想的条件を整備することを目指すものといえます。

潘基文(パン・ギムン)国連事務総長

## UN Global Compact(国連グローバル・コンパクト)

　国連グローバル・コンパクト(以下GC)は、1999年1月、スイスのダボスで開かれた世界経済フォーラムの席上で、コフィー・アナン国連事務総長が提唱し、翌2000年7月にニューヨークの国連本部で正式に発足しました。GCは参加する世界各国の企業に対して、人権、労働、環境、腐敗防止の分野で世界的に確立された10原則を支持し、実践することを求めています。

　グローバル化した世界経済が引き起こしかねない様々な問題を解決するために、GCは企業が一致団結して、地球市民としての立場からその責務を推進することを求めています。アナン前事務総長の理念である「より持続可能な、かつ、包括的な世界経済」の実現は、民間企業が市民社会と手を組むことによって可能になるものです。今日、世界各地から約5,000の企業、労働組合、市民社会組織がGCに参加しています。GC事務局はニュー

ヨークの国連本部にあり、潘基文事務総長が自ら指揮をとっています。

　GCは、規制の手段でも、法的に拘束力のある規範でもありません。企業の経営方針や実践を管理するためのものでもありません。しかしその一方でGCは、企業が真剣な取り組みを怠ったり、結果を示そうとせずに、形だけの参加を許すような、都合の良い隠れみのでもありません。GCは、各企業が責任ある創造的なリーダーシップを発揮することによって、社会の良き一員として行動するよう促すとともに、持続可能な成長を実現するための世界的な枠組み作りに参加する「自発的なイニシアチブ」なのです。

　GCはネットワークで成り立っています。その中心は、世界で真にグローバルな唯一の政治フォーラムである国連、運営を推進するGC事務所と6つの国連機関－国連人権高等弁務官事務所(OHCHR)、国連環境計画(UNEP)、国際労働機関(ILO)、国連開発計画(UNDP)、国連工業開発機関(UNIDO)、国連薬物犯罪事務所(UNODC)です。そして、実際にGCのイニシアチブがよって立つ基本原則を定義した政府、GCがその活動に大きな影響力を及ぼすことを目指す企業、グローバルな生産過程に携わる労働者、幅広いステークホルダーのコミュニティを代表する市民社会がネットワークを作っています。

## GCの目標と達成のためのメカニズム

　GCは国連が初めて、直接、企業に対して提唱したものです。これは、企業が市民社会の一員としての役割を果たす「自発的なイニシアチブ」です。目標は次の2点であり、これらは互いに補完し合っています。

1　GCとその原則を企業は自社の企業戦略および企業運営に取り込む。
2　多様なステークホルダー間の協力とパートナーシップにより、問題解決を容易にする。

GCの目標を達成するための4つの重要なメカニズム（GCの10原則を具体的に追求するには以下の方法があります）

①政策対話（Policy Dialogues）－現在、直面する課題の解決

　　毎年、GCでは、グローバル化や企業市民に関連したテーマを設定し、問題解決への道を開く場を設けます。この会議で企業は、関連する国連機関、労働組合、NGOなどと協力して、「紛争地域における企業の役割」や「企業と持続可能な開発」といった多くの企業が抱える問題を解決するノウハウを共有し、課題解決に取り組む機会を得ることができます。

②ラーニング（Learning）－実践活動の共有

　　参加企業はGCのウェブ・ポータルを通して企業の実践体験を共有することができます。また詳細なケース・スタディの分析をし、それらを実際のビジネスや学術の分野で役立てることが期待されています。国別、テーマ別の勉強会、そして国際的なラーニング・フォーラムの実施により、世界のGC参加者の知識と経験を共有することができます。

③ローカル・ネットワーク（Local Networks）－国・地域レベルのネットワークづくり

　　GCは国、あるいは地域レベルでGC参加者のネットワーク構築を奨励しています。ネットワークを構築することにより、10原則の実行や相互学習、情報交換、国および地域レベルでのグローバル化に関する政策対話の開催、パートナーシップ・プロジェクトへの参画、およびGC参加企業の適切な情報提供が可能になります。

④パートナーシップ・プロジェクト（Partnership Projects）－協同プロジェクトによるサポート

　　GCは、企業が国連機関や市民社会組織とともに国連のミレニアム開発目標（MDGs, http://www.un.org/millenniumgoals）の2015年までの達成を目指すパートナーシップ・プロジェクトに参加することを奨励しています。

## GCの10原則＊

GCの人権、労働、環境および腐敗防止に関する原則は次の4つの世界的に確立された合意に基づくものです。

- 世界人権宣言
- 国際労働機関(ILO)の就業の基本原則と権利に関する宣言
- 環境と開発に関するリオ宣言
- 腐敗防止に関する国連条約

GCは、企業に対して、自身の影響の及ぶ範囲内で、人権、労働、環境、腐敗防止の領域における重要な価値を採用し、支持し、実践することを求める。その原則とは、以下の通りです。

人権　　　企業は、
　原則1：国際的に宣言されている人権の保護を支持、尊重し、
　原則2：自らが人権侵害に加担しないよう確保すべきである。
労働　　　企業は、
　原則3：組合結成の自由と団体交渉の権利の実効的な承認を支持し、
　原則4：あらゆる形態の強制労働の撤廃を支持し、
　原則5：児童労働の実効的な廃止を支持し、
　原則6：雇用と職業における差別の撤廃を支持すべきである。
環境　　　企業は、
　原則7：環境上の課題に対する予防原則的アプローチを支持し、
　原則8：環境に関するより大きな責任を率先して引き受け、
　原則9：環境にやさしい技術の開発と普及を奨励すべきである。
腐敗防止　企業は、
　原則10：強要と贈収賄を含むあらゆる形態の腐敗の防止に取り組むべきである。

＊10原則のテキストは、編者の責任において一部修正をした。

## GCに参加して、企業がとるべき行動

- GCとその原則が企業戦略、企業文化、また日常業務の中に取り込まれ、より良い企業経営に役立てること
- 企業の広報資料や講演会などのコミュニケーション手段を通してGCに参加していること、およびGCの原則を積極的にPRすること
- 年次報告やあるいはそれに準じる報告書に、GCを支持する上で実行したことを発表すること

## GC参加のメリット

GCを通じてビジネス・リーダーたちは様々な機会を得ることができます。例えば、

- 社会の一員としての責任ある行動を通じて、リーダーとしての地位を示すことができる。
- 世界が、また企業が直面している重要な問題に関して、国連がもつ幅広い知識や日本を含め世界中で行なわれている様々な取り組みを知ることができる。
- 重要な問題に積極的に取り組むことによって、リスクを管理することができる。
- GCの10の原則や責任ある企業市民の理念を普及させることによって、グローバルな経済の中で企業を持続可能かつ包括的なものにすることができる。
- 同じ志をもつ企業や組織の模範事例や実践例を共有できる。
- 企業のビジョンに社会的な側面を加えるとともに、責任ある経営の方針と業務を実行することによって、事業のチャンスを最大限に生かすことができる。
- 他の企業、国際組織、政府組織、労働界、NGO、また国連の諸機関との関係を構築できる。

資料2

# 日本と世界における参加企業(その他の団体)

　国連グローバル・コンパクトが掲げる人権、労働、環境、腐敗防止の4分野にわたる10の原則に賛同する企業経営者は、その旨を書いた書簡を国連事務総長にあてて送ることが求められます。日本から参加する場合、国連広報センターを通してニューヨークの国連本部グローバル・コンパクト事務所にその書簡を届けることになっております。国連は参加表明の書簡を受け取ると、そのことを確認する返信を当の企業経営者にあてて送ります。同時に、その企業名をリストに載せます。
　リストに載ることは、その企業がグローバル・コンパクトの10原則を達成したことを証明するものではありません。むしろそこから、10原則の前進や達成を目指す企業の自主的な取り組みが始まるのです。参加企業は取締役会をはじめ全社員、顧客、取引先などにグローバル・コンパクトに参加したこととその意義を周知徹底させることが期待されますし、企業活動の中で「良き企業市民」をめざす努力が求められるのです。
　国連は参加企業が自社の年次報告などでグローバル・コンパクトのために取った行動を報告するよう求めると共に、参加企業が互いに問題への取り組みや経験を分かち合う政策対話(ポリシー・ダイアログ)や勉強会(ラーニング・フォーラム)などの場を提供し、手を携えて前進することを促します。
　日本からは以下の企業と自治体がグローバル・コンパクトに参加しています。

資料2　日本と世界における参加企業(その他の団体)　277

1. キッコーマン株式会社　(2001年2月)
2. 株式会社リコー　(2002年4月)
3. アサヒビール株式会社　(2002年6月)
4. アミタ株式会社　(2002年6月)
5. 株式会社ジャパンエナジー　(2002年7月)
6. 富士ゼロックス株式会社　(2002年7月)
7. いであ株式会社(旧国土環境株式会社)(2002年7月)
8. 王子製紙株式会社　(2003年6月)
9. 株式会社アルファ・オイコス　(2003年11月)
10. 坂口電熱株式会社　(2003年12月)
11. 朝日新聞社　(2003年12月)
12. 株式会社東芝　(2004年1月)
13. 日産自動車株式会社　(2004年1月)
14. NECフィールディング株式会社　(2004年6月)
15. 三井住友海上火災保険株式会社　(2004年6月)
16. セイコーエプソン株式会社　(2004年7月)
17. イオン株式会社　(2004年9月)
18. 三菱重工業株式会社　(2004年9月)
19. 株式会社資生堂　(2004年9月)
20. 三井物産株式会社　(2004年10月)
21. オリンパス株式会社　(2004年10月)
22. 日本製紙グループ本社　(2004年11月)
23. 株式会社らいふ　(2004年12月)
24. 日本航空　(2004年12月)
25. 富士メガネ　(2004年12月)
26. 株式会社エス・エス・アイ・ジェイ　(2005年1月)
27. 住友化学株式会社　(2005年1月)
28. 株式会社商船三井　(2005年3月)
29. 博報堂/博報堂DYメディアパートナーズ　(2005年3月)
30. フルハシ工業株式会社　(2005年3月)
31. シチズンホールディングス株式会社　(2005年4月)
32. 株式会社ミレアホールディングス/東京海上日動火災保険株式会社　(2005年4月)
33. 花王株式会社　(2005年5月)
34. 日本電気株式会社　(2005年5月)
35. アデコ株式会社　(2005年7月)
36. 住友信託銀行株式会社　(2005年7月)
37. キリンホールディングス株式会社　(2005年9月)
38. 株式会社損害保険ジャパン　(2006年1月)
39. 川崎市　(2006年1月)
40. コスモ石油株式会社　(2006年2月)
41. アンリツ株式会社　(2006年3月)
42. 株式会社三菱UFJフィナンシャル・グループ　(2006年3月)

| | | |
|---|---|---|
| 43. | 日本郵船株式会社 | （2006年5月） |
| 44. | 株式会社三菱ケミカルホールディングス | （2006年5月） |
| 45. | ユニ・チャーム株式会社 | （2006年5月） |
| 46. | 旭化成株式会社 | （2006年6月） |
| 47. | 大日本印刷株式会社 | （2006年7月） |
| 48. | 株式会社みずほフィナンシャルグループ | （2006年8月） |
| 49. | 凸版印刷株式会社 | （2006年9月） |
| 50. | 株式会社タクマ | （2006年11月） |
| 51. | 大阪ガス株式会社 | （2007年6月） |
| 52. | 株式会社ＣＳＫホールディングス | （2007年6月） |
| 53. | 株式会社ニコン | （2007年7月） |
| 54. | 株式会社タムロン | （2007年8月） |
| 55. | ピーティーエス・コンサルティング・ジャパン株式会社 | （2007年8月） |
| 56. | 株式会社トプコン | （2007年10月） |
| 57. | 株式会社クレアン | （2007年12月） |
| 58. | 株式会社三井住友フィナンシャルグループ | （2008年1月） |
| 59. | 三井化学株式会社 | （2008年1月） |
| 60. | 株式会社りそなホールディングス | （2008年2月） |

　さらに多くの日本企業や自治体、その他の団体がグローバル・コンパクトの趣旨に賛同し、積極的に参加されることを期待しています。

　世界各国のグローバル・コンパクト参加企業をお知りになりたい方は、下記のホームページをご覧ください。最新の情報が載るまでに少し時間がかかりますので、国連本部のリストと日本の国連広報センターに載る日本企業のリストと食い違うことがあることをご理解ください。

www.unglobalcompact.org（GC NetworkまたはAround the World）

資料2　日本と世界における参加企業(その他の団体)　279

## 世界におけるグローバル・コンパクト参加団体数(国別・順位)

全4996団体(2008年1月24日現在)

| 国名50音順 | | | 参加団体数順 | | |
|---|---|---|---|---|---|
| 国名 | 参加団体数<br>(2007/12/14時点) | 参加団体数<br>(2008/1/24時点) | 順位 | 国名 | 加盟数 |
| アイスランド | 2 | 2 | 1 | スペイン | 461 |
| アイルランド | 6 | 6 | 2 | フランス | 444 |
| アゼルバイジャン | 1 | 1 | 3 | メキシコ | 363 |
| アフガニスタン | 1 | 1 | 4 | アメリカ | 211 |
| アメリカ | 200 | 211 | 5 | ブラジル | 199 |
| アラブ首長国連邦 | 6 | 7 | 6 | アルゼンチン | 163 |
| アルゼンチン | 155 | 163 | 7 | イタリア | 162 |
| アルバニア | 21 | 27 | 8 | 中国 | 143 |
| アルメニア | 25 | 25 | 9 | インド | 138 |
| イギリス | 126 | 128 | 10 | イギリス | 128 |
| イスラエル | 3 | 3 | 11 | ドイツ | 123 |
| イタリア | 159 | 162 | 12 | トルコ | 118 |
| インド | 130 | 138 | 13 | 韓国 | 109 |
| インドネシア | 54 | 58 | 14 | コロンビア | 103 |
| ウガンダ | 3 | 3 | 15 | パナマ | 93 |
| ウクライナ | 74 | 80 | 16 | ドミニカ共和国 | 85 |
| ウルグアイ | 4 | 4 | 17 | ウクライナ | 80 |
| エクアドル | 4 | 4 | 18 | ベネズエラ | 72 |
| エジプト | 21 | 20 | 19 | クロアチア | 70 |
| エチオピア | 3 | 3 | 20 | ペルー | 66 |
| オーストラリア | 26 | 27 | 21 | 日本 | 59 |
| オーストリア | 17 | 18 |  | パキスタン | 59 |
| オランダ | 27 | 27 | 22 | インドネシア | 58 |
| ガーナ | 27 | 28 | 23 | デンマーク | 57 |
| ガイアナ | 1 | 1 | 24 | スイス | 51 |
| カザフスタン | 14 | 16 | 25 | スウェーデン | 49 |
| カタール | 1 | 1 | 26 | シンガポール | 47 |
| カナダ | 45 | 46 | 27 | カナダ | 46 |
| ガボン | 1 | 1 | 28 | ブルガリア | 45 |
| カメルーン | 9 | 10 | 29 | リトアニア | 44 |
| 韓国 | 104 | 109 | 30 | チリ | 43 |
| カンボジア | 1 | 1 | 31 | ナイジェリア | 42 |
| キプロス | 17 | 17 | 32 | ボリビア | 41 |
| ギリシャ | 12 | 12 | 33 | フィリピン | 37 |
| クウェート | 1 | 1 | 34 | ベラルーシ | 36 |
| グルジア | 32 | 32 | 35 | バングラデシュ | 34 |
| クロアチア | 64 | 70 | 36 | グルジア | 32 |

| | | | | | | | |
|---|---|---|---|---|---|---|---|
| | ケニア | 31 | 30 | | 37 | ケニア | 30 |
| | コートジボアール | 28 | 28 | | 38 | ベルギー | 29 |
| | コスタリカ | 4 | 4 | | 39 | ガーナ | 28 |
| | コロンビア | 103 | 103 | | | コートジボアール | 28 |
| | コンゴ民主共和国 | 2 | 2 | | 40 | アルバニア | 27 |
| | サウジアラビア | 2 | 2 | | | オーストラリア | 27 |
| | ザンビア | 24 | 24 | | | オランダ | 27 |
| | シリア | 1 | 1 | | | ポルトガル | 27 |
| | シンガポール | 47 | 47 | | | 南アフリカ | 27 |
| | ジンバブエ | 1 | 1 | | 41 | マケドニア | 26 |
| | スイス | 50 | 51 | | 42 | アルメニア | 25 |
| | スウェーデン | 47 | 49 | | | スリランカ | 25 |
| | スーダン | 12 | 12 | | | モザンビーク | 25 |
| | スペイン | 473 | 461 | | 43 | ザンビア | 24 |
| | スリランカ | 25 | 25 | | | ロシア | 24 |
| | スロベニア | 23 | 23 | | 44 | スロベニア | 23 |
| | セネガル | 19 | 19 | | | モルドバ | 23 |
| | タイ | 13 | 13 | | 45 | パラグアイ | 22 |
| | タンザニア | 3 | 3 | | 46 | エジプト | 20 |
| | 中国 | 132 | 143 | | | ノルウェー | 20 |
| | チュニジア | 18 | 18 | | 47 | セネガル | 19 |
| | チリ | 44 | 43 | | | ボスニア・ヘルツェゴビナ | 19 |
| | デンマーク | 55 | 57 | | 48 | オーストリア | 18 |
| | ドイツ | 121 | 123 | | | チュニジア | 18 |
| | ドミニカ共和国 | 85 | 85 | | | ポーランド | 18 |
| | ドミニカ国 | 1 | 1 | | 49 | キプロス | 17 |
| | トリニダード・トバゴ | 5 | 5 | | 50 | カザフスタン | 16 |
| | トルコ | 93 | 118 | | | ネパール | 16 |
| | ナイジェリア | 42 | 42 | | 51 | ルーマニア | 15 |
| | ナミビア | 2 | 4 | | 52 | タイ | 13 |
| | ニカラグア | 1 | 1 | | | ハンガリー | 13 |
| | 日本 | 59 | 59 | | | モンゴル | 13 |
| | ニュージーランド | 2 | 4 | | 53 | ギリシャ | 12 |
| | ネパール | 15 | 16 | | | スーダン | 12 |
| | ノルウェー | 20 | 20 | | 54 | モロッコ | 11 |
| | バーミューダ諸島 | 1 | 1 | | 55 | カメルーン | 10 |
| | バーレーン | 1 | 1 | | | フィンランド | 10 |
| | パキスタン | 59 | 59 | | 56 | マラウィ | 9 |
| | パナマ | 95 | 93 | | | ヨルダン | 9 |
| | バヌアツ | 1 | 1 | | | ラトビア | 9 |
| | パラグアイ | 19 | 22 | | 57 | アラブ首長国連邦 | 7 |
| | バルバドス | 1 | 1 | | | ベトナム | 7 |

資料2　日本と世界における参加企業(その他の団体)　281

| | | | | | | |
|---|---|---|---|---|---|---|
| ハンガリー | 12 | 13 | | モーリシャス | 7 |
| バングラデシュ | 34 | 34 | 58 | アイルランド | 6 |
| フィリピン | 37 | 37 | 59 | トリニダード・トバゴ | 5 |
| フィンランド | 10 | 10 | 60 | ウルグアイ | 4 |
| フォークランド諸島 | 1 | 1 | | エクアドル | 4 |
| ブラジル | 193 | 199 | | コスタリカ | 4 |
| フランス | 429 | 444 | | ナミビア | 4 |
| ブルガリア | 43 | 45 | | ニュージーランド | 4 |
| ブルンジ | 0 | 1 | 61 | イスラエル | 3 |
| ベトナム | 5 | 7 | | ウガンダ | 3 |
| ベナン | 1 | 1 | | エチオピア | 3 |
| ベネズエラ | 72 | 1 | | タンザニア | 3 |
| ベラルーシ | 35 | 36 | | マレーシア | 3 |
| ペルー | 66 | 66 | | ルクセンブルク | 3 |
| ベルギー | 29 | 29 | 62 | アイスランド | 2 |
| ポーランド | 16 | 18 | | コンゴ民主共和国 | 2 |
| ボスニア・ヘルツェゴビナ | 19 | 19 | | サウジアラビア | 2 |
| ボリビア | 41 | 41 | | マダガスカル | 2 |
| ポルトガル | 26 | 27 | | レバノン | 2 |
| マケドニア | 24 | 26 | | アゼルバイジャン | 1 |
| マダガスカル | 2 | 2 | 63 | アフガニスタン | 1 |
| マラウィ | 9 | 9 | | ガイアナ | 1 |
| マレーシア | 2 | 3 | | カタール | 1 |
| 南アフリカ | 25 | 27 | | ガボン | 1 |
| メキシコ | 364 | 363 | | カンボジア | 1 |
| モーリシャス | 2 | 7 | | クウェート | 1 |
| モザンビーク | 25 | 25 | | シリア | 1 |
| モルドバ | 20 | 23 | | ジンバブエ | 1 |
| モロッコ | 11 | 11 | | ドミニカ国 | 1 |
| モンゴル | 13 | 13 | | ニカラグア | 1 |
| ヨルダン | 7 | 9 | | バーミューダ諸島 | 1 |
| ラオス | 1 | 1 | | バーレーン | 1 |
| ラトビア | 6 | 9 | | バヌアツ | 1 |
| リトアニア | 44 | 44 | | バルバドス | 1 |
| リヒテンシュタイン | 1 | 1 | | フォークランド諸島 | 1 |
| ルーマニア | 15 | 15 | | ブルンジ | 1 |
| ルクセンブルグ | 3 | 3 | | ベナン | 1 |
| ルワンダ | 1 | 1 | | ラオス | 1 |
| レバノン | 2 | 2 | | リヒテンシュタイン | 1 |
| ロシア | 22 | 24 | | ルワンダ | 1 |
| 計119ヶ国 | 4845 | 4996 | | 総計 | 4996 |

## 執筆者紹介

[編者紹介]

**功刀 達朗（くぬぎ・たつろう）**

東京大中退、コーネル大MA、コロンビア大PhD、ハーグ国際法アカデミーDiploma。国連法務部、中東PKOを経て、外務省ジュネーブ代表部公使等歴任。84-90国連事務次長補（カンボジア人道援助担当事務総長特別代表と人口基金事務次長を各3年）。90年からICU教授。現在同大COE客員教授、UNU高等研究所客員教授、国際協力研究会代表。編著書に『国際協力 ― 国連新時代と日本の役割』(1995)、*Codes of Conduct for Partnership in Governance*(1999)、『グローバリゼーションと日本外交』(2000)、『国際NGOが世界を変える』(2006)、『国連と地球市民社会の新しい地平』(2006)など。

**野村 彰男（のむら・あきお）**

ICU卒後朝日新聞社に入社。政治部次長、外報部次長、論説委員、アメリカ総局長、論説副主幹、朝日新聞総研センター所長を歴任後2003年から2005年まで国連広報センター所長。2006年から2008年まで早稲田大客員教授。日本におけるグローバル・コンパクト・アカデミック・ネットワーク共同代表も務める。

[執筆者紹介]（執筆順）

**佐藤 安信（さとう・やすのぶ）**

早稲田大卒、ハーバード大LL.M、ロンドン大PhD。84年から弁護士。UNHCR、国連カンボジア暫定機構、および欧州復興開発銀行に法務官、人権担当官、弁護士として勤務後、99年名古屋大助教授、04年東京大学教授（大学院総合文化研究科「人間の安全保障」プログラム）。著書に『スリランカにおける平和構築の現状』、『人間の安全保障と平和構築の実践的研究・教育のためのNGOの可能性』、『はじめて出会う平和学』（いずれも2004）など。03年から平和構築研究会を主催し、東大産学連携本部と「平和構築とビジネス」を研究中。

**水田 愼一（みずた・しんいち）**

三菱総合研究所海外事業研究センター国際戦略研究グループ政策アナリスト。外務省を経て現職。外務省では、対米外交、コソボや東ティモールの紛争解決・復興支援等に従事。現職では、政府や企業の国際戦略に関わる調査研究・コンサルティングに従事。東京大学大学院「人間の安全保障」プログラム博士課程にて平和構築の研究に取り組む。

## 川崎　哲（かわさき・あきら）

東京大学法学部卒。NPO法人「ピースデポ」事務局長を経て、2003年よりNGO「ピースボート」共同代表。「アボリション2000」国際調整委員。2008年5月の「9条世界会議」日本実行委員会事務局長。著書『核拡散－軍縮の風は起こせるか』(2003)で日本平和学会の第1回平和研究奨励賞を受賞。ほか『イマジン9　想像してごらん、戦争のない世界を』(2007)など著書多数。

## 上杉　勇司（うえすぎ・ゆうじ）

ICU卒、米国ジョージメイソン大 MS、英国ケント大 PhD。沖縄平和協力センター事務局長を経て、広島大学大学院国際協力研究科准教授。著書『変わりゆく国連PKOと紛争解決 — 平和創造と平和構築をつなぐ』(明石書店2004)で国際安全保障学会出版奨励賞、編著に『紛争と人間の安全保障』(国際書院 2005)、『国家建設における民軍関係』(国際書院 2008)その他。世界各地で選挙監視要員としての経験を持つ。

## フレデリック・デュビー（Frederick Dubee）

2000年国連グローバル・コンパクト事務局次席、現在は同事務局上級顧問と中国多国籍企業研究所特別顧問を兼任。世界各地でグローバル・コンパクトの普及に努める。カナダ・ケベック州出身。カナダと欧州で教育を受けた後、68年から約30年、自動車産業においてマーケティング、戦略計画立案、開発、総合経営、クロスカルチャー的チーム編成などに従事。南北アメリカ、ヨーロッパ、アジアなど各地で集中教育研修システムの導入を指導した。

## 有馬　利男（ありま・としお）

67年ICU卒、同年富士ゼロックス株式会社入社。中央営業部産業第一営業部担当部長、総合企画部長等の役職を経て、92年に取締役、96年に常務、アメリカXerox社との合弁会社 Xerox International Partners プレジデントおよびCEOに。02年6月より富士ゼロックス代表取締役社長に就任、現在同社取締役相談役。07年潘基文 国連事務総長から、国連グローバル・コンパクト・ボードのボードメンバーに任命された。

## 末吉　竹二郎（すえよし・たけじろう）

67年東大経済学部卒、三菱銀行に入行。94年同行ニューヨーク支店長、取締役。その後東京三菱銀行信託(ニューヨーク)頭取。日興アセットマネージメント副社長を歴任。現在UNEP金融イニシャチブ特別顧問、川崎市国際環境施策参与、鹿児島市環境アドバイザー。このほか、環境問題やCSR、SRIについて各種審議会、講演、TV等で啓蒙に努め、社外取締役や社外監査役も務める。著書に『日本新生』、『有害連鎖』(幻冬舎)、共著に『カーボン・リスク』(北星堂)など。

## 関　正雄（せき・まさお）

76年東京大学法学部卒業。安田火災海上保険（現・損害保険ジャパン）入社。システム企画部、社長室、営業開発第一部などを経て03年CSR・環境推進室長に就任。「CSR国内標準化委員会」（経済産業省）、「環境と経済の好循環専門委員会」（環境省）、「国連持続可能な開発のための教育の10年円卓会議」（環境省他）各委員、ISO26000（社会的責任）規格策定の日本産業界代表エキスパート等を務める。共著に『SRIと新しい企業・金融』（東洋経済新報社2007）など。

## 長谷川　真一（はせがわ・しんいち）

ILO（国際労働機関）駐日代表。72年東京大学法学部卒業。労働省入省。84-87年OECD日本政府代表部勤務。労働法規課長、労働組合課長、労働基準局監督課長、秘書課長、高齢・障害者対策課長、大阪労働局長を経て02年厚生労働省総括審議官（国際担当）。05年1月、ILOアジア・太平洋総局長。06年より現職。ILO総会（毎年6月）に12回など国際会議に多く参加。

## 蟹江　憲史（かにえ・のりちか）

東京工業大大学院社会理工学研究科准教授。UNU高等研究所客員准教授、中央環境審議会「気候変動に関する国際戦略専門委員会」委員、外務省「環境・気候変動分野の開発協力に係る有識者会議」委員、参議院第一特別調査室客員研究員、中野区環境審議会委員、EANET協定化タスクフォース委員等を兼任。慶應義塾大、同大学院修了。政策・メディア博士。UNU高等研究所勤務、北九州市立大法学部講師、助教授を経て現職。近年の主な著書に、「地球環境外交と国内政策」慶應義塾大学出版会、Norichika Kanie and Peter Haas eds. *Emerging Forces in Environmental Governance*, United Nations University Pressなど。

## 鈴木　政史（すずき・まさちか）

慶應義塾大学大学院修士課程97年修了、米国・コロンビア大大学院修士課程99年修了。国連気候変動枠組み条約事務局（UNFCCC）及び国連経済社会局（UN DESA）持続可能な開発委員会ファイナンス部コンサルタント。企業の環境スクリーニング業務を行う米国のイノベスト社にシニア・アナリストとして勤務。三菱UFJ証券クリーン・エネルギー・ファイナンス委員会にシニア・アナリストとして勤務しCDM/JIプロジェクトを担当。現在、国際大学大学院国際経営学研究科に勤務。

## 梅田　徹（うめだ・とおる）

麗澤大学外国語学部教授、同企業倫理研究センター副センター長を兼務。専門は国際法、企業倫理。グローバル・コンパクト・ジャパン・ネットワーク運営委員、「朝日企業市民賞」社外専門委員、トランスペアレンシー・ジャパン副理事長を務める。主な著書に『企業倫理をどう問うか』（NHKブックス）。

後藤 敏彦(ごとう・としひこ)

　環境監査研究会代表幹事、NPO法人サステナビリティ日本フォーラム代表理事、NPO法人社会的責任投資フォーラム代表理事。東京大法学部卒業。東京経済大現代法学部の非常勤講師。現在、環境省、国交省等の各種委員会委員や、各種表彰制度審査委員を多数。『CSRレポートを作成する』他著書論文多数。

河口 真理子(かわぐち・まりこ)

　一橋大大学院修士課程修了(公共経済学、環境経済学専攻)。86年に大和証券に入社。94年に大和総研に転籍し、現在、経営戦略所　主任研究員。東京都環境審議会委員、神奈川県「かながわ産業活性化懇話会」委員、環境省　環境ビジネスウィメンメンバー、GRI日本フォーラム評議委員、社会的責任投資フォーラム運営委員などを歴任。青山学院大学非常勤講師、南山大非常勤講師。アナリスト協会検定会員。

鮎川 ゆりか(あゆかわ・ゆりか)

　上智大卒業後、88年〜95年まで原子力資料情報室にて国際関係担当。96年ハーバード大学院環境公共政策学修士。97年1月よりWWF気候変動プログラムに従事。気候変動グループ長を経て、07年7月より、WWFジャパン気候変動プログラム特別顧問。環境省の京都メカニズム検討会、中央環境審議会の施策総合企画小委員会、07年7月より「持続可能なアジアの環境人材育成検討会」委員。9月より大阪大学サステナビリティ・サイエンス研究機構特任教授。上智大学、埼玉大学、恵泉女学園大学で非常勤講師。「2008年G8サミットNGOフォーラム」副代表。主著作：共編著『脱炭素社会と排出量取引』(日本評論社、2007年10月)、翻訳『プルトニウム燃料産業』(七つ森書館、1995年)。

黒田 かをり(くろだ・かをり)

　CSOネットワーク共同事業責任者。三菱重工業株式会社、コロンビア大経営大学院日本経済経営研究所、米国民間財団のアジア財団日本事務所での勤務、英国での調査・研究を経て、2004年より現職。06年にSocial Accountability International(SAI)にて8ヶ月間研修を受ける。2007年秋より、ISO社会的責任規格策定のNGOエキスパートを務める。00年米国イリノイ州公認会計士資格取得。06年SA8000社会監査研修合格証取得。

## The Age of Social Responsibility

### Synergy of Business, Civil Society and the United Nations

| | | |
|---|---|---|
| 社会的責任の時代──企業・市民社会・国連のシナジー | | ＊定価はカバーに表示してあります |
| 2008年 4月 1日　　初　版　第1刷印刷 | | 〔検印省略〕 |
| 2008年 4月10日　　初　版　第1刷発行 | | |

編著者ⓒ功刀達朗・野村彰男　　発行者 下田勝司　　　印刷・製本／中央精版印刷

東京都文京区向丘1-20-6　　郵便振替00110-6-37828　　　　　　　　発行所
〒113-0023　TEL(03)3818-5521　FAX(03)3818-5514　　株式会社 東信堂

Published by TOSHINDO PUBLISHING CO., LTD
1-20-6, Mukougaoka, Bunkyo-ku, Tokyo, 113-0023, Japan
http://www.toshindo-pub.com/　　E-mail: tk203444@fsinet.or.jp

ISBN 978-4-88713-823-0　　C3030　　ⓒT. KUNUGI & A. NOMURA

東信堂

人間の安全保障——世界危機への挑戦　佐藤誠編　三八〇〇円
政治学入門——日本政治の新しい夜明けはいつ来るか　安藤次男編　一八〇〇円
政治の品位　内田満　二〇〇〇円
帝国の国際政治学——冷戦後の国際システムとアメリカ　内田満　四七〇〇円
解説　赤十字の基本原則——人道機関の理念と行動規範　山本吉宣　J・ピクテ　井上忠男訳　一〇〇〇円
医師・看護師の有事行動マニュアル——医療関係者の役割と権利義務　井上忠男　一二〇〇円
国際NGOが世界を変える——地球市民社会の黎明　毛利勝彦編著　二〇〇〇円
国連と地球市民社会の新しい地平　功刀達朗編著　三四〇〇円
公共政策の分析視角　大木啓介編著　三四〇〇円
時代を動かす政治のことば——尾崎行雄から小泉純一郎まで　読売新聞政治部編　一八〇〇円
実践　ザ・ローカル・マニフェスト　大久保好男　二〇〇〇円
ポリティカル・パルス——現場からの日本政治診断　松沢成文　一二三八円
椎名素夫回顧録　不羈不奔　読売新聞盛岡支局編　一五〇〇円
大杉榮の思想形成と「個人主義」　飛矢崎雅也　二九〇〇円
象徴君主制憲法の20世紀的展開　下條芳明　二〇〇〇円
アジアと日本の未来秩序　伊藤重行　一八〇〇円
リーダーシップの政治学〈現代臨床政治学叢書・岡野加穂留監修〉　石井貫太郎　一六〇〇円
村山政権とデモクラシーの危機　大野耕作編著　四二〇〇円
比較政治学とデモクラシーの限界　岡野加穂留　岡本一美編著　四二〇〇円
政治思想とデモクラシーの検証　岡野加穂留編著　伊藤重行編　三八〇〇円
〈現代臨床政治学シリーズ〉
アメリカ連邦最高裁判所　大越康夫　一八〇〇円
衆議院——そのシステムとメカニズム　向大野新治　一八〇〇円
WTOとFTA——日本の制度上の問題点　高瀬保　一八〇〇円
フランスの政治制度　大山礼子　一八〇〇円

〒113-0023　東京都文京区向丘1-20-6
TEL 03-3818-5521　FAX 03-3818-5514　振替 00110-6-37828
Email tk203444@fsinet.or.jp　URL:http://www.toshindo-pub.com/

※定価：表示価格（本体）＋税

# 東信堂

|  |  |  |
|---|---|---|
| 国際法新講〔上〕〔下〕 | 田畑茂二郎 | 〔上〕二七〇〇円／〔下〕二九〇〇円 |
| ベーシック条約集（二〇〇七年版） | 松井芳郎編集代表 | 三八〇〇円 |
| 国際人権条約・宣言集（第3版） | 松井芳郎・薬師寺・坂元・小畑・徳川編集 | 三九〇〇円 |
| 国際経済条約・法令集（第2版） | 松井芳郎・小室程夫・山手治之雄 編集代表 | 三八〇〇円 |
| 国際経済条約・資料集（第2版） | 松井芳郎・小原喜雄 編集代表 | 二六〇〇円 |
| 国際機構条約・資料集（第2版） | 安藤仁介／中村道／位田隆一 編集代表 | 三八〇〇円 |
| 判例国際法（第2版） | 松井芳郎編集代表 | 六八〇〇円 |
| 国際立法——国際法の法源論 | 村瀬信也 | 四二〇〇円 |
| 条約法の理論と実際 | 坂元茂樹編 | 一四二八〇円 |
| 武力紛争の国際法 | 真山全編 | 三八〇〇円 |
| 国際経済法〔新版〕 | 小室程夫 | 三八〇〇円 |
| 国際法から世界を見る——市民のための国際法入門（第2版） | 松井芳郎 | 二八〇〇円 |
| 東京裁判、戦争責任、戦後責任 | 大沼保昭 | 二四〇〇円 |
| 国際法／はじめて学ぶ人のための | 大沼保昭 | 二二〇〇円 |
| 資料で読み解く国際法〔第2版〕〔上〕〔下〕 | 大沼保昭編 | 〔上〕三八〇〇円／〔下〕四八〇〇円 |
| 在日韓国・朝鮮人の国籍と人権 | 大沼保昭編著 | 七一四〇円 |
| 海の国際秩序と海洋政策（海洋政策研究叢書1） | 栗林忠男・秋山昌廣 編著 | 三二〇〇円 |
| 21世紀の国際機構：課題と展望 | 中安田村仁 編 | 三二〇〇円 |
| 国際法研究余滴 | 石本泰雄 | 四七〇〇円 |
| 〔21世紀国際社会における人権と平和〕〔上・下巻〕 | 編集代表 山手治之・香西茂 | 五七〇〇円 |
| 国際社会の法構造——その歴史と現状 | 香西茂 編集代表 | 六三〇〇円 |
| 現代国際法における人権と平和の保障（現代国際法叢書） |  |  |
| 領土帰属の国際法 | 大壽堂鼎 | 四五〇〇円 |
| 国際法における承認——その法的機能及び効果の再検討 | 王志安 | 五二〇〇円 |
| 国際社会と法 | 高野雄一 | 四三〇〇円 |
| 集団安保と自衛権 | 高野雄一 | 四八〇〇円 |
| 国際「合意」論序説——法的拘束力を有しない国際「合意」について | 中村耕一郎 | 三〇〇〇円 |
| 法と力——国際平和の模索 | 寺沢一 | 五二〇〇円 |

〒113-0023　東京都文京区向丘1-20-6　TEL 03-3818-5521　FAX 03-3818-5514　振替 00110-6-37828
Email tk203444@fsinet.or.jp　URL:http://www.toshindo-pub.com/

※定価：表示価格（本体）＋税

東信堂

【現代社会学叢書】

|  |  |  |
|---|---|---|
| 開発と地域変動——開発と内発的発展の相克 | 北島滋 | 三二〇〇円 |
| 在日華僑のアイデンティティの変容——華僑の多元的共生 | 過放 | 四四〇〇円 |
| 健康保険と医師会——社会保険創始期における医師と医療 | 北原龍二 | 三八〇〇円 |
| 事例分析への挑戦——個人現象への事例媒介的アプローチの試み | 水野節夫 | 四六〇〇円 |
| 海外帰国子女のアイデンティティ——生活経験と通文化的人間形成 | 南保輔 | 三八〇〇円 |
| 現代大都市社会論——分極化する都市？——神戸市真野住民のまちづくり | 園部雅久 | 三八〇〇円 |
| インナーシティのコミュニティ形成 | 今野裕昭 | 五四〇〇円 |
| ブラジル日系新宗教の展開——異文化布教の課題と実践 | 渡辺雅子 | 七八〇〇円 |
| イスラエルの政治文化とシチズンシップ | 奥山眞知 | 三八〇〇円 |
| 正統性の喪失——アメリカの街頭犯罪と社会制度の衰退 | G・ラファリー 室月誠監訳 | 三六〇〇円 |

〈シリーズ社会政策研究〉

|  |  |  |
|---|---|---|
| 福祉国家の社会学——21世紀における可能性を探る | 三重野卓編 | 二〇〇〇円 |
| 福祉国家の変貌——グローバル化と分権化のなかで | 小笠原浩一編 | 二〇〇〇円 |
| 福祉国家の医療改革——政策評価にもとづく選択 | 武川正吾編 | 二〇〇〇円 |
| 共生社会の理念と実際 | 近藤克則編 | 二〇〇〇円 |
| 福祉政策の理論と実際〈改訂版〉福祉社会学研究入門 | 三重野卓編 | 二〇〇〇円 |
| 韓国の福祉国家・日本の福祉国家 | 三重野卓編 | 二五〇〇円 |
| 改革進むオーストラリアの高齢者ケア | 平岡公彦編 | 三三〇〇円 |
| 認知症家族介護を生きる——新しい認知症ケア時代の臨床社会学 | キム・ヨンミョン編 | 二四〇〇円 |
| 新版 新潟水俣病問題——加害と被害の社会学 | 木下康仁 | 四二〇〇円 |
| 新潟水俣病をめぐる制度・表象・地域 | 井口高志 | 五六〇〇円 |
| 新潟水俣病問題の受容と克服 | 関礼子編 | 四八〇〇円 |
| 公害被害放置の社会学——イタイイタイ病・カドミウム問題の歴史と現在 | 堀田恭子 | 三六〇〇円 |
| | 飯島伸子・松橋晴俊編 | |
| | 飯島伸子・渡辺伸一・藤川賢編 | |

〒113-0023 東京都文京区向丘 1-20-6
TEL 03-3818-5521 FAX 03-3818-5514 振替 00110-6-37828
Email tk203444@fsinet.or.jp URL:http://www.toshindo-pub.com/

※定価：表示価格（本体）＋税

東信堂

|  |  |  |
|---|---|---|
| グローバル化と知的様式—社会科学方法論についての七つのエッセー | J・ガルトゥング 矢澤修次郎・大重光太郎訳 | 二八〇〇円 |
| 社会階層と集団形成の変容—集合行為と「物象化」のメカニズム | 丹辺宣彦 | 六五〇〇円 |
| 階級・ジェンダー・再生産—現代資本主義社会の存続のメカニズム | 橋本健二 | 三二〇〇円 |
| 現代日本の階級構造—理論・計量・方法 | 橋本健二 | 四五〇〇円 |
| 〔改訂版〕ボランティア活動の論理—ボランタリズムとサブシステンス | 西山志保 | 三六〇〇円 |
| イギリスにおける住居管理—オクタヴィア・ヒルからサッチャーへ 人は住むためにいかに闘ってきたか―〔新装版〕欧米住宅物語 | 中島明子 | 七四五三円 |
| 〔居住福祉ブックレット〕 | | |
| 居住福祉資源発見の旅―新しい福祉空間、懐かしい癒しの場 | 早川和男 | 二〇〇〇円 |
| どこへ行く住宅政策―進む市場化、なくなる居住のセーフティネット | 早川和男 | 七〇〇円 |
| 漢字の語源にみる居住福祉の思想 | 本間義人 | 七〇〇円 |
| 日本の居住政策と障害をもつ人 | 大本圭野 | 七〇〇円 |
| 障害者・高齢者と麦の郷のこころ―住民、そして地域とともに | 伊藤静美 | 七〇〇円 |
| 地場工務店とともに：健康住宅普及への途 | 加藤直人 | 七〇〇円 |
| 子どもの道くさ | 山本直見 | 七〇〇円 |
| 居住福祉法学の構想 | 水月昭道 | 七〇〇円 |
| 奈良町の暮らしと福祉：市民主体のまちづくり | 吉田邦彦 | 七〇〇円 |
| 精神科医がめざす近隣力再建―進む「砂漠化」、はびこる「付き合い拒否」症候群 | 黒田睦子 | 七〇〇円 |
| 住むことは生きること―鳥取県西部地震と住宅再建支援 | 中澤正夫 | 七〇〇円 |
| 最下流ホームレス村から日本を見れば | 片山善博 | 七〇〇円 |
| 世界の借家人運動：あなたは住まいのセーフティネットを信じられますか？ | ありむら潜 | 七〇〇円 |
| 「居住福祉学」の理論的構築 | 高島一夫 | 七〇〇円 |
| | 柳中権 張秀萍 | 七〇〇円 |

〒113-0023　東京都文京区向丘1-20-6　TEL 03-3818-5521　FAX03-3818-5514　振替00110-6-37828
Email tk203444@fsinet.or.jp　URL:http://www.toshindo-pub.com/

※定価：表示価格（本体）＋税

# 東信堂

|  |  |  |
|---|---|---|
| 責任という原理——科学技術文明のための倫理学の試み——心身問題から『責任という原理』へ | H・ヨナス 加藤尚武監訳 | 四八〇〇円 |
| 主観性の復権——テクノシステム時代の人間の責任と良心 | H・ヨナス 宇佐美公生・滝口清栄訳 | 二〇〇〇円 |
| 空間と身体——新しい哲学への出発 | H・レンク 山本・盛永訳 | 三五〇〇円 |
| 環境と国土の価値構造 | 桑子敏雄 | 二五〇〇円 |
| 森と建築の空間史——南方熊楠と近代日本 | 桑子敏雄編 | 三五〇〇円 |
| 感性哲学1〜7 | 日本感性工学会感性哲学部会編 | 四三八一〜二六〇〇円 |
| メルロ＝ポンティとレヴィナス——他者への覚醒 | 屋良朝彦 | 三八〇〇円 |
| 堕天使の倫理——スピノザとサド | 佐藤拓司 | 二八〇〇円 |
| 〈現われ〉とその秩序——メーヌ・ド・ビラン研究 | 村松正隆 | 三八〇〇円 |
| 省みることの哲学——ジャン・ナベール研究 | 越門勝彦 | 三二〇〇円 |
| 精神科医島崎敏樹——人間の学の誕生 | 井原裕 | 二六〇〇円 |
| バイオエシックス入門（第三版） | 今井道夫 香川知晶編 | 二三八一円 |
| バイオエシックスの展望 | 松坂岡昭夫悦宏編著 | 三二〇〇円 |
| 動物実験の生命倫理——個体倫理から分子倫理へ | 大上泰弘 | 四〇〇〇円 |
| 生命の神聖性説批判 | H・クーゼ 飯田亘之代表訳者 | 四六〇〇円 |
| カンデライオ（ジョルダーノ・ブルーノ著作集1巻） | 加藤守通訳 | 三二〇〇円 |
| 原因・原理・一者について（ジョルダーノ・ブルーノ著作集3巻） | 加藤守通訳 | 三二〇〇円 |
| 英雄的狂気（ジョルダーノ・ブルーノ著作集7巻） | 加藤守通訳 | 三六〇〇円 |
| ロバのカバラ——ジョルダーノ・ブルーノにおける文学と哲学 | N・オルディネ 加藤守通訳 | 三六〇〇円 |
| 食を料理する——哲学的考察 | 松永澄夫 | 二〇〇〇円 |
| 言葉の力（音の経験・言葉の力第Ⅰ部） | 松永澄夫 | 二五〇〇円 |
| 音の経験（音の経験・言葉の力第Ⅱ部）——言葉はどのようにして可能となるのか | 松永澄夫 | 二八〇〇円 |
| 環境——安全という価値は… | 松永澄夫編 | 二〇〇〇円 |
| 環境設計の思想 | 松永澄夫編 | 二三〇〇円 |
| プラットフォーム環境教育 | 石川聡子 | 二四〇〇円 |

〒113-0023　東京都文京区向丘1-20-6
TEL 03-3818-5521　FAX 03-3818-5514　振替 00110-6-37828
Email tk203444@fsinet.or.jp　URL:http://www.toshindo-pub.com/
※定価：表示価格（本体）＋税